DIE 101 BESTEN®

HOTELS DEUTSCHLANDS

2021/2022

»DIE BESTEN HOTELS, DIE BESTEN RESTAURANTS, DIE BESTEN PARTNER – DIE 101 BESTEN UND DAS HORNSTEIN-RANKING.«

CARSTEN K. RATH UND THOMAS SCHREINER

HORNSTEIN RANKING 2021

DIE BESTEN RESTAURANTS
IN DEUTSCHLAND, ÖSTERREICH,
DER SCHWEIZ UND SÜDTIROL

101 EXECUTIVE SUMMIT HAMBURG

DIE 101
BESTEN HOTELS
DEUTSCHLANDS

»DIE 101 BESTEN« SOIREE HAMBURG

DIE 101
BESTEN

101 EXECUTIVE SUMMIT BERLIN

»DIE 101 BESTEN« SOIREE BERLIN

CARSTEN K. RATH
DIE 101 BESTEN
DIE 101 BESTEN

»DIE 101 BESTEN« SOIREE BERLIN

DIE 101
BESTEN®

»DIE 101 BESTEN«
PARTNER, SPONSOREN & KURATOREN

SEAL OF EXCELLENCE
DIE 101 BESTEN
HOTELS DEUTSCHLANDS
2021/2022
Hotel
Vier Jahreszeiten
Hamburg
INSTITUTE FOR SERVICE- AND LEADERSHIP EXCELLENCE

KÖNIGLICH SÄCHSISCHE BRAUKUNST
SEIT 1872
Radeberge
PILSNER

ahgz
MAISON MESSMER

Handelsblatt
iubh
ahgz
INSTITUTE FOR SERVICE-
AND LEADERSHIP EXCELLENCE
KITZIG
DESIGN
STUDIOS
Mühldorfer
Wilde & Partner
DIE 101
BESTEN

DANK AN UNSERE PARTNER

INHALT

SEITE

DAS RANKING: »DIE 101 BESTEN HOTELS DEUTSCHLANDS«

Welche sind die Spitzenadressen in Deutschland? Das Ranking »Die 101 besten Hotels Deutschlands« beantwortet Ihnen genau diese Frage auf einen Blick.

Manchmal sind es nur Nuancen, die über eine Platzierung entscheiden. Doch die 25 besten Hotels der 101 Besten haben eines gemeinsam: Sie werden in diesen Häusern einen unvergesslichen Aufenthalt genießen, den ganz eigenen Glanz des Hotels mit all Ihren Sinnen spüren und sich vom Team-Spirit sowie dem außergewöhnlichen Service-Erlebnis verzaubern lassen. Wer unter den Top 25 luxuriösen Hotels Deutschlands ist, erfahren Sie im Ranking auf der nächsten Seite.

Alle Hotels der »101 besten Hotels Deutschlands« sind darüber hinaus in den folgenden Kategorien platziert: den besten Grandhotels, den besten Hideaways, den besten kulinarischen Hotels, den besten Spa-Health-Resorts, den besten Hotels in historischen Gemäuern und den besten Stadthotels. So finden Sie je nach persönlicher Präferenz Ihr persönliches Urlaubstraumziel.

Wir wünschen Ihnen viel Freude beim Erkunden der 101 besten Hotels Deutschlands!

DIE 25 BESTEN HOTELS DEUTSCHLANDS

TOP 1–25 PLATZIERUNG GESAMT

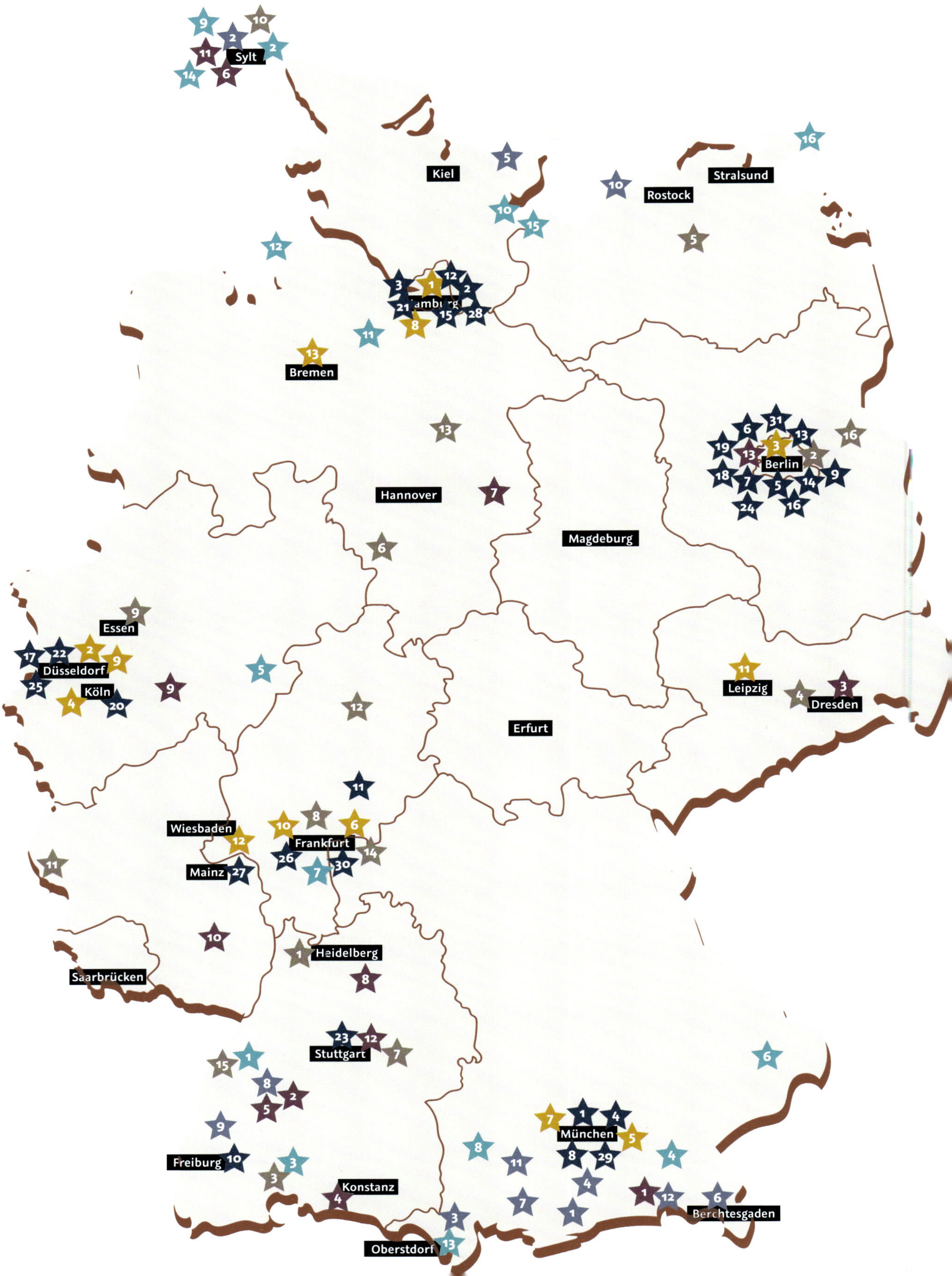
Sylt
Kiel
Rostock
Stralsund
Hamburg
Bremen
Hannover
Magdeburg
Berlin
Essen
Düsseldorf
Köln
Leipzig
Dresden
Erfurt
Wiesbaden
Frankfurt
Mainz
Heidelberg
Saarbrücken
Stuttgart
München
Freiburg
Konstanz
Berchtesgaden
Oberstdorf

SPA-HEALTH-RESORTS

HOTELS IN HISTORISCHEN GEMÄUERN

STADTHOTELS

»DAS RANKING DER ›101 BESTEN HOTELS DEUTSCHLANDS‹ SCHICKT SICH AN, DER ›GUIDE MICHELIN‹ DER HOTELLERIE ZU WERDEN.«

FRANK MARRENBACH
GESCHÄFTSFÜHRENDER GESELLSCHAFTER & CEO
ALTHOFF HOTELS

Steht die Hotellerie in Deutschland vor einer neuen Blütezeit? Vielfach zeigt sich, dass neue, veränderte Konzepte mit hoher Qualität den Erfolg bestimmen. Viele Häuser treten bereits heute mit exzellenten Serviceleistungen an. Mit dem Ranking »Die 101 besten Hotels Deutschlands«, das nun in die zweite Runde geht, unterstützen wir den gesunden Wettbewerb, um damit zur weiteren Qualitätssteigerung beizutragen. Das erste Ranking im vergangenen Jahr hat außergewöhnliche Spitzenleistungen der Champions gezeigt. Das spiegelt uns auch eine Vielzahl von Kommentaren und Nachrichten der Leser. Wir sind im Kreis der Gäste angekommen.

Die fünf Partner, das Handelsblatt, die Allgemeine Hotel- und Gastronomie-Zeitung ahgz, die iu Internationale Hochschule, die Passion for Excellence AG und das Luxusmagazin Madame haben die Rangliste weiterentwickelt und die **sechs Kategorien – die besten Grandhotels, die besten Hideaways, die besten kulinarischen Hotels, die besten Spa-Health-Resorts, die besten Hotels in historischen Gemäuern** und die **besten Stadthotels**, eingeführt. Zusätzlich werden **neue Preise** vergeben: 2021/22 küren wir den **Newcomer des Jahres**, den **Aufsteiger des Jahres** und das digitalste Hotel mit dem **Digitalpreis**. Außerdem kooperieren die 101 besten Hotels Deutschlands mit dem **Hornstein-Ranking**, sodass wir Ihnen künftig auch die **besten kulinarischen Adressen** präsentieren können. Das Hornstein-Ranking erfasst seit 1981 u.a. die Spitzengastronomie Deutschlands, Österreichs, der Schweiz und Südtirols.

Was gleich bleibt, ist die Methodik, die für eine unabhängige und möglichst objektive Ermittlung der Reihenfolge steht: Die erste Grundlage ist die Auswertung der Bewertungen großer Plattformen wie Booking.com und Tripadvisor. Diesen statistischen Teil übernehmen die Spezialisten der iu Internationalen Hochschule und werten dies mit den richtigen Algorithmen aus. Danach werden zur Feinabstimmung weitere Kriterien der Partner angelegt, wie zum Beispiel die Qualität der Hardware, die Erfüllung des Erlebnisversprechens oder gastronomische Aspekte. Im gesamten Prozess werden die besten Hotels getestet. Aus dieser kombinierten Gäste- und Experteneinschätzung setzt sich die Gesamtbewertung zusammen.

Das neue Ranking hält eine weitere Überraschung für Sie bereit: Gleich zwei Häuser tragen 2021/22 den Titel: Bestes Hotel Deutschlands – Das Hotel Vier Jahreszeiten (bestes Grandhotel) und Schloss Elmau (bestes Hideaway) teilen sich den Spitzentitel und sind jeweils die Besten in ihrer Kategorie.

Neben dem Top-Trio gibt es insgesamt 101 Gewinner. Viele Hoteliers haben eine »101 beste Hotels Deutschlands«-Plakette oder -Fahne mit dem Logo der 101 besten Hotels an ihrem Haus befestigt, um die Zugehörigkeit zur absoluten Spitzenhotellerie zu signalisieren. Und sie sehen darin eine Chance, zusätzliche Gäste zu gewinnen.

Wir freuen uns, dass wir für die zweite Runde prominente Mitstreiter gewinnen konnten. Ein Kuratorium mit hochkarätigen Persönlichkeiten unterstützt das Ranking, verleiht den Ehrenpreis, »**Nachhaltigkeitspreis der deutschen Hotellerie**« und bringt mit großem Engagement die gesamte Hotellerie noch besser zur Geltung.

Dafür herzlichen Dank!

PETRA WINTER
Madame & Monsieur

CHRISTIAN RICKENS
Handelsblatt

PROF. DR. PETER THUY
IU Internationale Hochschule

CARSTEN K. RATH
Passion for Excellence AG

ROLF WESTERMANN
ahgz

DIE PARTNER DER 101 BESTEN HOTELS DEUTSCHLANDS

IU INTERNATIONALE HOCHSCHULE – Mehr als 30.000 Studierende, über 100 Studiengänge und 21 Standorte in Deutschland

»Es ist beeindruckend, wie sich die Branche auf die pandemiebedingte Situation eingestellt hat und es den 101 besten Hotels mit individuellem Einfallsreichtum und Agilität – trotz massiver Restriktionen – gelungen ist, dem Gast ein herzliches und herausragendes Serviceerlebnis zu bieten. Dies wird vor dem Hintergrund eines von Distanz und Einschränkungen geprägten Pandemieumfelds und den damit verbundenen Herausforderungen umso mehr vom Gast wertgeschätzt und honoriert.« PROF. DR. ANNEGRET WITTMANN-WURZER, IU Internationale Hochschule, Fachgebiet: Hospitality, Tourism & Event

»Trotz schwierigen wirtschaftlichen Umfelds und langen Schließungszeiten der Hotellerie in Deutschland – die natürlich auch die Bewertungslage beeinflussen – ist es uns wieder gelungen, ein authentisches Bild der Spitzenhotellerie in Deutschland zu zeichnen. 101 Häuser, die ein hervorragendes Gasterlebnis bieten, finden sich auch dieses Jahr in unserer Liste wieder und geben ein beredtes Zeugnis von der hohen Qualität, welche die Spitzenhotellerie in unserem Land bietet.« PROF. DR. PETER THUY, Gründungsrektor IU Internationale Hochschule

ahgz – Allgemeine Hotel- und Gastronomie-Zeitung: Leitmedium und Navigator der Hotellerie mit dem Deutschen Hotelkongress und der Award-Gala »Hotelier des Jahres«

»Ranglisten inspirieren seit jeher die Gemüter und sorgen für einen gesunden Wettbewerb. Dieses Ranking ist eine Leistungsschau der Hotellerie in Deutschland. Die Qualität ist sowohl in der Breite als auch in der Spitze faszinierend und macht Deutschland zu einem der angesehensten Hotelstandorte weltweit. Als Leitmedium der Branche unterstützt das Fachmedium ahgz die Rangliste.« ROLF WESTERMANN, Chefredaktion/ Chefreporter dfv Hotel- und Gastromedien

HANDELSBLATT – Die Nr. 1 der Finanz- und Wirtschaftszeitungen. Denn Substanz entscheidet.

»Die erste Ausgabe des neuen Hotelrankings hat uns darin bestätigt, dass es funktioniert: als eine transparente Orientierungshilfe, die objektive Qualitätsmaßstäbe mit individuell empfundener Kundenzufriedenheit kombiniert. Denn die Handelsblatt-Leser wissen auch: Die soziale Marktwirtschaft lebt von Markttransparenz und Wettbewerb. Beides gehört zur journalistischen DNA des Handelsblatts, zu beidem wollen wir mit den 101 besten Hotels Deutschlands einen Beitrag leisten.«

CHRISTIAN RICKENS,
Textchef Handelsblatt

MICHAEL RASCHKE,
Chef vom Dienst,
Handelsblatt

PASSION FOR EXCELLENCE – SOLUTION SEEKERS – Der Unternehmer Carsten K. Rath ist Eigentümer der Managementberatung Passion for Excellence AG. Das Handelsblatt nennt ihn »THE international service authority«.

»Die deutsche Hotellerie war schon immer stilprägend. Bei den ›101 Besten‹ messen sich die besten Hoteliers – das ist gut für den Gast! Alles was gemessen wird, wird auch verbessert.«
CARSTEN K. RATH

MADAME – sophisticated fashion & luxury since 1952

»Unsere Leserin liebt es zu reisen und sie liebt guten Service und schöne Hotels. Mit ›Die 101 besten Hotels‹ können wir das Ergebnis eines objektiven Rankings journalistisch und inhaltlich aufbereiten. Die meisten der 101 Hotels kenne und schätze ich persönlich und finde es exzellent, wenn es für die Hoteliers und ihre Teams jedes Jahr einen neuen Ansporn gibt, dabei zu sein und sich neu zu beweisen in der Liste der Besten.«

PETRA WINTER,
Chefredakteurin und Gesellschafterin
Madame & Monsieur

UNABHÄNGIG, TRANSPARENT, RELEVANT

Wie kommt die Wertung der »101 besten Hotels Deutschlands« zustande? Das erklären der Gründungsrektor der IU Internationale Hochschule, Prof. Dr. Peter Thuy, und seine Kollegin Prof. Wittmann-Wurzer.

Prof. Dr. Annegret Wittmann-Wurzer
IU Internationale Hochschule, Fachgebiet: Hospitality, Tourism & Event

Prof. Dr. Peter Thuy
Gründungsrektor IU Internationale Hochschule
Die IU Internationale Hochschule hat mehr als 30.000 Studierende in über 100 Studiengängen und ist an 21 Standorten in Deutschland vertreten. Prof. Dr. Peter Thuy leitete die Hochschule rund 20 Jahre akademisch.

Prof. Thuy, die IU hat die Methodik und die technische Umsetzung der Rankingberechnung verantwortet. Was ist wichtig an einem Ranking?

Prof. Thuy: Wichtig ist, dass es geeignete Kriterien für die Beurteilung heranzieht, das heißt Kriterien, die valide und reliabel sind. Kriterien müssen das ins Auge gefasste Ziel abbilden, und ihre Ausprägungen müssen tatsächlich messen, was gemessen werden soll. Außerdem sollte ein Ranking transparent und nachvollziehbar sein, und es sollte am Ende Ergebnisse liefern, die den Adressaten des Rankings – etwa Ihren Lesern – auch eine Hilfe sind.

Was sind die häufigsten Fehler in Rankingmethoden?

Prof. Thuy: Oft fehlt es an Transparenz. Es werden eindimensionale Kriterien verwendet und so Rangfolgen produziert, die zu kurz greifen oder von den Lesern auch inhaltlich nicht nachzuvollziehen sind.

Frau Prof. Wittmann-Wurzer, welche Methodik liegt der Rangliste zugrunde?

Prof. Wittmann-Wurzer: Methodisch wird zur Ausarbeitung der Rangliste eine sequenzielle Entwicklung innerhalb dreier Dimensionen verfolgt: Ausgehend von den Gästebewertungen auf einer geschlossenen und offenen Plattform wird in einem nächsten Schritt die Reputation anhand externer Rankings berücksichtigt und schlussendlich die Bewertung durch eine auf einer Qualitätsbeurteilung vor Ort basierenden Expertensicht vervollständigt.

Wie kommt die Grundauswahl bei 11 000 Hotels zustande?

Prof. Wittmann-Wurzer: Zunächst haben wir diejenigen Hotels erhoben, die auf Tripadvisor oder Booking.com mit fünf Sternen klassifiziert bzw. mit fünf Punkten eingestuft waren und gleichzeitig auf dem jeweils anderen

PROF. DR. ANNEGRET WITTMANN-WURZER

PROF. DR. PETER THUY

Portal mindestens vier Sterne bzw. Punkte aufwiesen. Des Weiteren wurden nur jene Hotels berücksichtigt, die mindestens über 15 Zimmer verfügen, F&B-Leistungen anbieten und auf beiden Plattformen kumuliert über 120 Bewertungen hatten.

Welche Bewertungskriterien haben Sie herangezogen?
Prof. Wittmann-Wurzer: Der erste Gradmesser liegt in der jeweiligen Gesamtbewertung der Hotels auf den beiden Portalen Tripadvisor und Booking.com. Ein weiteres Bewertungskriterium ist die Auszeichnung von Hotels in etablierten Publikationen. Die dritte Einflussgröße bildet die auf definierten Kriterien basierende Qualitätseinschätzung von Experten.

Ist das ein übliches Vorgehen?
Prof. Wittmann-Wurzer: Das Vorgehen definiert sich vorrangig über die angestrebte Zielsetzung. So liegt unser Fokus weder auf der isolierten Betrachtung der Gästesicht auf Onlineplattformen, noch auf der ausschließlichen Berücksichtigung der Expertenbeurteilung. Wir setzen mit unserem Vorgehen auf eine Multidimensionalität im Sinne einer Kombination von Gästebewertungen, externen Rankings und Experteneinschätzung.

Wäre die rein statistische Auswertung der Buchungsportale nicht objektiver gewesen?
Prof. Wittmann-Wurzer: Bewertungsportale bieten Nutzern die Möglichkeit, Bewertungen abzugeben und Erfahrungen mit anderen Internetnutzern zu teilen. Damit tragen sie wesentlich dazu bei, die Qualitätsurteile von Gästen komprimiert darzustellen, und bilden somit eine valide Ausgangsbasis. Wir sind jedoch davon überzeugt, dass unsere Erweiterung durch externe Rankings und Expertenbeurteilungen der Objektivierung zugutekommt.

Was macht aus Ihrer Sicht ein gutes Ranking aus?
Prof. Wittmann-Wurzer: Neben den Grundprämissen, wie etwa Transparenz und Unabhängigkeit, zeichnet sich aus meiner Sicht ein gutes Ranking vor allem durch ein differenziertes Setup aus, das geeignete Sichtweisen in den Betrachtungshorizont nimmt, welche bestmöglich auf die zugrundeliegende Intention des Rankings einzahlen.

Erfüllt die Rangliste »Die 101 besten Hotels Deutschlands« diese Anforderungen?
Prof. Wittmann-Wurzer: Ja, wir legen messbare Kriterien zugrunde, die für die Hotellerie relevant und aussagekräftig sind, wobei wir unterschiedliche Blickwinkel durch die drei Dimensionen vereinen.

Alles in allem: Wie lautet ihr Fazit?
Prof. Thuy: Insgesamt ist aus meiner Sicht ein Ranking gelungen, das unabhängig und transparent ist. Es gibt den Lesern eine gelungene Einschätzung der Spitzenhotellerie an die Hand, auf deren Grundlage sich natürlich jeder Hotelgast seinen eigenen Eindruck verschaffen kann. In den nächsten Jahren werden wir unsere Vorgehensweise kontinuierlich verfeinern, um dem Anspruch, der sich an ein etabliertes Ranking der 101 besten Hotels in Deutschland stellt, dauerhaft gerecht werden zu können.

DIE ZEHN GRUNDSÄTZE DES 101 BESTEN RANKINGS

Das Institute for Service- and Leadership Excellence als Träger des Hotelrankings ***Die 101 besten Hotels Deutschlands*** *erstellt gemeinsam mit seinen fünf mitwirkenden Partnern, dem Handelsblatt, der Allgemeinen Hotel- und Gastronomie-Zeitung ahgz, der IU Internationale Hochschule, der Passion for Excellence AG und dem Luxusmagazin Madame, ein neuartiges, aussagekräftiges und neutrales Ranking der 101 besten Hotels Deutschlands. Im Rahmen des gesamten Rankingprozesses für* ***Die 101 besten Hotels Deutschlands*** *setzen die handelnden Akteure ausnahmslos höchste Maßstäbe an und verpflichten sich den nachfolgenden zehn Grundsätzen:*

1 SERVICE EXCELLENCE

Die Experten, welche das Ranking erstellen, verfügen über jahrzehntelange Hotelerfahrung, teils als Berufsreisende, teils im Hotelmanagement. Basierend auf diesen Erfahrungen orientieren sich die Ergebnisse des Rankings ausschließlich an den gehobenen Serviceansprüchen des Gastes. Der Gast und sein Wohlbefinden stehen hierbei uneingeschränkt im Mittelpunkt der Beurteilung.

2 UNABHÄNGIGKEIT

Das Ranking Die 101 besten Hotels Deutschlands ist unabhängig. Weder der Träger noch dessen Partner sind Interessen verpflichtet, die das Ergebnis des Rankings beeinflussen könnten.

3 ZIELSETZUNG

Das Ranking der 101 besten Hotels Deutschlands ordnet und kategorisiert die Hotellandschaft in Deutschland nach messbaren, relevanten und aussagekräftigen Kriterien. Im Zentrum der Bewertung steht der Gast, der durch das Ranking Orientierungshilfen bei seiner Hotelentscheidung erhält. Gleichzeitig fördert und fordert das Ranking die hohen Qualitätsansprüche in der deutschen Tophotellerie.

4 TRANSPARENZ

Die Bewertungskriterien und Ergebnisse des Rankings werden intern umfassend, detailliert und transparent dokumentiert. Die Ergebnisse werden veröffentlicht.

5 KEINE EINFLUSSNAHME DER HOTELS

Träger und Partner garantieren, dass weder Hoteliers noch andere im Hotelmanagement tätige Personen Einfluss auf das Ranking nehmen. Integrität und Neutralität sind die obersten Gebote des Rankings.

6 DIALOG

Feedback ist jederzeit erwünscht und kann gerne an board@i-sle.ch gesendet werden. Anfragen werden umgehend beantwortet.

7 INPUT

Konstruktiver Input, der das Ranking auch in Zukunft verbessert, ist jederzeit willkommen und wird nach Prüfung auf Relevanz in die kommenden Rankings einbezogen.

8 EINGETRAGENE MARKE

Die 101 besten Hotels Deutschlands sowie Die 101 besten Hotels sind eigenständige, eingetragene Marken und bürgen für eine faire Bewertung der aufgeführten Hotels.

9 VERÖFFENTLICHUNG DER RANKINGERGEBNISSE

Die Ergebnisse des Rankings werden in dieser Printpublikation sowie auf der Website www.die-101-besten.com sowie bei den Partnern veröffentlicht und jährlich aktualisiert.

10 AKTUALITÄT

Die Ergebnisse des Rankings werden jährlich überprüft und an aktuelle Service-Excellence-Ansprüche der Gäste angepasst.

DAS FACTSHEET DER 101 BESTEN HOTELS DEUTSCHLANDS

1 DIE KATEGORIE
Jedes Hotel ist innerhalb der Kategorien – die besten Grandhotels; die besten Hideaways, die besten kulinarischen Hotels, die besten Spa-Health-Resorts, die besten Hotels mit historischen Gemäuern, die besten Stadthotels, platziert.

2 IHRE PLATZIERUNG
Zeigt die jeweilige Hotelplatzierung innerhalb der Kategorie.

3 KONTAKTMÖGLICHKEITEN
Hier finden Sie die Adressdaten und Online-Auftritte der Hotels.

4 DIGITALPREIS 101
Wenn Sie unter den Top 25 des digitalen Rankings sind, finden Sie hier Ihre Auszeichnung. Mehr zum Digitalpreis und der Platzierung finden Sie auf Seite 400.

5 ALLGEMEINE INFORMATIONEN

6 PHILOSOPHIE
Nach diesen Werten ist das Hotel ausgerichtet.

7 ALLEINSTELLUNGSMERKMALE
In diesen Aspekten unterscheidet sich das Hotel von anderen Häusern.

8 GASTRONOMIE
Folgende Restaurants und kulinarische Ausrichtung finden Sie in den Hotels.

9 GASTGEBER:INNENFOTO

10 COPYRIGHT / FOTOGRAFIE

11 HORNSTEIN-RANKING
Ist das Hotel im Hornstein-Ranking vertreten, finden Sie hier das Logo. Mehr zum Hornstein-Ranking finden Sie auf Seite 486.

12 WELLNESS
So ist der Wellnessbereich des Hauses ausgestattet.

13 VERANSTALTUNGSRÄUME
Die Event- und Veranstaltungsflächen des Hotels werden hier detailliert aufgeführt.

14 FREIZEIT
Spezielle Angebote und Freizeitmöglichkeiten rund um das Hotel.

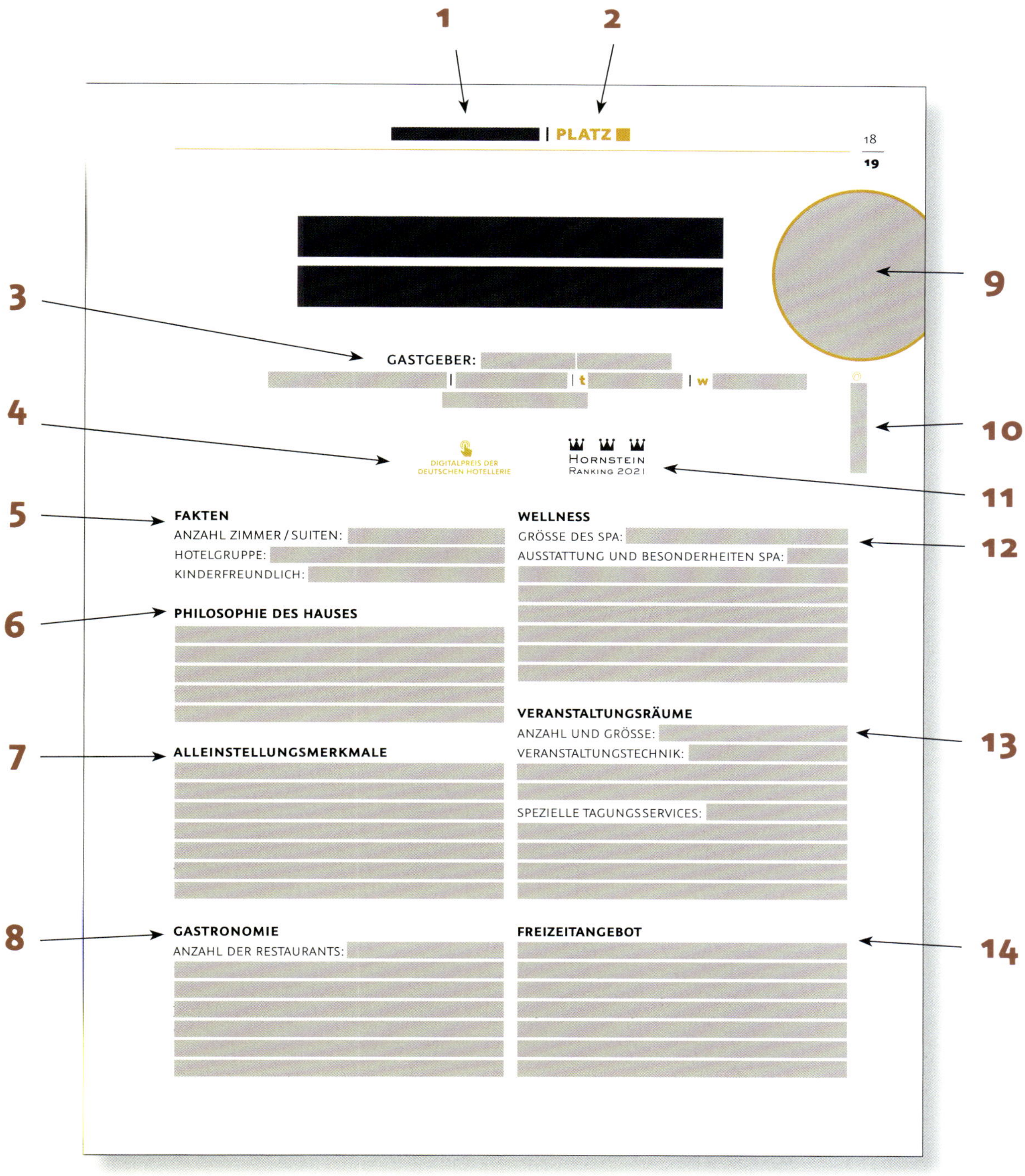
1
2
| PLATZ
18
19
3
GASTGEBER:
| t | w
9
4
DIGITALPREIS DER DEUTSCHEN HOTELLERIE
HORNSTEIN RANKING 2021
10
11
5
FAKTEN
ANZAHL ZIMMER / SUITEN:
HOTELGRUPPE:
KINDERFREUNDLICH:
6
PHILOSOPHIE DES HAUSES
7
ALLEINSTELLUNGSMERKMALE
8
GASTRONOMIE
ANZAHL DER RESTAURANTS:
WELLNESS
GRÖSSE DES SPA:
AUSSTATTUNG UND BESONDERHEITEN SPA:
12
VERANSTALTUNGSRÄUME
ANZAHL UND GRÖSSE:
VERANSTALTUNGSTECHNIK:
SPEZIELLE TAGUNGSSERVICES:
13
FREIZEITANGEBOT
14

SONDERPREISE DER 101 BESTEN HOTELS DEUTSCHLANDS

WWW.DIE-101-BESTEN.COM

*Die 101 besten Hotels entwickeln sich stetig weiter.
Das Ranking »Die 101 besten Hotels Deutschlands« bezieht aktuelle Trends und relevante Themen mit ein. Insgesamt vier Sonderpreise bereichern das Ranking und heben besondere Leistungen für Sie hervor:*

DIE 101 BESTEN®
AUFSTEIGER DES JAHRES
2021/2022

DIE 101 BESTEN®
NEWCOMER DES JAHRES
2021/2022

DIE 101 BESTEN®
NACHHALTIGKEITSPREIS DER DEUTSCHEN HOTELLERIE

DIE 101 BESTEN®
DIGITALPREIS DER DEUTSCHEN HOTELLERIE

BACHMAIR WEISSACH
SPA & RESORT

WWW.BACHMAIR-WEISSACH.COM

SPA & RESORT BACHMAIR WEISSACH ist der **AUFSTEIGER DES JAHRES 2021/22**: Im Vergleich zum Ranking aus dem Vorjahr stieg das Hotel durch eine kontinuierliche Optimierung seiner Service-Angebote und der damit verbesserten Gastzufriedenheit die meisten Plätze im Gesamt-Ranking auf.

ENGEL OBERTAL
★ ★ ★ ★ ★ S
FÄHRHAUS HOTEL COLLECTION

WWW.ENGEL-OBERTAL.DE

HOTEL ENGEL OBERTAL wurde erstmalig in das Ranking der »101 besten Hotels Deutschlands« aufgenommen. Dank der besonderen Leistungen und der intensiven Fokussierung auf den Gast platziert sich das Hotel im Gesamt-Ranking höher als andere Neueinsteiger und ist somit verdient der »**NEWCOMER DES JAHRES**«.

noa*

WWW.NOA.NETWORK/DE

Das Kuratorium der 101 Besten vergibt 2021/22 den **NACHHALTIGKEITSPREIS** der deutschen Hotellerie an das Hotel oder Unternehmen mit der nachhaltigsten Ausrichtung. Sieger aus den 10 Nominierten ist das Unternehmen **NOA.**

GRAND ELYSEE HAMBURG

WWW.GRAND-ELYSEE.COM

»Die 101 besten Hotels Deutschlands« sprechen ihre Gäste auf allen digitalen Kanälen an und verbessern so das Gasterlebnis. Der **DIGITALPREIS** zeichnet die 101 besten Hotels in den Kategorien »Gold«, »Silber« und »Bronze« aus. Sieger im digitalen Vergleich der 101 Besten ist das **GRAND ELYSEE IN HAMBURG.**

Unsere Grandhotels sind der Inbegriff der Luxushotellerie. Mit ihrer spektakulären Architektur und ihrem außergewöhnlichen Service vereinen sie weltgewandte Exzellenz und Herzlichkeit. Sie harmonisieren gelebte Historie und Authentizität mit zukunftsorientiertem Fortschritt. Lassen Sie sich auf den kommenden Seiten von den Juwelen der deutschsprachigen Hotellerie begeistern, wo Ihre Wünsche erkannt werden, noch bevor Sie sie aussprechen können.

DIE BESTEN GRANDHOTELS

2021/22

»AN EXCELLENT HOTEL IN MY VIEW IS ONE WHICH GOES BEYOND MERELY SERVING GUESTS TO CREATING MEMORABLE EXPERIENCES FOR LIFE THROUGH A UNIQUE BLEND OF HIGH QUALITY, CONSISTENCY, EMPATHY AND SINCERE CARE.«

PUNEET CHHATWAL

MANAGING DIRECTOR UND CEO DER INDIAN HOTELS COMPANY

© Gerrit Meier

© Wolfgang Wilde

Hotel Vier Jahreszeiten

GASTGEBER: Ingo C. Peters seit 1997
Neuer Jungfernstieg 9–14 | 20354 Hamburg | **t** +49 40 3494 0 | **w** hvj.de
295 € bis 15.000 €

HORNSTEIN RANKING 2021

FAKTEN

ANZAHL ZIMMER / SUITEN: 126 Zimmer, 30 Suiten
HOTELGRUPPE: Fairmont Hotels & Resorts
KINDERFREUNDLICH: ja

PHILOSOPHIE DES HAUSES

Service Exzellenz – unsere Mitarbeiter:innen sind Herz und Seele des Hauses. Schon Hotelgründer Friedrich Haerlin sagte zu seiner Frau: »Es ist alles wie bei uns zu Hause, wenn wir Gäste einladen (…) nichts anderes machen wir im Hotel – nur, dass alles ein bisschen größer ist.«

ALLEINSTELLUNGSMERKMALE

Hamburgs Grandhotel mit fast 125-jähriger Historie in einzigartiger Lage an der Binnenalster, kulinarische Vielfalt mit neun Restaurants und Bars, Service Exzellenz mit 300 Mitarbeiter:innen und 156 Zimmern und Suiten, einzigartiges Ambiente aus Tradition und Moderne sowie charmanter Luxus und zeitlose Eleganz.

GASTRONOMIE

ANZAHL DER RESTAURANTS: 9
Restaurant Haerlin: 2 Michelin-Sterne, 19 Gault&Millau-Punkte, 4½ Feinschmecker-Fs, Gourmetrestaurant
Café Condi: Frühstücksrestaurant
Condi Lounge: Bistro / Lounge
Jahreszeiten Grill: hanseatische Klassiker
NIKKEI NINE: 15 Gault&Millau-Punkte, japanisch-peruanisch
Wohnhalle: Afternoon Tea
Jahreszeiten Terrasse: an der Binnenalster
Dachterrasse | Jahreszeiten Bar

WELLNESS

GRÖSSE DES SPA: 1.000 m²
AUSSTATTUNG UND BESONDERHEITEN SPA: Wohlfühloase mit Ruheraum und Echtholzkamin, Salzsteinsauna sowie separate Saunen für Damen und Herren, Zugang zur exklusiven Dachterrasse mit Blick über Hamburg, Fitnessbereich mit Personal Trainer, Kosmetiktreatments und Massagen, Physiotherapie

VERANSTALTUNGSRÄUME

ANZAHL UND GRÖSSE: 8 (bis 400 Personen)
VERANSTALTUNGSTECHNIK: Beamer / Flatscreen, integrierte Soundanlage, individuelles Lichtkonzept, bespielbare LED-Wände im Spiegelsaal
SPEZIELLE TAGUNGSSERVICES: kulinarische Erlebniswelt hinter den Kulissen mit ausgefallenen Eventlocations (Gourmetküche, Pâtisserie, Schlachterei, Weinkeller), Catering, Outdoor-Eventlocations: Jahreszeiten Terrasse und Dachterrasse

FREIZEITANGEBOT

Nähe zu kulturellen und architektonischen Sehenswürdigkeiten (Rathaus, Michel, Hamburger Staatsoper etc.), Alstersegeln, Hafenrundfahrt, Rundflüge über Hamburg

Hotel Vier Jahreszeiten

© Gerrit Meier

»Luxus bedeutet, in Qualität zu investieren.«

© Wolfgang Wilde

Das Hotel Vier Jahreszeiten in Hamburg ist zum zweiten Mal in Folge das beste Hotel Deutschlands. Im Interview verrät Hoteldirektor **Ingo C. Peters** sein Erfolgsgeheimnis, spricht über die Relevanz von Nachhaltigkeit in der Hotellerie und erklärt, wie sich auch ein Traditionshaus digitalisieren kann.

Ihr seid zum zweiten Mal Platz 1 trotz Pandemie – wie habt ihr das geschafft?

Dank unserer Eigentümer, Familie Dohle, durften wir die Zeit effektiv für alle Bereiche nutzen. Wir haben eine neue Empfangshalle und alle drei Innenhöfe gestaltet sowie den 500 qm großen Weinkeller restauriert. Gerade in Zeiten der Pandemie lag Familie Dohle und mir jeder einzelne Mitarbeiter am Herzen. Von Beginn an wurden Gehälter während der Kurzarbeit zu 100% aufgestockt. Es wurde in Schulungen und Mitarbeiterloyalität investiert. Wir sehen uns als eine Familie, die gemeinsam durch gute und durch schlechte Zeiten geht.

Wir entwickelten ein umfangreiches Konzept für Hygiene- und Sicherheitsmaßnahmen. Unsere Gäste konnten sich vom ersten Tag an sicher bei uns fühlen. Generell ist dies eine Selbstverständlichkeit, doch die Pandemie hat ganz neue Sicherheitsbedürfnisse bei den Menschen offengelegt. Neben der Hardware, der Ausstattung des Hotels, haben wir vor allem in unsere wertvollste Ressource, unsere Mitarbeiter, investiert.

Ihr seid das beste Grandhotel – inwieweit sind Hotelkategorien für euch und eure Gäste ein wichtiger Orientierungspunkt?

Es ist ein sehr wichtiges Qualitätsmerkmal, und Gäste orientieren sich an objektiven Bewertungen. Demnach ist das Ranking von »Die 101 Beste Hotels Deutschlands« von enormer Relevanz für uns. Vor allem die verschiedenen Rubriken unterstützen den Entscheidungsprozess des Kunden bei seiner Suche nach dem besten Spa-, Stadt- oder Grandhotel zum Beispiel. Das jeweilige Serviceangebot ist auf die einzelnen Rubriken ausgerichtet, sodass der Gast das passende Hotel für sich entdecken und wählen kann. Mit der Auszeichnung als bestes Grandhotel können wir in zahlreichen Leistungs- und Anforderungskategorien positiv eingeordnet werden, was uns natürlich sehr freut.

Auch für unsere Mitarbeiter ist es von hoher Bedeutung und ein Aushängeschild, im besten Grandhotel Deutschlands zu arbeiten. Auszeichnungen unterstreichen die Arbeit und belegen, dass die eigene Leistung von Bedeutung ist, was einen der wichtigsten Faktoren für das Engagement der Mitarbeiter:innen darstellt.

Wir vergeben den Digitalpreis, warum hat das für euch Relevanz?

Der technische Fortschritt ist wohl das wichtigste Thema in der Tourismusbranche. Gerade weil wir auf eine nahezu 125-jährige Tradition zurückblicken, legen wir besonderen Wert darauf, unser »Mindset« zu digitalisieren. Unsere Gäste informieren sich auf unterschiedlichsten Wegen und Kommunikationskanälen

© Guido Leifhelm

über das Hotel, mit zunehmender und eindeutiger Onlineausrichtung. Die beiden Welten der Offline- und Onlinedarstellung eines Hotels ergänzen sich.

Mit digitalen Technologien steuern wir Prozesse und Abläufe im Hotel effizienter und flexibler und ermöglichen unseren Gästen einen schnelleren und komfortableren Zugang zu Informationen. Die Customer Journey ist entscheidend – je mehr Berührungspunkte wir bereitstellen, desto größer ist der Zugang zum potenziellen Gast. Unsere Website, Social Media, Onlinebewertungen, Suchmaschinen, Auszeichnungen – all das hat höchste Relevanz für uns. Und doch ersetzen diese digitalen Touchpoints niemals das persönliche Gespräch, die Beratung, den Service vor Ort, die persönliche Empfehlung auf analogem Weg. Mit der Zeit gehen heißt für uns, Historie und Moderne geschickt miteinander zu verbinden, online wie offline.

Nachhaltigkeit ist ein Topthema für unsere Gäste und damit auch für die gesamte Hospitality – wie geht ihr damit um, was bietet ihr den Gästen?

Luxus wird oft mit Opulenz verwechselt, was meiner Meinung nach falsch ist. Es hat ein Wertewandel stattgefunden – sicherlich auch unterstützt durch die vergangenen Monate. Vor allem in der heutigen Zeit bedeutet Luxus viel mehr, auf Qualität zu achten und entsprechend Dauerhaftigkeit und Langlebigkeit zu gewährleisten.

Unser Invest in Qualität gewährleistet eine Langlebigkeit in allen Bereichen. Besonders wichtig ist die Verarbeitung hochwertiger Materialien. Im besten Fall können diese wiederverwendet, repariert, recycelt oder – wie häufig bei uns – auch restauriert werden. Dies ermöglicht einen längeren »Lebenszyklus« und schont die Umwelt.

Was ist dein persönliches Lieblingshotel und vor allem, warum?

Ich hatte das Glück in vielen großartigen Hotels übernachten zu dürfen, allerdings gibt es ein Hotel, das ich immer in bester Erinnerung halten werde – das Laucala Island Resort. Laucala Island liegt im traumhaften Archipel der Fidschi-Inseln und ist eine private Südseeinsel wie aus dem Bilderbuch. Dieses Resort hat mich auf allen Ebenen beeindruckt und wirklich keine Träume unerfüllt gelassen. Besonders beeindruckt hat mich die ganz besondere Interpretation eines All-Inclusive-Resorts auf Fünfsterne-plus-Niveau. Jegliche Serviceleistungen sind zu jeder Zeit für alle Gäste verfügbar und inklusive. Das Schöne an diesem Konzept ist, dass man als Gast nie planen muss, vollste Flexibilität hat und somit einfach in den Tag leben kann.

© Mark Seelen

Breidenbacher Hof

GASTGEBER: Cyrus Heydarian seit April 2008
Königsallee 11 | 40211 Düsseldorf | **t** +49 211 160 900 | **w** breidenbacherhof.com
345 € bis 14.000 €

FAKTEN

ANZAHL ZIMMER / SUITEN: 85 Zimmer, 21 Suiten
HOTELGRUPPE: Small Luxury Hotels of the World, Selektion Deutscher Luxushotels, Fair Job Hotels
KINDERFREUNDLICH: ja

PHILOSOPHIE DES HAUSES

Seit über 200 Jahren ist der **Breidenbacher Hof** in Düsseldorf der Inbegriff von Luxus, Gastlichkeit und Service Exzellenz. Gemäß der Breidenbacher-Hof-Philosophie, bieten wir unseren Gästen den höchtsmöglichen Service und stellen sie stets in den Mittelpunkt.

ALLEINSTELLUNGSMERKMALE

Gäste genießen ein Höchstmaß an persönlichem Service mit zahlreichen kostenfreien Annehmlichkeiten: keine festgelegten An- und Abreisezeiten, kostenfreie Heiß- und Kaltgetränke im Refreshment Center der Zimmer, Nutzung des Living Rooms mit Getränken und Snacks, sowie den persönlichen Assistenten.

GASTRONOMIE

ANZAHL DER RESTAURANTS: 2 (+2 Bars)
The Duchy: Das Team um Küchenchef Philipp Ferber und Restaurantleiter Samuel Schiebel serviert eine raffinierte Brasserie-Küche mit nachhaltigem und lokalem Bezug. Ganz gleich, ob ein entspanntes Dinner oder ein leichter Snack an der Raw Bar – das The Duchy Team lässt keine Wünsche offen.

WELLNESS

GRÖSSE DES SPA: 360 m²
AUSSTATTUNG UND BESONDERHEITEN SPA:
24 h-Fitnesscenter, Pool, 2 Finnische Saunen, Dampfbad, 4 Behandlungsräume

VERANSTALTUNGSRÄUME

ANZAHL UND GRÖSSE: 4 (bis 60 Personen)
VERANSTALTUNGSTECHNIK: Technik für virtuelle Meetings vorhanden. Professionelle Tagungstechnik und Erfüllung besonderer technischer Anforderungen durch Technikpartner Encore
SPEZIELLE TAGUNGSSERVICES: Unser Catering Sales Team begleitet Sie von der maßgeschneiderten Planung über die persönliche Betreuung der Gäste bis hin zur Nachbesprechung Ihrer Veranstaltung.

FREIZEITANGEBOT

Limousinen-Service, Business-Center, Fahrradverleih, lokale Aktivitäten, wie z. B. eine Altbiertour durch Düsseldorf, eine exklusive Bäckerei-Tour, Besuch beim regionalen Bauern Benninghoven

Breidenbacher Hof

»Inspiration ist notwendig, um Innovation anzutreiben.«

Cyrus Heydarian im Interview über die Zukunft der Stadthotels und die Relevanz von Innovationen.

Haben Stadthotels nach Corona überhaupt noch Relevanz, oder fahren alle Gäste aufs Land?
Stadthotels werden immer einen besonders hohen Stellenwert im Tourismus haben. Die Nachfrage wird sich rasch erholen, keine Frage. Dennoch gilt es mehr denn je, die Attraktivität von Städtereisen neu zu definieren und viele Attraktionen im Hotel sowie in der jeweiligen Destination enger und liebevoller in Verbindung zu bringen. Ein Stichwort für die Luxushotellerie kann hier »maßgeschneiderter Service und Angebot« sein. Jedoch müssen sich gegenwärtig Stadtmarketing und Hotelmarketing immer enger abstimmen, um dem größten Potenzial an Leisure-Gästen ihren Standort und die jeweiligen Angebote noch schmackhafter zu machen.

Ihr Hotel ist auf Platz 2 der Grandhotels. Herzlichen Glückwunsch! Wie werden Sie diesen Rang in der kommenden Saison verteidigen?
Wir sind begeistert über diese großartige und für uns so wichtige Auszeichnung und sind uns bewusst, dass wir diese unter anderem durch unsere professionellen, kümmernden und herzlichen Gastgeber erhalten haben. Unsere Breidenbacher sind es, die den Breidenbacher Hof auszeichnen und zu einer Institution machen. Es gilt also nach wie vor exzellente Mitarbeiterzufriedenheit zu schaffen, aus welcher höchste Gästeloyalität resultiert.

Der Breidenbacher Hof ist ein Aushängeschild für die Grandhotellerie. In welchem Maße inspirieren Sie andere Hotels, ein noch besseres Gasterlebnis und somit einen noch attraktiveren Standort zu schaffen?
Inspiration ist notwendig, um Innovation voranzutreiben. Reisen und Konsum werden immer wichtige »Driver« für Veränderung sein sowie unser unnachgiebiger Fokus auf Qualität, Teilhabe und Sinnstiftung.

Wenn wir andere Hotels inspirieren können, indem wir innovativ sind und größten Wert auf individuellen, antizipierenden und auf verschiedene Gäste abgestimmten Service vorleben, freut uns das sehr. Um als Benchmark zu gelten, spielt es für uns zudem eine übergeordnete Rolle, stets mit dem Zeitgeist zu gehen und elementare Themen wie Nachhaltigkeit und Gesundheit zu fokussieren.

Wie wichtig ist Nachhaltigkeit für Sie, und wie setzen Sie dies für die Gäste um?
Im Breidenbacher Hof räumen wir der Nachhaltigkeit bereits seit vielen Jahren einen hohen Stellenwert ein. Aus diesem Grund haben wir mit Earth Check ein zertifiziertes und erfolgreiches Umweltmanagementsystem eingeführt, das uns hilft, unsere vielfältigen Nachhaltigkeitsmaßnahmen zu koordinieren und unseren ökologischen Fußabdruck zu minimieren. Unser Konzept, auf gesunde, sinnvolle und nachhaltige Entscheidungen zu setzen, allem voran in unserer Küche hochwertigen Produkten aus eigenem Anbau und größtmöglicher Regionalität den Vorzug zu geben, wird von unseren Gästen begeistert aufgenommen.

Welches ist Ihr Lieblingshotel und warum (außer das eigene)?
Es ist kein Hotel. Es ist eine Destination. Emotionen. Menschen. Qualität. Sani Resort, Griechenland.

GIVENCHY

HOTEL ADLON
HOTEL ADLON

Hotel Adlon Kempinski

GASTGEBER: Michael Sorgenfrey seit Februar 2020
Unter den Linden 77 | 10117 Berlin | **t** +49 30 2261 0 | **w** kempinski.com/adlon
290 € bis 26.000 €

2. PLATZ
DIGITALPREIS DER DEUTSCHEN HOTELLERIE

HORNSTEIN
RANKING 2021

FAKTEN

ANZAHL ZIMMER / SUITEN: 307 Zimmer, 78 Suiten
HOTELGRUPPE: Kempinski Hotels
KINDERFREUNDLICH: ja

PHILOSOPHIE DES HAUSES

Damals wie heute ist der Leitspruch des legendären Hotelgründers Lorenz Adlon Ansporn und Versprechen zugleich: »Adlon oblige!« Wir sind leidenschaftliche Gastgeber und fühlen uns verpflichtet, unseren anspruchsvollen Gästen immer das gewisse Etwas-Mehr zu bieten, als sie erwarten.

ALLEINSTELLUNGSMERKMALE

Das **Hotel Adlon Kempinski** steht für Mythos und Moderne gleichermaßen. Wie bereits sein berühmter Vorgänger setzt auch das heutige Adlon mit seiner einzigartigen Lage, der legendären Geschichte und den hohen Kempinski-Standards internationale Maßstäbe in der traditionsreichen Grandhotellerie.

GASTRONOMIE

ANZAHL DER RESTAURANTS: 3 (+2 Bars)
Restaurant Quarré: casual, lokale Spezialitäten, nationale und internationale Klassiker
Lorenz Adlon Esszimmer: 2 Michelin-Sterne; Fine Dining, moderne und kosmopolitische Kreationen

WELLNESS

GRÖSSE DES SPA: 1.600 m²
AUSSTATTUNG UND BESONDERHEITEN SPA: Fitnesscenter, Pool, Saunen, Schönheitsbehandlungen, Massagen, Körper- und Gesichtsbehandlungen, private SPA-Suite-Erlebnisse

VERANSTALTUNGSRÄUME

ANZAHL UND GRÖSSE: 15 (bis 500 Personen)
VERANSTALTUNGSTECHNIK: Standardtechnik, Erfüllung aller technischen Anforderungen durch Technikpartner KFP
SPEZIELLE TAGUNGSSERVICES: Bälle, Meetings, Incentives, Konferenzen, Hochzeiten (inklusive Hochzeitsplaner, Bachelorette-Party, Dekoration und Make-up, Torte, Shuttleservice), andere private Veranstaltungen

FREIZEITANGEBOT

Business Center, Stadtrundfahrt, Limousinen-Service, Ladenpassage

Mühldorfer
WIR MACHEN BETTEN SEIT 1919
Fabrikation: 94145 Haidmühle
Made in Germany

100 Jahre

Mühldorfer

BETTEN DIE GESCHICHTE MACHEN

Höchster Schlafkomfort in nachhaltiger Premiumqualität

Mühldorfer, gegründet 1919, ist heute führender Hersteller von hochwertigen Daunen- und Faserbettwaren für die Top-Hotellerie weltweit. Der Erfolg des Unternehmens basiert auf einer durchgehenden Qualitätsstrategie. Neben der Verwendung erstklassiger Rohstoffe, ist die Veredelung der Daunen und Federn durch das Waschen im kalkfreien, kristallklaren Bergquellwasser des Bayerischen Waldes, ein wichtiges Kriterium für die hohe Qualität der Mühldorfer Betten. Alle Produkte entsprechen zudem den höchsten Umweltstandards. Betten zum Träumen und Kraft tanken.

Mühldorfer Wohlfühlbetten, gefüllt mit Daunen von einzigartiger Qualität, werden von den Gästen der Tophotellerie weltweit geschätzt

Das kristallklare, kalkfreie Bergquellwasser des Bayerischen Waldes ist das Geheimnis der einzigartig weichen Daunen und Federn

Anselm Hintermann führt zusammen mit Maximiliana Pangerl und Elisabeth Hintermann das Familienunternehmen Mühldorfer in der 5. Generation in die Zukunft

Mühldorfer GmbH & Co. KG, Dreisesselstraße 3, DE 94145 Haidmühle, Tel. +49 8556 96000, www.muehldorfer.com

Excelsior Hotel Ernst

Excelsior Hotel Ernst am Dom

GASTGEBER: Georg Plesser seit 2020
Domplatz/Trankgasse 1–5 | 50667 Köln | **t** +49 221 270 1 | **w** excelsiorhotelernst.com
250 € bis 3.200 €

FAKTEN

ANZAHL ZIMMER / SUITEN: 107 Zimmer, 29 Suiten
HOTELGRUPPE: The Leading Hotels of the World, Selektion Deutscher Luxushotels
KINDERFREUNDLICH: ja

PHILOSOPHIE DES HAUSES

Um unvergessliche Momente zu kreieren, stellen die Mitarbeiter:innen die Philosophie des Hauses, »Ihre Individualität ist unsere Stärke«, täglich mit Leidenschaft unter Beweis. Dieser persönliche Service garantiert einen individuellen und einzigartigen Aufenthalt eines jeden Gastes.

ALLEINSTELLUNGSMERKMALE

Seit 1863 befindet sich das **Excelsior Hotel Ernst** im Herzen von Köln, vis-à-vis dem Kölner Dom. Das Haus gehört zu den wenigen Luxushotels weltweit, die sich in Familienbesitz befinden, und verbindet auf stilvolle Weise Tradition und Moderne.

GASTRONOMIE

ANZAHL DER RESTAURANTS: 2 (+1 Bar)
Hanse Stube: innovative, französische Gourmetküche mit regionalen Einflüssen
taku: 1 Michelin-Stern; moderne Konzeption der »Asian Fusion«-Küche, Fine Dining

WELLNESS

GRÖSSE DES SPA: 60 m²
AUSSTATTUNG UND BESONDERHEITEN SPA: Fitnessbereich, Dampfsauna, Trockensauna, Ruheraum

VERANSTALTUNGSRÄUME

ANZAHL UND GRÖSSE: 6 (bis 200 Personen)
VERANSTALTUNGSTECHNIK: Erfüllung aller technischen Anforderungen
SPEZIELLE TAGUNGSSERVICES: Businessmeetings, Produktpräsentationen, Konferenzen, Hochzeitsplaner, individuelle Räumlichkeiten

FREIZEITANGEBOT

Stadtrundfahrt, Rheinschifffahrt, Weltkulturerbe Kölner Dom, historische Altstadt, Theater, Oper Köln, Philharmonie Köln, Museen, Zoo

Excelsior Hotel Ernst am Dom

© Kempinski Hotels

Vier Jahreszeiten Kempinski München

GASTGEBER: Holger Schroth seit Januar 2018
Maximilianstraße 17 | 80539 München | **t** +49 89 2125 270 0
w kempinski.com/vierjahreszeiten
350 € bis 20.000 €

TOP PERFORMER
DIGITALPREIS DER DEUTSCHEN HOTELLERIE

FAKTEN

ANZAHL ZIMMER / SUITEN: 245 Zimmer, 60 Suiten
HOTELGRUPPE: Kempinski Hotels
KINDERFREUNDLICH: ja

PHILOSOPHIE DES HAUSES

Das Hotel **Vier Jahreszeiten Kempinski München** wurde 1858 auf Wunsch von König Maximilian II. auf der Maximilianstraße im Herzen Münchens erbaut. Es verbindet Münchner Herzlichkeit und dezenten Luxus und versprüht im gesamten Haus Royal Bavarian Flair.

ALLEINSTELLUNGSMERKMALE

Perfekte Lage auf Münchens bekannter Maximilianstraße, inmitten von Designer Boutiquen, viele bekannte Münchner Highlights sind fußläufig erreichbar. Royal Bavarian Flair im gesamten Haus erleben und Young Bavarian Cuisine auf Sterneniveau im Restaurant genießen. **Kempinski Cigar Lounge by Zechbauer**.

GASTRONOMIE

ANZAHL DER RESTAURANTS: 1 (+2 Bars)
Schwarzreiter Restaurant & Tagesbar: Young Bavarian Cuisine – bayerische und regionale Produkte stehen im Mittelpunkt von Küchenchef Hannes Reckziegel.
Schwarzreiter Restaurant: 1 Michelin-Stern, 16 Gault&Millau-Punkte
Jahreszeiten Bar: Cocktailkreationen in einer typischen American Bar
Jahreszeiten Lobby: »Münchens schönstes Wohnzimmer« – genießen Sie »modern French pastry« von Ian Baker und seinem Team

WELLNESS

GRÖSSE DES SPA: 490 m²
AUSSTATTUNG UND BESONDERHEITEN SPA: beheizter Indoorpool, Dachterrasse, Sauna, Massagen und Anwendungen mit organischen Kräutern, Fitnessraum

VERANSTALTUNGSRÄUME

ANZAHL UND GRÖSSE: 12 (bis 500 Personen)
VERANSTALTUNGSTECHNIK: State of the Art Veranstaltungs- und Videokonferenztechnik, Anschluss für DJ-Pult
SPEZIELLE TAGUNGSSERVICES: persönlicher Meeting-Concierge, »Die Küche München« als Eventküche nutzbar, Fahrzeugpräsentation (befahrbarer Ballsaal) und Fashion Shows

FREIZEITANGEBOT

Sightseeing, Seen und Berge in der Umgebung, Shopping auf Münchens Prachtboulevard Maximilianstraße

Steigenberger Frankfurter Hof

© Frankfurter Hof

GASTGEBER: Spiridon Sarantopoulos seit Dezember 2017
Am Kaiserplatz | 60311 Frankfurt Main | t +49 69 215 02
w www.frankfurter-hof.steigenberger.com
225 € bis 13.500 €

HORNSTEIN
RANKING 2021

FAKTEN

ANZAHL ZIMMER / SUITEN: 261 Zimmer, 42 Suiten
HOTELGRUPPE: Steigenberger Hotels & Resorts / Deutsche Hospitality
KINDERFREUNDLICH: ja

PHILOSOPHIE DES HAUSES

Tradition trifft auf Moderne: Als lebendiges Denkmal der Fünfsterne-Superior-Hotellerie bietet es seinen Gästen den Glanz und Charme längst vergangener Tage. Die 261 Zimmer und 42 Suiten wurden im Jahre 2012 renoviert und bieten exklusiven Annehmlichkeiten den perfekten Raum.

ALLEINSTELLUNGSMERKMALE

Seit über 140 Jahren empfängt der **Steigenberger Frankfurter Hof** anspruchsvolle Gäste aus aller Welt. Das Grandhotel liegt im Herzen der Stadt, nur wenige Gehminuten von den Geschäfts- und Einkaufszentren sowie den kulturellen Attraktionen der Wirtschaftsmetropole am Main entfernt.

GASTRONOMIE

ANZAHL DER RESTAURANTS: 2
Français: 1 Michelin-Stern, 17 Gault&Millau-Punkte, 4 Feinschmecker-Fs; Verführt seine Gäste mit Geschmackserlebnissen auf Sterneniveau und einer »Weinbibel« mit über 500 Positionen.
Brasserie Moderne OSCAR's: Hier verschmilzt lebendiger Art-déco-Charme mit internationaler, zeitgemäßer Küche.

WELLNESS

GRÖSSE DES SPA: 1.000 m²
AUSSTATTUNG UND BESONDERHEITEN SPA: belebende SPA-Anwendungen wie ein Hamam, das orientalische Rasul oder individuell abgestimmte Massagen

VERANSTALTUNGSRÄUME

ANZAHL UND GRÖSSE: 17 (bis 500 Personen)
VERANSTALTUNGSTECHNIK: Ballsaal mit übergroßer LED-Wand, flexible Raumgestaltung sowie Flachbildschirme in den Boardrooms
SPEZIELLE TAGUNGSSERVICES: Unser Green-Meeting-Konzept leistet über alle (Planungs-)Phasen einer Veranstaltung hinweg einen wichtigen Beitrag zum ökologisch bewussten Handeln.

FREIZEITANGEBOT

Maintower, der Römer, die historische neue Altstadt oder das Mainufer mit Blick auf die Skyline sind nur wenige Schritte entfernt.

Steigenberger Frankfurter Hof

FRANKFURTER HOF

Hotel Bayerischer Hof

GASTGEBERIN: Innegrit Volkhardt seit August 1992
Promenadeplatz 2–6 | 80333 München | t +49 89 21 20 900 | w bayerischerhof.de
340 € bis 15.000 €

Hornstein Ranking 2021

FAKTEN

ANZAHL ZIMMER / SUITEN: 263 Zimmer, 74 Suiten
HOTELGRUPPE: Privat geführt
KINDERFREUNDLICH: ja

PHILOSOPHIE DES HAUSES

Eine Welt für sich. Unser vielfach ausgezeichnetes Traditionsunternehmen ist seit 1897 im Besitz der Familie Volkhardt und zählt zu den führenden deutschen Hotels sowie zu **The Leading Hotels of the World** und **Preferred Hotels**. Mit anderen Worten: Gastfreundschaft hat bei uns eine lange Tradition.

ALLEINSTELLUNGSMERKMALE

Die Bewahrung der Tradition in Kombination mit neuen, zeitgenössischen Elementen. Die Lage und die Vielseitigkeit unseres Hauses sind einzigartig. Das Motto von Falk Volkhardt war: Niemand sollte das Hotel verlassen müssen, da es vielmehr eine kleine Stadt in der großen Stadt ist.

GASTRONOMIE

ANZAHL DER RESTAURANTS: 5 (+6 Bars)
Atelier: 3-Michelin-Sterne, 19 Gault&Millau-Punkte (Stand August 2021), puristische, elegante französische Küche, erweitert durch asiatische Aromen und Zutaten
Garden: 15 Gault&Millau-Punkte; bewährte Klassiker, zeitgenössisch interpretierte Küche
Palais Keller: bayerische Spezialitäten, modern interpretiert
Trader Vic's: polynesische Spezialitäten
Blue SPA: leichte Wellness-Küche

WELLNESS

GRÖSSE DES SPA: 1.300 m²
AUSSTATTUNG UND BESONDERHEITEN SPA: Pool, Dampfbad, Saunen, Solarium, Sonnenterrasse, Fitnessstudio, umfangreiches Angebot an Behandlungen und Massagen

VERANSTALTUNGSRÄUME

ANZAHL UND GRÖSSE: 40 (10 bis 2.500 Personen)
VERANSTALTUNGSTECHNIK: modernste Konferenztechnik, Erfüllung aller technischen Anforderungen durch Partner Qualimero
SPEZIELLE TAGUNGSSERVICES: Imposantes Festsaal-Ensemble, klassische Salons, Dachgarten mit Blick auf die Frauenkirche, hauseigenes Kino (modernste Bild- und Tontechnik), alle Bars und Restaurants können gemietet werden.

FREIZEITANGEBOT

astor@Cinema Lounge, Komödie im Bayerischen Hof, Night Club, Shopping- und Kunstpassage, Beauty Center, Coiffeur

Hotel Atlantic Hamburg

GASTGEBER: Franco Esposito seit Januar 2016
An der Alster 72–79 | 20099 Hamburg | **t** +49 40 2888 0 | **w** brhhh.com/atlantic-hamburg
180 € bis 3.000 €

FAKTEN

ANZAHL ZIMMER / SUITEN: 188 Zimmer, 33 Suiten
HOTELGRUPPE: Broermann Health & Heritage Hotels, Marriot Autograph Collection Hotels
KINDERFREUNDLICH: ja

PHILOSOPHIE DES HAUSES

Das Hotel Atlantic Hamburg ist Ausgangspunkt für den Aufbruch in die Welt. Hier beginnt die Reise in ferne Länder, hier ist das Zentrum einer weltoffenen Gesellschaft, hier verbindet sich Hamburger Tradition mit Weitblick und Gestaltungswillen.

ALLEINSTELLUNGSMERKMALE

Die Historie des Hotel Atlantic Hamburg erzählt eine Geschichte des Reisens, des Entdeckens und des Aufbruchs. Darum trifft sich hier seit über 100 Jahren eine Gesellschaft, die sich ganz bewusst, ganz aktiv zur Welt hin öffnet, um sich von all ihren Einflüssen inspirieren zu lassen.

GASTRONOMIE

ANZAHL DER RESTAURANTS: 2
Atlantic Restaurant: geprägt von einer inspirierenden Fusionsküche, die regionale Klassiker mit internationalen Einflüssen verbindet
Atlantic Grill & Health: moderne Grillspezialitäten, vegetarische und vegane Gerichte für den »Healthy Lifestyle« mit Fokus auf die Region

WELLNESS

GRÖSSE DES SPA: 470 m²
AUSSTATTUNG UND BESONDERHEITEN SPA: finnische Sauna oder sanfte Infrarot-Kabine, beheizter Indoorpool (12,5 x 7 m), Fitnessraum, SPA und Massage

VERANSTALTUNGSRÄUME

ANZAHL UND GRÖSSE: 14 (bis 900 Personen)
VERANSTALTUNGSTECHNIK: State-of-the-art
SPEZIELLE TAGUNGSSERVICES: PrivateMax – Privatkino im Grandhotel: Auf 35 m² ist ein komplett ausgestatteter Multiplex-Kinoraum realisiert, der bis zu 12 Zuschauern Platz bietet.

FREIZEITANGEBOT

Gelegen direkt an der Außenalster, mit weitreichenden Optionen für Outdoor-Aktivitäten

FESTSAAL PETER VON CORNELIUS
CONCIERGE

Steigenberger Parkhotel

GASTGEBER: Carsten Fritz seit 2014
Königsallee 1a | 40212 Düsseldorf | **t** +49 211 1381 591 | **w** duesseldorf.steigenberger.de
175 € bis 2.335 €

FAKTEN

ANZAHL ZIMMER / SUITEN: 119 Zimmer, 11 Suiten
HOTELGRUPPE: Deutsche Hospitality
KINDERFREUNDLICH: ja

PHILOSOPHIE DES HAUSES

Seit mehr als 115 Jahren stehen wir für Tradition und Moderne. Wir setzen auf ein Maximum an Perfektion und widmen uns unseren Gästen mit Herz und Seele, um unvergleichliche Momente für sie zu schaffen. Unser Anspruch ist Exzellenz auf ganzer Linie.

ALLEINSTELLUNGSMERKMALE

Die Deutsche Hospitality schöpft Kraft aus einer mehr als 80-jährigen Geschichte. Wir schauen über den Tellerrand und verbinden unsere Tradition mit zukunftsweisenden Ideen. Der frische Mix aus Internationalität, Dynamik und Innovationskraft begeistert Menschen weltweit.

GASTRONOMIE

ANZAHL DER RESTAURANTS: 2 (+1 Bar)
Steigenberger Eck mit Sommerterrasse: casual, große Champagnerauswahl, mit regionaler und internationaler Küche und neu interpretierten Klassikern
Fine-Dining-Restaurant Artiste: international, mit modernem und experimentellem Twist
Etoile Bar: klassische Abendbar

WELLNESS

GRÖSSE DES SPA: 600 m²
AUSSTATTUNG UND BESONDERHEITEN SPA: Sauna- und Fitnessarea u. a. mit Kinesiswand

VERANSTALTUNGSRÄUME

ANZAHL UND GRÖSSE: 6 (bis 220 Personen)
VERANSTALTUNGSTECHNIK: modernste Tagungstechnik, Erfüllung aller technischen Anforderungen durch Technikpartner KFP
SPEZIELLE TAGUNGSSERVICES: Meetings, Incentives, Konferenzen, Hochzeiten (inklusive Hochzeitsplanerin, Bachelorette Party, Dekoration und Make-up, Torte, Shuttleservice), private Feierlichkeiten

FREIZEITANGEBOT

Limousinen-Stadtrundfahrt

STEIGENBERGER
ECK
Champagner
Lounge Bistro Bar
STEIGENBERGER
ECK
Champagner
Lounge Bistro Bar

Steigenberger Parkhotel

Falkenstein Grand

GASTGEBER: Dirk Schäfer seit April 2020
61462 Königstein im Taunus | **t** +49 6174 900 | **w** brhhh.com/falkenstein-grand
169 € bis 449 €

FAKTEN

ANZAHL ZIMMER / SUITEN: 81 Zimmer, 31 Suiten
HOTELGRUPPE: Broermann Health & Heritage Hotels, Marriott Autograph Collection Hotels
KINDERFREUNDLICH: ja

PHILOSOPHIE DES HAUSES

Gesunder Lifestyle, der Körper, Geist und Seele in Einklang bringt, kulinarische Herzen höher schlagen lässt und die Einzigartigkeit eines besonderen Orts gefühlvoll in die Lebenswelt des Hauses einbettet – das ist **Falkenstein Grand**.

ALLEINSTELLUNGSMERKMALE

Business-Hideaway in der Heilklimazone des Taunus, mitten in Deutschland. Einzigartiger Blick auf die Skyline von Frankfurt am Main, weitläufiger Privatpark (6 ha) mit mit Hochzeitspavillon und Sonnendeck, Penthouse-Master-Suite mit Jacuzzi und eigener Sauna sowie privatem Außenbereich.

GASTRONOMIE

ANZAHL DER RESTAURANTS: 1
Restaurant Landgut Falkenstein: frische und kreative Kompositionen, aromenreich und gesund. Das Landgut-Team verwöhnt beim Blick auf die Bankenmetropole Frankfurt am Main drinnen wie draußen mit nachhaltiger Cuisine, die den Fokus auf das Wesentliche legt.

WELLNESS

GRÖSSE DES SPA: 1.200 m²
AUSSTATTUNG UND BESONDERHEITEN SPA: Outdoorpool (ganzjährig beheizt), Personal Coaching, Ernährungs-Coaching, Yoga-Retreats, Gesundheits- und Lifestyle-Programme, Beauty- und SPA-Anwendungen

VERANSTALTUNGSRÄUME

ANZAHL UND GRÖSSE: 9 (bis 200 Personen)
SPEZIELLE TAGUNGSSERVICES: Health-Kulinarik und Open-Air-Angebote im Privatpark mit Blick auf die Skyline von Frankfurt

FREIZEITANGEBOT

Biken, Wandern, Yoga, Fitness

FAVRE-LEUBA
SWISS MADE SINCE 1737
TRUST
YOURSELF
RAIDER HARPOON
Follow us on:
FAVRE-LEUBA.COM

Steigenberger Grandhotel Handelshof

GASTGEBER: Guntram Weipert seit 2019
Salzgäßchen 6 | 04109 Leipzig | **t** +49 341 350 5810 | **w** steigenberger.com/leipzig
169 € bis 449 €

FAKTEN

ANZAHL ZIMMER / SUITEN: 163 Zimmer, 14 Suiten
HOTELGRUPPE: Steigenberger Grandhotel Handelshof, Steigenberger Hotels & Resorts
KINDERFREUNDLICH: ja

PHILOSOPHIE DES HAUSES

Im Kern unserer Welt als Gastgeber aus Leidenschaft steht die Verbindung aus gelebter Tradition und dem Wunsch nach Einfachheit, die in der heutigen Welt das höchste Maß an Luxus definiert. Qualitätsbewusstsein zu jeder Zeit und mit allen Sinnen erleben.

ALLEINSTELLUNGSMERKMALE

Das »Grandhotel« in unserem Namen unterstreicht den Anspruch und die Aufmerksamkeit, den die traditionsreiche Hotelmarke **Steigenberger Hotels & Resorts** auf ihre Häuser legt. Im Herzen der Stadt Leipzig verleiten wir unsere Gäste dazu, in eine Welt aus natürlichem Luxus einzutauchen.

GASTRONOMIE

ANZAHL DER RESTAURANTS: 2
Brasserie & Bar Le Grand: Eine kulinarische Reise rund um den Globus, in leichten und spannenden, neuen Kombinationen interpretiert. Traditionelles aus Europa wird mit sanftem asiatischen Einfluss auf eine völlig neue Ebene bewegt.

WELLNESS

GRÖSSE DES SPA: 350 m²
AUSSTATTUNG UND BESONDERHEITEN SPA: SPA World Premium auf 2 Etagen mit Fitness, Saunen, Dampfbad, Wasserliegen, kosmetischen Anwendungen sowie Massagen

VERANSTALTUNGSRÄUME

ANZAHL UND GRÖSSE: 6 (bis 260 Personen)
VERANSTALTUNGSTECHNIK: Innovative Tagungstechnik wird durch einen externen Dienstleister zur Verfügung gestellt.
SPEZIELLE TAGUNGSSERVICES: Vom Board-Meeting bis zur Hochzeit, vom Messeevent bis zur Firmenfeier. Alle Bereiche haben Green-Meeting-Services und Tageslicht. Digitale Eventplaner und virtuelle Live-Touren.

FREIZEITANGEBOT

Neben dem historischen Rathaus gelegen, stehen Kunst, Kultur und das in eine neue Ära aufbrechende Leipzig offen zur Erkundung.

Steigenberger Grandhotel Handelshof

NBERGER
HANDELSHOF

Hotel Nassauer Hof

© Daniel Roos

GASTGEBERIN: Carla Lopes seit August 2018
Kaiser-Friedrich-Platz 3-4 | 65183 Wiesbaden
t +49 611 133 0 | **w** hommage-hotels.com/nassauer-hof-wiesbaden/unser-hotel
205 € bis 4.000 €

FAKTEN

ANZAHL ZIMMER / SUITEN: 135 Zimmer, 24 Suiten
HOTELGRUPPE: Hommage Luxury Hotels Collection, Leading Hotels of the World
KINDERFREUNDLICH: ja

PHILOSOPHIE DES HAUSES

Ankommen und Wohlfühlen – die Antwort auf Ihre Sehnsucht nach einem luxuriösen, urbanen Rückzugsort im Herzen von Wiesbaden. Gastlichkeit, Leidenschaft und Idealismus sind unsere Berufung. Unser oberstes Ziel sind glückliche Gäste, und das in allen Bereichen.

ALLEINSTELLUNGSMERKMALE

Die einzigartige Zigarrenbar mit über 70 Whisky-Sorten, der einzige Thermal Rooftop Pool Deutschlands, gespeist aus der hauseigenen Thermalquelle, die Sterne gekrönte **Ente** und das **Ente Bistro** – hier findet sich für jeden ein unvergessliches Highlight!

GASTRONOMIE

ANZAHL DER RESTAURANTS: 3 (+1 Bar)
Ente: 1 Michelin-Stern, 16 Gault&Millau-Punkte; fine Dinning, moderner Stil, geprägt von einer bodenständigen Küche mit raffinierten Akzenten
Bistro Ente: französisch-italienische Küche
Orangerie: Casual, vom Frühstück bis zum abendlichen Dinner gibt es regionale und internationale Spezialitäten.

WELLNESS

GRÖSSE DES SPA: 1.500 m²
AUSSTATTUNG UND BESONDERHEITEN SPA: medizinische Trainingstherapie, Physiotherapie, Beauty-Behandlungen mit Produkten von Artemis, Valmont oder Thalgo

VERANSTALTUNGSRÄUME

ANZAHL UND GRÖSSE: 9 (bis 350 Personen)
VERANSTALTUNGSTECHNIK: WeFrame, Erfüllung aller technischen Wünsche durch Technikpartner Audiluma und Pink Events
SPEZIELLE TAGUNGSSERVICES: Tagungspauschalen mit Konferenztechnik, Verpflegung und Raummiete, Meetings, Incentives, Konferenzen, Hochzeiten, private Veranstaltungen

FREIZEITANGEBOT

Therme-Bereich, Ausflüge in den Rheingau sowie Stadtrundfahrten; weitere Ausflugsmöglichkeiten auf Anfrage

Hotel Nassauer Hof

© Ydo Sol

HOTEL NASSAUER HOF

Parkhotel Bremen

© Andreas Caspari

GASTGEBER: Steffen Eisermann seit Mai 2020
Im Bürgerpark | 28209 Bremen | **t** +49 421 3408 800 |
w hommage-hotels.com/parkhotel-bremen
148 € bis 1.148 €

FAKTEN

ANZAHL ZIMMER / SUITEN: 152 Zimmer, 20 Suiten
HOTELGRUPPE: Hommage Luxury Hotels Collection
KINDERFREUNDLICH: ja

PHILOSOPHIE DES HAUSES

Bereits seit 1872 prägt das Parkhotel das Bremer Stadtbild. In den ersten Jahrzehnten noch als Ausflugsrestaurant mitten im Bürgerpark, seit 1956 als das Grandhotel, wie man es bis heute kennt. Historie und Luxus zeitgemäß interpretiert.

ALLEINSTELLUNGSMERKMALE

Der eindrucksvolle, denkmalgeschützte Bau gilt als eines der Wahrzeichen und ersten Adressen in Bremen. Hier sind rauschende Feste, leiser Luxus, prominente Besucher und Gäste aus aller Welt zu Hause. Darüber hinaus das perfekte Ziel für eine Städtereise oder entspannte Wellness-Auszeit.

GASTRONOMIE

ANZAHL DER RESTAURANTS: 2 (+1 Bar, +1 Zigarrenlounge)
Parkrestaurant: Hornstein-Ranking; internationale Küche mit lokalen Einflüssen und Produkten
Kuppelhalle: lokale Spezialitäten, nationale und internationale Klassiker, hauseigene Patisserie und Tea Time
Parkhotel Bar
La Fumadora: Zigarrenlounge

WELLNESS

GRÖSSE DES SPA: 1.200 m²
AUSSTATTUNG UND BESONDERHEITEN SPA: Outdoorpool, Whirlpool und Saunalandschaft mit Eisgrotte, Massagen, Körper- und Gesichtsbehandlungen, Private-SPA-Suite

VERANSTALTUNGSRÄUME

ANZAHL UND GRÖSSE: 9 (bis max. 462 Personen)
VERANSTALTUNGSTECHNIK: Erfüllung aller technischen Anforderungen u. a. mit Technikpartner, mit dem PWK befahrbare Räume
SPEZIELLE TAGUNGSSERVICES: Meetings, Incentives, Konferenzen, Hochzeiten, private Veranstaltungen, Dekoration, Hybride Meetings, Torten, Ausstellungen

FREIZEITANGEBOT

Stadtrundfahrten, Bremens Kultur genießen, Bremens Natur und das Umland mit dem Fahrrad erkunden, Wassersport, Wellness; weitere exklusive Angebote finden Sie auf unserer Website.

Parkhotel Bremen

© Ydo Sol

»Luxus zeitgemäß interpretieren«

Jörg T. Böckeler ist CEO der Hommage Luxury Hotels Collection von Dorint. Dazu gehören vier Hotels: Der Nassauer Hof in Wiesbaden mit dem traditionsreichen Sternerestaurant Ente, das Parkhotel Bremen, das Hotel Maison Messmer in Baden-Baden sowie der Söl'ring Hof auf Sylt mit einem Zweisternerestaurant.

© Ydo Sol

Jörg Böckeler, Sie haben sich früh für den Luxusbereich entschieden und in der Traube Tonbach ihre erste Ausbildung absolviert. Was gab dafür den Ausschlag?

Ich hatte das Glück, schon als Kind viel mit meinen Eltern zu reisen und in großartigen Restaurants zu essen. Diese Erlebnisse haben mich nachhaltig geprägt und in mir eine Faszination für die Hotellerie geweckt. Mich interessieren andere Kulturen, und ich arbeite gern mit Menschen – damit war meine Berufswahl schon deutlich vorgeprägt. In der Traube Tonbach angenommen zu werden war für mich eine viel größere Ehre, als ich damals realisiert habe, und ich habe meiner Ausbildung dort extrem viel zu verdanken. Besonders hat mich Heiner Finkbeiner beeindruckt und auch nachhaltig geprägt und ich genieße auch ganz aktuell den Austausch mit ihm

Was bedeutet die Luxushotellerie heutzutage für Sie?

Das ist meine Leidenschaft, die ich voll und ganz ausleben kann. Im Herzen bin ich als Hotelier erst einmal Gastgeber. In einem Luxushotel haben Sie alle Möglichkeiten, Ihre Gäste zu begeistern und für wunderbare Momente zu sorgen. Ich sehe es als ein großes Privileg, in einem solchen Rahmen arbeiten zu dürfen und ganz besonders in meiner Rolle als CEO der Hommage Luxury Hotels Collection die Definition von Luxus weiterzuentwickeln und neu zu interpretieren.

2018 sind Sie zu Dorint gekommen. Geplant war der Ausbau der Luxushotelkollektion. Wie sind Sie vorangekommen?

Wir haben in dieser kurzen Zeit sehr viel erreicht. Wir haben die vier Luxushotels unter der neuen Dachmarke Hommage Luxury Hotels Collection relauncht und ein einheitliches Markenversprechen definiert. Dabei war es uns sehr wichtig, die Persönlichkeiten der einzelnen Hotels in den Vordergrund zu stellen und erlebbar zu machen. Wir haben dazu jeden Punkt auf der Guest Journey analysiert und überarbeitet. Außerdem haben wir die Teams ausgebaut, neue Kollegen aus dem Luxussegment hinzugeholt und viel in Training und Ausbildung investiert. Zum großen Teil haben wir die Häuser renoviert und die Ausstattung verbessert. Ich bin sehr stolz auf das, was wir gemeinsam erreicht haben, und der Zuspruch, den wir erfahren, gibt uns Recht.

Zuletzt sollten drei der Luxushotels, außer dem Söl'ring Hof auf Sylt, an ein ägyptisches Unternehmen verkauft werden, das die Häuser dann zu Kempinski-Dependancen umgeflaggt hätte. Was ist daraus geworden?
Es kann niemanden überraschen, dass sich in der aktuellen Situation Pläne auch kurzfristig ändern können. Wir respektieren das und planen unsere Zukunft entsprechend. Dabei sind wir sehr zuversichtlich und immer offen für neue Partnerschaften und interessante Projekte.

Kann eine Hotelperle unter Dorint-Flagge die Raten erzielen, die benötigt werden?
Die Marke Dorint hat sich in den letzten Jahren sehr stark weiterentwickelt. Wenn sie unsere neuen Hotels betreten, spüren sie sofort die besondere Qualität. Das liegt zum einen an der hochwertigen, modernen Ausstattung, aber auch an unseren »HotelHelden«, die wir auch jetzt in der Krise kontinuierlich weiterbilden und trainieren. Jedoch ist unser Anspruch in der Hommage Luxury Hotels Collection noch einmal ein anderer, und aus diesem Grunde haben wir den Vertrieb und das dazugehörige Revenue Management wie auch unseren Qualitätsanspruch im Markenversprechen klar separiert. Bei der Hommage Luxury Hotels Collection setzen wir einen weiteren Fokus auf internationale Consortia, denn hier müssen wir neben dem inländischen Markt auch eine internationale Positionierung erreichen.

Welche Perspektive sehen Sie für die Luxushotellerie insgesamt? Ist sie besser positioniert als andere Segmente?
Viele unserer Gäste wurden von der Krise weniger hart getroffen als der Durchschnitt der Bevölkerung und viele haben die Welt ja schon gesehen. Sie legen in nächster Zeit ihren Fokus weniger auf Fernreisen. Insofern, glaube ich, sind wir sehr gut positioniert und werden nach der Krise sehr schnell einen positiven Effekt sehen. Auch langfristig wird es im Luxussegment weiteren Wachstum geben. Wichtig ist, Luxus immer wieder zeitgemäß zu interpretieren und die veränderten Bedürfnisse der jüngeren Gäste gut zu verstehen. Und auch hier gilt, dass unser kontinuierliches Investment in die Ausbildung unserer Mitarbeiterinnen und Mitarbeiter der Schlüssel zum Erfolg sein wird, weil die Konsistenz im Markenerlebnis immer den Unterschied macht.

Welche Rolle spielt die Gastronomie?
Genuss spielt in Luxushotels eine deutlich stärkere Rolle als in allen anderen Segmenten. Der Gast eines herausragenden Hotels geht davon aus, dass er in seinem bevorzugten Haus auch gut essen kann. Beste Beispiele bei uns sind der Söl'ring Hof auf Sylt und die Ente im Nassauer Hof in Wiesbaden.

Sie waren von 2011 bis 2018 in Sydney. Dort haben Sie das umsatzstarke Hotel InterContinental gemanagt und waren darüber hinaus auch für die Häuser der Marke in Australien und Neuseeland verantwortlich. Früher haben Sie unter anderem im Kempinski Hotel Taschenbergpalais in Dresden gearbeitet sowie im Savoy in London. Wird Luxus unterschiedlich interpretiert?
Absolut, das ist ja das Schöne daran. Jede Kultur prägt auch ihre Art des Luxus. Das hat viel mit Tradition und Historie zu tun, aber auch mit der Gesellschaft und den Werten und Normen, die das Miteinander prägen. Es ist ganz wichtig, gerade für globale Marken, diese Unterschiedlichkeiten zu erkennen und ihre eigene Version

des Luxus an die lokale Gegebenheit anzupassen. Aus eigener Erfahrung kann ich sagen, es macht einen Riesenunterschied, ob Sie denselben Gast in Berchtesgaden begrüßen oder auf einer Insel im Südpazifik, selbst dann, wenn über der Tür die gleiche Hotelmarke hängt.

Worauf legen Sie den Fokus in der Luxury Hotels Collection? Welcher Wertekosmos schwebt am Firmament?
Wir haben in der Entwicklung zur Hommage die Leitwerte der Marke klar definiert. Sie sind das Fundament für unsere interne Kultur und prägen die Zusammenarbeit der Kollegen, aber auch das Verhältnis zu unseren Gästen. Wichtig sind uns Authentizität und Individualität, das gilt nach innen aber auch nach außen. Die Hommage Hotels sind besondere Persönlichkeiten, die man als solche begreifen und erleben muss. Da ist nichts glattgebügelt, das schätzen unsere Gäste, die oft auch besondere Persönlichkeiten sind. Zwei besondere Werte sind für uns Verantwortung und Leidenschaft. Die Leidenschaft, gute Gastgeber zu sein, trägt bei uns jeder in sich, vom Auszubildenden bis hin zu mir, das ist nicht verhandelbar und das sollen unsere Gäste spüren, noch bevor sie das Hotel betreten. Die Verantwortung, die wir haben für unsere Gäste, für unsere Mitarbeiter und unsere Marke sind ebenso wichtig, auch dies leben wir jeden Tag. Dazu gehört auch, dass wir partnerschaftlich über den Tellerrand hinausblicken und uns Gedanken darüber machen, welche Rolle wir spielen, in einer Stadt, in einem Netzwerk und für unsere Partner und Lieferanten.

Welche Rolle spielt die Nachhaltigkeit?
Nachhaltigkeit ist sehr wichtig, sie ist kein Luxus, sondern eine Selbstverständlichkeit. Wir stellen alle Abläufe und unser Handeln auf den Prüfstand und machen systematisch Verbesserungsvorschläge. Das fängt im Einkauf an und hört vor Ort in den Routinen auf. Wir müssen alle einen Beitrag leisten, die Welt ein Stück besser zu machen. Wir nehmen diese Verantwortung als Unternehmen sehr ernst, und wir wissen, dass diese Themen unseren Gästen sehr wichtig sind. Deshalb sind wir nun auch Mitglied der Sustainable Hotels Alliance und ich wirke dort im Executive Committee tatkräftig mit.

Färbt Luxus ab? Inwieweit kann ein Luxusbereich einer gesamten Hotelgruppe zur Orientierung nutzen?
Nein, Luxus färbt nicht ab. Das passiert nicht zufällig und nicht im Vorbeigehen. Es gibt Dinge die wir gezielt in der Hommage ausprobieren und dann systematisch angepasst an das Gasterlebnis in die Dorint übertragen.

Wie kann die Marke Hommage noch bekannter werden?
Wir nutzen intensiv die zielgerichtete Kommunikation im digitalen Bereich. Hier haben wir die Möglichkeit, unsere Gäste sehr genau zu erreichen und ihnen die Markenwelt der Hommage nahe zu bringen. Das tun wir in sozialen Netzwerken genauso wie mit Content Marketing. Unsere Zielgruppe ist sehr anspruchsvoll. Wir sind mit der Entwicklung von Markenbekanntheit und Sympathie innerhalb der Zielgruppe sehr zufrieden. Was uns am meisten freut, ist die hohe Rate der Wiederholungsbuchungen und die Weiterempfehlungen zufriedener Gäste.

Welche Rolle spielt ein Ranking wie die 101 besten Hotels dabei?
Die vielen Auszeichnungen bestätigen uns. So sind zum Beispiel alle vier Hommage Hotels unter den besten 101 Hotels in Deutschland gelistet, was für uns eine große Ehre und zugleich ein noch größerer Ansporn ist. Ein Ranking mit klar definierten Parametern hat in Deutschland gefehlt. Vieles war von Subjektivität geprägt. Mit der neuen Rangliste sind wir in die Liga der internationalen Vergleichbarkeit aufgestiegen.

Werden Sie zum Tagträumer und Weltenbummler. Die Ruhe dazu finden Sie in unseren Hideaways. Unsere Lieblingsplätze sind Hotels und Resorts in idyllischer Umgebung, die eine unvergessliche Auszeit garantieren. In den besten Hideaways genießen Sie einen exquisiten Komfort, der die Natur respektiert und gleichzeitig erstklassigen Service offeriert.

DIE BESTEN HIDEAWAYS

2021/22

»DER GRÖSSTE UND SYMPATHISCHSTE LUXUS EINES HIDE-AWAYS FÜR MICH IST: PLATZ, PERSONALITY UND GROSSZÜGIGKEIT DEM GAST GEGENÜBER.«

PETRA WINTER
CHEFREDAKTEURIN UND GESELLSCHAFTERIN MADAME & MONSIEUR

TAJ
LIKE ALWAYS. LIKE NEVER BEFORE.
LEGENDARY HOSPITALITY
ICONIC DESTINATIONS
Authentic living palaces, landmark hotels, breathtaking resorts and safaris,
Taj is the hallmark of iconic hospitality across the globe.
Taj Exotica Resort & Spa, Maldives
BHUTAN | INDIA | MALAYSIA | MALDIVES | NEPAL | SOUTH AFRICA | SRI LANKA | UAE | UK | USA | ZAMBIA

Taj Bentota Resort & Spa, Sri Lanka

Taj, Dubai

Schloss Elmau

GASTGEBER: Dietmar Mueller-Elmau seit 1997
82493 Elmau | **t** +49 8823 18 0 | **w** schloss-elmau.de
250 € bis 2.500 €

Hornstein Ranking 2021

FAKTEN

ANZAHL ZIMMER / SUITEN: 100 Zimmer, 62 Suiten
HOTELGRUPPE: Leading Hotels of the World, Fine Hotels and Resorts American Express
KINDERFREUNDLICH: ja

PHILOSOPHIE DES HAUSES

Luxury SPA Retreat & Cultural Hideaway – eine Symbiose von zeitloser SPA-Kultur mit Hochkultur in anspruchsvoller Architektur inmitten unberührter Natur

ALLEINSTELLUNGSMERKMALE

Schloss Elmau bietet seinen Gästen nicht nur ein international herausragendes Wellnessangebot für Erwachsene ebenso wie für Familien, sondern auch ein weltweit einzigartiges Kulturprogramm mit den großen Künstlern unserer Zeit.

GASTRONOMIE

ANZAHL DER RESTAURANTS: 8
Luce d'Oro: 2 Michelin-Sterne, 18 Gault&Millau-Punkte, 9,5 Gusto-Pfannen, Platz 19 Hornstein-Ranking; französisch-japanisch
La Salle: internationale Gerichte à la Carte und Buffets
Fidelio: asiatische Yoi-Kitchin und Sushi
Tutto Mondo & Summit: Nuova Cucina Italiana
Kaminstube: Fondues
Elmauer Alm: bayrisches Bergrestaurant
Ananda SPA Restaurant

WELLNESS

GRÖSSE DES SPA: 8.000 m² + 15 ha Nature SPA
AUSSTATTUNG UND BESONDERHEITEN SPA: Zwei Adults Spas mit 25 Behandlungsräumen, TCM Medical Spa und fünf ganzjährig beheizte Outdoor Infinity Pools, ein 41 °C warmer japanischer Outdoor Onsen Pool, Cold Plunge Pools, ein Indoor Lap Pool im Family Spa und ein Lap Pool im Nature Spa. Yoga-Center mit täglichen Klassen für Anfänger und Geübte sowie zahlreiche Yoga Retreats und Annual Yoga Summit.

VERANSTALTUNGSRÄUME

ANZAHL UND GRÖSSE: 8 (bis 300 Personen)
VERANSTALTUNGSTECHNIK: digital Boardrooms, digital Meeting- und Video Conferences, Interactive Screens, 5 Steinway B- und D-Flügel, Konzerttechnik
SPEZIELLE TAGUNGSSERVICES: individuelle Tagungen, Meetings, Incentives, Hochzeiten, Geburtstage, ausgestattet für Konzerte und CD-Aufnahmen auf höchstem Niveau

FREIZEITANGEBOT

Kulturprogramm mit 200 Konzerten, Spa-Anwendungen, Yoga Retreats, Sport- und Fitnessprogramm, Ski-Bike Station, Edutainment und Soccer Camps für Kinder, geführte Berg- und E-Mountainbike-Touren

Schloss Elmau

»Freie Zeit und freier Raum für Phantasie werden immer wertvoller.«

Dietmar Müller-Elmau ist Inhaber des Schloss Elmau Luxury Spa Retreat & Cultural Hideaway und steht ganz oben auf dem Siegertreppchen. Welche Veränderungen sieht er beim Luxus?

Herzlichen Glückwunsch zum Toperfolg im Ranking. Ist es schwieriger, auf den Gipfel zu kommen oder dort zu bleiben?
Da es das perfekte Hotel nicht gibt und das Gute der Feind des Besseren ist, wollen wir uns ständig verbessern und nach jedem Gipfel den nächsten und höheren Gipfel erklimmen.

Sie haben so viele Auszeichnungen bekommen. Haben Sie sich daran gewöhnt oder ist es jedes Mal etwas Besonderes?
Jede Auszeichnung motiviert uns immer wieder aufs Neue.

Das Schloss Elmau ist eine Ikone – Welchen Blick werfen Sie aus Ihrer Perspektive auf die Hotellandschaft in Deutschland und der Welt?
Die Hotellerie in Deutschland muss international wettbewerbsfähiger werden und braucht hierzu vom Gesetzgeber vor allem die Möglichkeit, hoch motivierte Mitarbeiter und Auszubildende aus aller Welt ohne bürokratische Hürden engagieren und in Deutschland eine langfristige Perspektive geben zu können.

Wie verändert sich Luxus? Werden die Maßstäbe neu definiert?
Nachhaltige, sinnvolle Erholung für Body, Mind und Soul wird in der unendlich wertvollen, weil begrenzten freien Zeit immer wichtiger werden.

Welches ist Ihr Lieblingshotel außerhalb Ihrer eigenen Unternehmenswelt – und was fasziniert Sie dort?
Eines meiner vielen Lieblingshotels ist neben einigen Aman Resorts in Asien das Post Ranch Inn in Californien. Ich schätze dort wie anderswo vor allem die spektakuläre Alleinlage mit Blick auf den Pazifik und die anspruchsvolle Architektur inmitten unberührter Natur.

Severin's Resort & SPA

GASTGEBER: Christian Siegling seit Juni 2015
Am Tipkenhoog 18 | 25980 Sylt | **t** +49 4651 460 66 555 | **w** severins-sylt.de
360 € bis 2.950 €

FAKTEN

ANZAHL ZIMMER / SUITEN: 14 Zimmer, 60 Suiten
HOTELGRUPPE: Selektion Deutscher Luxushotels
KINDERFREUNDLICH: ja

PHILOSOPHIE DES HAUSES

Ankommen und Durchatmen – Das **Severin's** steht für Exklusivität und lässigen Luxus, natürliche Herzlichkeit und Liebe zum Detail sowie authentische Architektur. Das **Severin's Resort & SPA** verbindet auf einzigartige Weise friesischen Baustil mit moderner Behaglichkeit.

ALLEINSTELLUNGSMERKMALE

Das großzügige, familienfreundliche Resort bietet authentisches Sylt-Feeling in behaglichen Zimmern, Apartments und Villen mit Hotelanschluss. Durch die gastronomische Vielfalt und den weitläufigen Wellnessbereich ganzjährig attraktiv. Hunde sind natürlich willkommen.

GASTRONOMIE

ANZAHL DER RESTAURANTS: 2
Tipken's: Im Abendrestaurant Tipken's bietet Küchenchef Normen Eller eine kreative und weltoffene Küche, unsere Gäste kommen in den Genuss einer kulinarischen Weltreise in legerer Atmosphäre.
Hoog: Im ganztägigen Restaurant überzeugen die besten Produkte der Region.

WELLNESS

GRÖSSE DES SPA: 2.000 m²
AUSSTATTUNG UND BESONDERHEITEN SPA: Individuelle Aufmerksamkeit – Anhand der Naturkräfte wird die Behandlung auf die Bedürfnisse individuell ausgerichtet.

VERANSTALTUNGSRÄUME

ANZAHL UND GRÖSSE: 3 (bis 184 Personen)
SPEZIELLE TAGUNGSSERVICES: Wedding Planner, persönliche Eventplanung

FREIZEITANGEBOT

täglich wechselndes kostenfreies Kursprogramm, Fahrrad- und E-Bike-Verleih, Golfen, Wattwanderungen, Reiten, Wassersport

Severin's Resort & SPA

© Tom Kohler

alle Fotos © Severin's Resort & Spa Sylt

»Eine Teamleistung«

Der General Manager des Severin's Resort & Spa Sylt, **Christian Siegling,** erklärt im Interview, wie ein gut eingeführtes Hotel über Jahre hinweg attraktiv gestaltet werden kann und welchen Beitrag das Resort für die Insel leistet.

Herzlichen Glückwunsch zur tollen Platzierung im Ranking. Wie ist ein gut eingeführtes Hotel über viele Jahre hinweg attraktiv zu gestalten? Helfen Auszeichnungen dabei?
Eine perfekte Hardware natürlich vorausgesetzt, ist es Service, Service, Service – und vor allem motivierte Mitarbeiter, die es in unserem Sinne verstehen, unseren Gästen in einer natürlichen und lässigen Art zu begegnen. Wir freuen uns sehr über Auszeichnungen, da es eine Teamleistung ist, die unsere bereits sehr gute Reputation steigert, auch im Hinblick auf unser Mitarbeitermarketing.

Die deutschen Ferienregionen an der Küste und in den Bergen sind sehr gefragt. Wird das so weitergehen?
Ich denke schon, dass die momentane sehr starke Nachfrage nachhaltig ist. Natürlich wird es einige Gäste geben, die es schon sehr bald wieder in südliche Destinationen ziehen wird, aber viele Deutsche haben in den vergangenen eineinhalb Jahren die Küste und die Berge wieder für sich entdeckt.

Was kann das Severin's Resort & Spa dafür tun, die Attraktivität eines gesamten Standortes zu erhöhen?
Sylt ist per se einer der attraktivsten Destinationen in Deutschland, aber es ist uns besonders wichtig, zu einem nachhaltigen Tourismus beizutragen, bei dem Natur, Einheimische, unsere Gäste und Mitarbeiter eine zentrale Rolle spielen.

Wie wichtig sind Ihre Restaurants und die Bar sowie der gut bestückte Weinkeller für das Hotel?
Sylt ist eine Genussinsel und unsere Gäste nehmen natürlich all die unterschiedlichen Angebote in unserem Haus sehr gerne an, insofern spielt die Gastronomie in all ihren Facetten, neben der Gesamtatmosphäre und dem Spa eine zentrale Rolle.

Welches ist Ihr Lieblingshotel außerhalb von Sylt – und was fasziniert Sie dort?
Ich bin sehr gerne im Castell Son Claret auf Mallorca, dort kann ich perfekt entspannen, und ich schätze vor allem den unaufgeregten, perfekten Service.

Sonnenalp Resort

GASTGEBER: Dr. Anna-Maria und Michael Fäßler seit 1994
Sonnenalp 1 | 87527 Ofterschwang | t +49 8321 272 0 | w sonnenalp.de
284 € bis 789 €

HORNSTEIN
RANKING 2021

FAKTEN

ANZAHL ZIMMER / SUITEN: 179 Zimmer, 39 Suiten, 7 Chalets
KINDERFREUNDLICH: ja

PHILOSOPHIE DES HAUSES

Seit über 100 Jahren erfüllen wir individuelle Urlaubsträume und geben jedem Gast das unverwechselbare Gefühl, auf der **Sonnenalp** zu Hause zu sein. Familiäre und traditionelle Werte gehen dabei Hand in Hand mit den höchsten Ansprüchen eines führenden Luxusresorts.

ALLEINSTELLUNGSMERKMALE

Familienurlaub in Perfektion mit 20.000 m² alpiner Wellness-Welt, 3 eigenen Golfplätzen und Küchenkunst auf Weltklasse-Niveau: Das **Sonnenalp Resort** kombiniert unvergleichliche Vielfalt mit einzigartiger familiärer Herzlichkeit.

GASTRONOMIE

ANZAHL DER RESTAURANTS: 4 (+2 Bars)
Restaurant-Stuben: Frühstücksbuffet, Sechs-Gänge-Menü am Abend
Füßlers Grillstube: allgäuer und amerikanische Küche, Showküche
Gourmetrestaurant Silberdistel: 1 Michelin-Stern, 16 Gault&Millau-Punkte; Alpine Cuisine
SPA-Restaurant Anna's: gesund und leicht

WELLNESS

GRÖSSE DES SPA: 20.000 m²
AUSSTATTUNG UND BESONDERHEITEN SPA: 9 Pools, Bergsee, Natur-SPA, Saunen, Kinderwasserwelt, Kosmetik- und Bodytreatments, Medical Center, Fitnesswelt und Arztpraxis im Haus

VERANSTALTUNGSRÄUME

ANZAHL UND GRÖSSE: 10 (bis 110 Personen)
VERANSTALTUNGSTECHNIK: Standardtechnik, Erfüllung aller technischen Anforderungen durch externe Anbieter
SPEZIELLE TAGUNGSSERVICES: Hochzeiten (Konzepterstellung/Planung, Trauungs-Locations, Pre-Wedding-Party, eigene Floristik und Konditorei), Familienfeiern, Meetings, Incentives, Teambuilding, Firmenfeiern

FREIZEITANGEBOT

42-Loch-Golfresort, Wandern, Tennis, Radverleih, Wintersport, Deutschlands größte Hotel-Skischule, Reiterhof, über 70 Kinderaktivitäten und Shopping-Welt mit 12 Stores

»Luxus beruht nicht nur auf Exklusivität, sondern vor allem auf Wärme und Geborgenheit«

»Die besten Hideaways« auf Platz 3. Was macht ihr Haus so erfolgreich?

Die Sonnenalp vereint auf besondere Weise Wellness und Golf auf Weltklasseniveau, fantasiereiche und sterneprämierte Küchenkunst sowie Familienspaß in unerreichter Vielfalt. Unser Gespür für Luxus beruht aber nicht nur auf Exklusivität, sondern vor allem auch auf Wärme und Geborgenheit. Auf die Sonnenalp zu kommen, bedeutet für unsere Gäste, nach Hause zu kommen. Wofür wir am meisten geschätzt werden, ist unser Lebensgefühl. Wenn man zu uns kommt, ist alles ein bisschen gelassener, ein bisschen gemütlicher und herzlicher.

Sie sind ein Familienunternehmen – wie spürt der Gast diese besondere Tradition bei Ihnen?

Wir dürfen die Sonnenalp in mittlerweile vierter Generation führen und blicken zurück auf über hundert Jahre einzigartiger Hotelgeschichte, die unser Haus auf besondere Art geprägt hat. Den familiären Charme, gepaart mit einem tief verwurzelten Verständnis von Tradition, Moderne und Beständigkeit, spüren unsere Gäste in jedem Winkel des Hauses. Bei uns steht der Mensch im Mittelpunkt. Und diese Philosophie, die wir im Umgang mit unseren Gästen wie auch unseren Mitarbeitern pflegen, macht die Sonnenalp zu einem besonderen Ort.

Dr. Anna-Maria und **Michael Fäßler** sind Eigentümer des Sonnenalp Resorts und sprechen mit den 101 Besten darüber, wie die traditionsreiche Vergangenheit des Hauses auch die Zukunft beeinflusst.

alle Fotos © Sonnenalp Resort

Welchen Wert legen Ihre Gäste auf das Thema Nachhaltigkeit, und wie setzen Sie dies um?

Nachhaltigkeit ist natürlich ein Thema, dass seit einigen Jahren in aller Munde ist, und natürlich auch unseren Gästen sehr am Herzen liegt. Wir haben uns jedoch nicht der Nachhaltigkeit verschrieben, um der Nachfrage unserer Gäste zu folgen, sondern aus tiefem inneren Antrieb heraus und aus Liebe und Verbundenheit zu unserer Heimat. Bereits vor vierzig Jahren wurden unsere großzügigen Wasserflächen des Resorts mit Abwärme aus der Stromerzeugung unserer Blockheizkraftwerke beheizt – ein Novum in jener Zeit. Und auf diesem Weg ist unser Haus immer geblieben: Die Klimaneutralität – aktuelle Herausforderung vieler Unternehmen – haben wir bereits seit über zwei Jahren erreicht. Wir können die Welt alleine nicht retten, aber unser Beitrag zum Schutz des alpinen Klimas – eben auch Basis des unverwechselbaren Urlaubserlebnisses Sonnenalp – ist für uns Anspruch, Aufgabe und zentrales Ziel.

Wie wichtig ist die Gastronomie zukünftig in der Hotellerie?

Das Bewusstsein für qualitativ hochwertiges und gesundes Essen steigt seit Jahren in fast allen Gesellschaftsteilen. In den nächsten Jahren wird neben dem Genuss vor allem auch die gesundheitsbewusste Ernährung weiter in den Fokus rücken. Die professionelle Weiterentwicklung dieser beiden Themen sehen wir als die große Kunst und Herausforderung der Zukunft an, die der Gastronomie in der Hotellerie noch mal eine neue Richtung und Bedeutung geben wird.

Welches ist Ihr Lieblingshotel?

- Wenn wir das Meer brauchen, dann geht es nach Portugal in die Villa Joya oder nach Griechenland ins Costa Navarino.
- Zum Skifahren gerne nach Österreich ins Zillertal (Stock Resort) oder Ötztal (Hotel Hochfirst in Hochgurgl).
- Wenn es ein Kurztrip sein soll, dann auch gerne ins Schloss Elmau.

»Es geht ums Reisen, aber auch um das Verweilen.«

Seit Mitte 2018 ist **Alexander Pollich** Vorsitzender der Geschäftsführung der Porsche Deutschland GmbH, die für den Vertrieb des Stuttgarter Mutterkonzerns im Heimatmarkt Deutschland verantwortlich ist. Er kann auf mehr als 20 Jahre Erfahrung in der Automobilbranche zurückblicken und gewährt im Interview einen Einblick, warum Porsche auch im Zeitalter des vollelektrischen Reisens einen besonderen Platz im Herzen vieler Sportwagen-Liebhaber hat.

Herr Pollich, die Elektromobilität ist in aller Munde. Der Taycan kommt bei Porsche-Kunden sehr gut an. Sie sind selbst Fahrer dieses Wagens: Was genießen Sie besonders daran, vollelektrisch zu fahren?
Ich fahre den Taycan seit rund anderthalb Jahren mit großer Begeisterung. Aktuell sitze ich in einem wunderschönen Taycan Turbo und kann voller Überzeugung sagen: Er ist eine ganz neue Generation Sportwagen, in Sachen Design und Performance, jedoch weiterhin ein echter Porsche. Ich genieße es sehr, damit an den Wochenenden zum Golf oder Tennis zu fahren. Auch auf längeren Strecken macht der Taycan unheimlich Spaß, und selbst meine Familie konnte ich trotz anfänglicher Skepsis überzeugen.

Ein Porsche gilt für viele als Inbegriff des sportlichen und exklusiven Traumwagens. Aber sobald man von Elektromobilität redet, spielt auch das Thema Nachhaltigkeit eine Rolle. Luxus und Nachhaltigkeit – sind das zwei Welten, die zusammenpassen?
Absolut. Wir richten unsere Produkte und Services konsequent an den Wünschen und Träumen unserer Kunden aus. Für sie spielt Nachhaltigkeit eine immer zentralere Rolle. Unsere vollelektrische Modellreihe ist das beste Beispiel dafür, dass es zwischen Performance und Nachhaltigkeit keine Widersprüche geben muss. Das wird sich in Zukunft sogar noch steigern.

Porsche hat also große Ambitionen, was dieses Thema angeht?
Das ist richtig. Porsche bekennt sich zum Pariser Klimaabkommen. Ab 2030 will Porsche bilanziell CO_2-neutral sein – über die gesamte Wertschöpfungskette hinweg. Damit sind wir Vorreiter in der Automobilindustrie. Der Taycan Cross Turismo ist das erste Fahrzeug, das in der gesamten Nutzungsphase CO_2-neutral sein wird.

Also ein E-Sportwagen, der Nachhaltigkeit, Reisekomfort und Outdoor-Ambitionen vereint – und damit stark auf den Lifestyle von Kunden eingeht. Sprich: Emissionseffiziente Reisen und Trips machen Sie damit bewusst zum großen Thema. Geht es Ihnen also um eine vollelektrische Fahrfaszination über den Platz am Lenkrad hinaus?
Im Kern geht es uns natürlich um ein einzigartiges, sportliches Fahrerlebnis. Aber das betrifft eben nicht allein die Zeit auf der Straße. Ein Porsche – ob E-Fahrzeug oder nicht – bedeutet sowohl für uns als auch für unsere Kunden viel mehr. Deswegen entwickeln wir ein ganzes Ökosystem um unsere Fahrzeuge herum und stetig weiter. Nehmen Sie Porsche Destination Charging als Beispiel. Dahinter steht nicht einfach nur der Ausbau einer komfortablen, globalen Ladeinfrastruktur. Es geht ums Reisen, aber auch um das Verweilen. Allein in Deutschland haben wir aktuell ein Portfolio aus mehr als 60 handverlesenen Partner-Destinationen wie Hotels, Restaurants, Golfclubs und andere. Fahrer unserer voll- und teilelektrischen Fahrzeuge laden hier kostenlos, während sie sich selbst entspannen. Häufig entwickeln sich diese Zielorte zudem zu beliebten Treffpunkten unserer Community, bekanntlich ein ganz wesentlicher Teil von Porsche. Am Ende steht ein intensiveres, facettenreicheres und umfassenderes Sportwagen-Erlebnis – und darauf kommt es uns an.

Herr Pollich, wir danken Ihnen für dieses Gespräch.

Taycan Turbo:
Stromverbrauch kombiniert in kWh/100 km: 28,0 (NEFZ); 26,6–22,9 (WLTP); CO_2-Emissionen kombiniert in g/km: 0 (NEFZ); 0 (WLTP); elektrische Reichweite in km: 383–452 (WLTP); 432–498 (WLTP innerorts); Stand 07/2021

SPA & Resort Bachmair Weissach

GASTGEBER: Veit Habersetzer seit April 2020
Wiesseer Straße 1 | 83700 Weissach/Rottach-Egern | **t** +49 8022 278 570
w bachmair-weissach.com
355 € bis 1.496 €

FAKTEN

ANZAHL ZIMMER / SUITEN: 144 Zimmer, 74 Suiten
KINDERFREUNDLICH: ja

PHILOSOPHIE DES HAUSES

Wir sind eine Mischung aus einem 150-jährigen Grandhotel und einem designaffinen Country Club mit Recreation-SPA. In unserem Resort bieten wir Ihnen ganz besondere und langanhaltende Tegernseer Glücksmomente: Resort, Berghotel Altes Wallberghaus, **BW Beach**, Reitanlage.

ALLEINSTELLUNGSMERKMALE

Tegernseer Wohndesign, Tradition und Moderne; kulinarische Vielfalt von gehobener bayerischer Küche bis hin zum High End, state of the art, **MIZU Sushi Bar**. Kinder machen Urlaub, Spieleparadies. Japanisch inspirierter Recreation **MIZU ONSEN SPA.** Großzügige Gartenanlage.

DIE 101 BESTEN®
AUFSTEIGER DES JAHRES
2021/2022

GASTRONOMIE

ANZAHL DER RESTAURANTS: 4 (+3 Bars)
Gasthof Stubn: gehobene bayerische Küche
MIZU Sushi Bar: japanisches Restaurant
MIZU Bar: japanisch inspirierte Eigenkreationen
Kreuther Fondue Stube: Fisch-, Fleisch-, Gemüse-, Käsefondue
Clubhaus: Levante Grillküche
Tagesbar: Barfood-Klassiker, Veggie, BBQ
MIZU ONSEN SPA Bar

WELLNESS

GRÖSSE DES SPA: 3.000 m²
AUSSTATTUNG UND BESONDERHEITEN SPA: Fusion aus japanischer Badekultur: MIZU ONSEN SPA, Family SPA, Fitnessraum; Behandlungen: S. Kaufmann, Sensai: Barbara Sturm

FREIZEITANGEBOT

Yoga Retreats, Wanderungen, Mountainbiking, Porsche-Ausfahrten, Segeln, SUP, Elektroboot, Surfen, Reiten, Paragliding, Ballooning

SPA & Resort Bachmair Weissach

© Stefan Bogner

alle Fotos © Bachmair Weissach am Tegernsee

Für **Korbinian Kohler**, Eigentümer des Hotels Bachmair Weissach am Tegernsee, ist der Titel ***Aufsteiger des Jahres*** besonders reizvoll, weil es ein alteingesessenen Traditionshotel ist.

»Hotels sind lebende Gebilde«

Herzlichen Glückwunsch Herr Kohler zum Titel »Aufsteiger des Jahres«. Worauf führen Sie Ihren Erfolg zurück und wie wichtig ist die gute Platzierung?
Hotels sind lebende, atmende Gebilde. Auch wenn das Bachmair Weissach schon seit 1863 existiert, müssen wir uns ständig neu erfinden. Hier hatten wir in den letzten Jahren eine besonders intensive Innovationszeit und haben das traditionsreiche Haus vollständig erneuert und positioniert. Vermutlich sind es die Kontraste aus Tradition und zeitgenössischer Welt und unser extrem umfangreiches Angebot als SPA und Resort. Unser Resort ist nicht auf die Fläche eines Hotels selbst begrenzt, sondern erstreckt sich über den ganzen Tegernsee. So können unsere Gäste beispielsweise in Tegernsee direkt am See im Clubhaus Bachmair Weissach Levante Grillküche genießen, in unserem Berghotel Altes Wallberghaus bekommt man bei spektakulärem Alpenpanorama den besten Kaiserschmarrn, in unserem Reiterhof Kirschneralm kommen Pferdefreunde auf ihre Kosten, am Bachmair Weissach Beach kann man im Tegernsee schwimmen oder mit einem unserer Standup Boards eine Runde drehen, im Hotel Bussi Baby macht unser Thai-Koch »Lucky« unglaubliche Currys und in unserer Arena können sich die Kinder austoben. Im Bachmair Weissach selbst haben wir natürlich auch ein riesiges Angebot mit vier Restaurants, zwei SPAs, Kidsclub, Shops, Bars und vielem mehr. Die Idee ist also, der Tegernsee ist das Bachmair Weissach. Ich finde es also besonders cool, wenn wir als alteingesessenes Traditionshotel den Titel Aufsteiger des Jahres bekommen.

Wie sind die vergangenen Monate am Tegernsee verlaufen, und welchen Schwung haben Sie für Ihre Hotels mitgenommen?
Der Tegernsee ist so heiß wie nie zuvor. All unsere Häuser waren restlos ausgebucht und wir hatten besonders tolle Gäste. Nach der schrecklichen Lockdownphase war das sehr wohltuend.

Ihr neuestes Projekt ist Wildbad Kreuth, das Sie wieder revitalisieren wollen. Wie lautet die Vision?
Wir planen hier ein »Spirit Retreat«, wo wir an die Tradition des Sanatoriums Wildbad Kreuth anknüpfen wollen. Neben einer medizinischen Betreuung legen wir aber auch ganz besonderes Augenmerk auf die Themen geistige und seelische Gesundheit. Daher werden Disziplinen wie Psychologie, Philosophie und spirituelle Elemente eine herausragende Rolle spielen.

Haben Sie Pläne über die Region Tegernsee hinaus? Lassen sich Ihre Hotels vervielfältigen und auch woanders aufbauen?
Grundsätzlich würde es mich schon sehr reizen, noch ein besonderes Hotel in München zu unseren Betrieben zählen zu dürfen. Das ist aber mehr so eine allgemeine Fantasie von mir. Konkret sind allerdings unsere Expansionspläne für das Konzept Bussi Baby. Ein unkonventionelles, modernes Konzept für junge, erfolgreiche, sportliche Partypeople. Hier streben wir eine Expansion im deutschsprachigen Raum an.

Welches ist ihr Lieblingshotel außerhalb Ihrer eigenen Unternehmenswelt – und was fasziniert Sie dort?
Ich liebe das Hotel Lutetia in Paris. Zum einen, weil es seit der Renovierung für mich eines der schönsten Häuser in Paris ist in der besten Lage. Zum andern habe ich vier Jahre lang direkt daneben gewohnt und verbinde daher viele schöne Erinnerungen mit dem Haus.

Während Sie entspannen, lädt Ihr Porsche pures Fahrvergnügen nach.
Der Taycan. Soul, electrified.
Konzentrieren Sie sich nach dem aufregenden Weg ganz auf Ihren angenehmen Aufenthalt am Ziel: Porsche Destination Charging bietet Ihnen komfortable Lademöglichkeiten für Ihren vollelektrischen Porsche oder Plug-in-Hybrid – an mehr als 2.000 exklusiven Destinationen in über 50 Ländern. Mehr unter www.porsche.de/e-performance
Destination Charging
HOTEL & RE
S TA 5130E

PORSCHE

Weissenhaus Grand Village Resort und Spa am Meer

© Oliver Lassen

GASTGEBER: Familie Nagel seit 2016
Parkallee 1 | 23758 Weissenhaus | **t** +49 4382 9262 0 | **w** weissenhaus.de
440 € bis 2.500 €

HORNSTEIN
RANKING 2021

FAKTEN

ANZAHL ZIMMER / SUITEN: 34 Zimmer, 26 Suiten
HOTELGRUPPE: Hotelvereinigung Relais & Châteaux

PHILOSOPHIE DES HAUSES

Die Magie, die **Weissenhaus** umgibt, kann man weder anfassen noch kaufen. Aber man kann sie spüren und in sich aufnehmen. Es ist Harmonie, es ist Idylle, es ist die Ruhe selbst.

ALLEINSTELLUNGSMERKMALE

Privates Schlossgut auf 75 ha mit teils historischen Gebäuden – luxuriös und modern restauriert – direkt an der Ostsee, Rosen- und Duftgarten mit eigenem Gewächshaus; maximal 120 Gäste

GASTRONOMIE

ANZAHL DER RESTAURANTS: 3
Gourmetrestaurant Courtier: 2 Michelin-Sterne, 18 Gault&Millau-Punkte; Fine Dining mit Blick in die Natur
Restaurant Bootshaus: »Ausgezeichnete Empfehlung« im Guide Gault&Millau, Italienisch, direkt am Strand, große Sonnenterrasse, private Beach Cabanas
Sushibar: asiatische Aromenküche
Separates Frühstücksrestaurant im historischen Kavaliershaus
Alle Restaurants verfügen über große Sonnenterrassen.

WELLNESS

GRÖSSE DES SPA: 2.500 m² plus Gartenanlage und Terrassen mit Liegeflächen
AUSSTATTUNG UND BESONDERHEITEN SPA: 20 Meter langer beheizter Innen- und Außenpool, Soleschwimmbecken, 6 Saunen und Dampfbad, Private SPA, Schneegrotte, Hamam und Rasul, 10 Anwendungskabinen, Aktiv Loft für Yoga und Pilates, Fitnessloft, Banja im Garten, NEU: Solewaldraum mit großer Terrasse, Salz-Aerosolraum und Salzpanoramasauna

VERANSTALTUNGSRÄUME

ANZAHL UND GRÖSSE: 6 (bis 160 Personen)
SPEZIELLE TAGUNGSSERVICES: historische Reetscheune mit dazugehörigem Amphitheater

FREIZEITANGEBOT

drei Joggingwege mit bis zu vier km Länge auf dem eigenen Grundstück, Naturstrand, Yogapavillon, Boule-Bahn, Schachfeld, Dolby-Surround-Kino, Billardzimmer, Bibliothek, E-Bikes zur Tagesnutzung

Weissenhaus Grand Village Resort und Spa am Meer

© Schloss Elmau

Kempinski Hotel Berchtesgaden

© Kempinski Hotels

GASTGEBER: Werner Müller seit Mai 2015
Hintereck 1 | 83471 Berchtesgaden | **t** +49 8652 9755 1000 | **w** kempinski.com/berchtesgaden
330 € bis 8.000 €

TOP PERFORMER
DIGITALPREIS DER DEUTSCHEN HOTELLERIE

FAKTEN

ANZAHL ZIMMER / SUITEN: 126 Zimmer, 12 Suiten
HOTELGRUPPE: Kempinski Hotels
KINDERFREUNDLICH: ja

PHILOSOPHIE DES HAUSES

Mit seiner exklusiven Lage auf 1.000 m Höhe inmitten der Berchtesgadener Alpen ist das **Kempinski Hotel Berchtesgaden** ein Rückzugsort der besonderen Art. Gönnen Sie sich eine Auszeit vom Alltag mit einer Mischung aus Fünfsterneluxus und bayerischer Gemütlichkeit.

ALLEINSTELLUNGSMERKMALE

Neben dem großzügigen SPA mit einer Vielfalt an entspannenden Anwendungen und einem Indoor- und Outdoorpool locken sportliche Aktivitäten und Freizeitmöglichkeiten in atemberaubender Natur. Im **Gourmetrestaurant PUR** und **Restaurant Johann Grill** verwöhnen wir Sie kulinarisch.

GASTRONOMIE

ANZAHL DER RESTAURANTS: 2 (+1 Bar)
Gourmetrestaurant PUR: 1 Michelin-Stern, 16 Gault&Millaut-Punkte; klassische europäische Küche mit feinen regionalen Einflüssen
Restaurant Johann Grill: gehobene, regionale Küche
Lobby Lounge & Kaminbar: regionale Snacks, Ba-Classics, hausgemachte Pâtisserie

WELLNESS

GRÖSSE DES SPA: 1.400 m^2
AUSSTATTUNG UND BESONDERHEITEN SPA: Indoor- und Outdoorpool, Saunalandschaft, Fitnesscenter, Massagen, Gesichts- und Körperbehandlungen

VERANSTALTUNGSRÄUME

ANZAHL UND GRÖSSE: 6 (bis 200 Personen)
VERANSTALTUNGSTECHNIK: Smart Screens in Boardrooms, integrierte Bose-Soundanlage mit Anschluss für DJ-Pult im Ballsaal
SPEZIELLE TAGUNGSSERVICES: persönliche Eventplaner, kombiniertes Tagungs- und Aktivitätenprogramm, Möglichkeit zur Fahrzeugpräsentation im Tagungsraum/-bereich

FREIZEITANGEBOT

Wandern, Mountain- und E-Biking, Klettersteig, Golf, Alpin- und Langlaufski, Schneeschuhwandern, Rodeln

Hotel Maximilian

GASTGEBERIN: Juliane Heinen seit Januar 2020

Ettaler Str. 5 | 82487 Oberammergau | **t** +49 8822 94874 0 | **w** maximilian-oberammergau.de

235 € bis 510 €

FAKTEN

ANZAHL ZIMMER / SUITEN: 18 Zimmer, 2 Suiten

KINDERFREUNDLICH: ja

PHILOSOPHIE DES HAUSES

Liebe, Herzblut und Überzeugung – die wahrscheinlich beste Basis für alles – und auch das Fundament, auf dem das **Hotel Maximilian** entstanden ist. Aufrichtige Gastfreundschaft und die Freude am Beherbergen von Gästen sind zugleich unser Antrieb und das Gerüst unseres Hauses.

ALLEINSTELLUNGSMERKMALE

Neben der sehr persönlichen Gastlichkeit und dem Zusammenspiel von Tradition und Moderne durch lifestyliges Design und reduzierte Architektur, entsteht eine unvergleichliche Wohlfühlatmosphäre. Dazu gehört das Brauen unseres Bieres, das so urtypisch und unverwechselbar ist wie der Ort.

GASTRONOMIE

ANZAHL DER RESTAURANTS: 2

Restaurant Benedikt's: moderne, klassische und regionale Küche

Ammergauer Maxbräu: traditionelle bayerische Küche mit eigener Bierbrauerei

WELLNESS

GRÖSSE DES SPA: 130 m²

AUSSTATTUNG UND BESONDERHEITEN SPA: Sauna, Dampfbad, Brechlbad, Ruheraum, Massagen und Kosmetikbehandlungen

FREIZEITANGEBOT

Die Ammergauer Alpen bieten Ihnen ein Erholungs- und Freizeitangebot, das so vielseitig ist wie ihre Natur – zu jeder Jahreszeit.

Hotel Engel Obertal

GASTGEBER: Maris Rees seit Nov. 2017
Rechtmurgstraße 28 | 72270 Baiersbronn-Obertal | **t** +49 7449 85 0 | **w** engel-obertal.de
204 € bis 576 €

FAKTEN

ANZAHL ZIMMER / SUITEN: 74 Zimmer, 5 Suiten, 6 Chalets
HOTELGRUPPE: Fährhaus Collection
KINDERFREUNDLICH: ja

PHILOSOPHIE DES HAUSES

Wir möchten unseren Gästen die Gelegenheit geben, wirklich loslassen zu können, zu wahrer Ruhe und Tiefenentspannung zu finden und dies ganz nach ihren individuellen Wünschen, auf hohem Niveau und gleichzeitig völlig entspannt.

ALLEINSTELLUNGSMERKMALE

Eine herzliche und persönliche Atmosphäre, eine herrliche Schwarzwälder Naturkulisse – gepaart mit den Vorzügen eines erstklassigen Wellnesshotels. Seit 2020 zudem sechs im Schwarzwald einzigartige Chalets in Holzbauweise und im Inneren ausgestattet mit raffiniert reduziertem Mobiliar und höchstem Wohnkomfort auf zwei Ebenen.

DIE 101 BESTEN®
NEWCOMER DES JAHRES
2021/2022

GASTRONOMIE

ANZAHL DER RESTAURANTS: 3
Engelwirtsstube, Ferdinand-Öchsle-Stube und Restaurant Wildsee: von badisch regional bis international

WELLNESS

GRÖSSE DES SPA: ca. 5000 m²
AUSSTATTUNG UND BESONDERHEITEN SPA: 8 Dampf- und Trockensaunen, Innen- und Außenschwimmbäder mit Süß- und Salzwasser, Sole-Floatingpool, 2 Whirlpools und Naturbadesee

VERANSTALTUNGSRÄUME

ANZAHL UND GRÖSSE: 1 (bis 15 Personen)
VERANSTALTUNGSTECHNIK: klassische Ausstattung von Referentenkoffer und Beamer über W-Lan bis hin zu jeder Menge Tageslicht
SPEZIELLE TAGUNGSSERVICES: verschiedene individualisierbare Tagungspauschalen, Organisation eines abwechslungsreichen regionalen Rahmenprogramms

FREIZEITANGEBOT

Baiersbronner Wanderhimmel mit 550 km Wanderwegen und 400 km Mountainbikestrecken in traumhafter Natur, geführte Wandertouren, Tennisplatz, Mountainbikeverleih, Sport- und Fitnessprogramm

Schwarzwald Resort Dollenberg

GASTGEBER: Meinrad Schmiederer seit 1970
Dollenberg 3 | 7740 Bad Peterstal-Griesbach | **t** +49 7806 780 | **w** dollenberg.de
256 € bis 469 €

TOP PERFORMER
DIGITALPREIS DER DEUTSCHEN HOTELLERIE

HORNSTEIN RANKING 2021

FAKTEN

ANZAHL ZIMMER / SUITEN: 75 Zimmer, 25 Suiten
HOTELGRUPPE: Relais & Châteaux
KINDERFREUNDLICH: ja

PHILOSOPHIE DES HAUSES

Mensch und Natur geben an diesem herrlichen Flecken Schwarzwald gleichermaßen ihr Bestes, um dem Gast den Himmel auf Erden zu bereiten. Mit Gipfelgenüssen aus der Zweisterneküche, himmlischen Wellnessfreuden und paradiesischen Momenten zuvorkommender Gastfreundschaft.

ALLEINSTELLUNGSMERKMALE

Eingebettet in einen 70.000 m² großen Hotelpark in jahreszeitlich wechselnder Blütenpracht bezaubert unser **Schwarzwald Resort Dollenberg** mit unserem einzigartigen Dollina SPA & Health, Gaumenfreuden aus der Sterneküche, einem mit Besonderheiten aus aller Welt bestückten Weinkeller sowie der hauseigenen Brennerei. Alles vor der herrlichen Schwarzwaldkulisse mit Ausblick – ein Urlaub auf dem Dollenberg verspricht Erholung auf höchstem Niveau.

GASTRONOMIE

ANZAHL DER RESTAURANTS: 4 (+1 Bar)
Le Pavillon: 2 Michelin-Sterne, 18 Gault&Millau-Punkte; 4 Feinschmecker-Fs, 5 Schlemmer Atlas Kochlöffel. Gourmetküche mit internationalen Einflüssen, prämierte Weinkarte
Kaminstube: Bib-Gourmand; badisch-elsässische Küche
Bauernstube: badisch-elsässische Küche
Renchtalhütte: schwarzwälder, elsässer, französische Spezialitäten

WELLNESS

GRÖSSE DES SPA: 5.000 m²
AUSSTATTUNG UND BESONDERHEITEN SPA: 6 Pools, 4 Saunen, 3 Dampfbäder, 3 Themen-Ruheoasen, facettenreiche Wellness, fernöstliche Heilangebote

VERANSTALTUNGSRÄUME

ANZAHL UND GRÖSSE: 2 (100–200 Personen)
VERANSTALTUNGSTECHNIK: Standardtechnik, Lautsprecheranlage, Mikrofon, Großbildschirm, spezielle Tagungstechnik auf Anfrage
SPEZIELLE TAGUNGSSERVICES: Meetings, Incentives, Konferenzen, Gestaltung eines Rahmenprogrammes mit Wanderungen oder Ausflügen, Hochzeiten, private Veranstaltungen, Amphitheater für 500 Personen

FREIZEITANGEBOT

geführte Wanderungen, geführte E-Bike-Touren, E-Bike-Verleih, Nordic-Walking, organisierte Ausflüge, SPA- und Fitnessprogramm

Grand Hotel Heiligendamm

GASTGEBER: Thies C. Bruhn seit Mai 2019
Prof.-Dr.-Vogel-Straße 6 | 18209 Bad Doberan – Heiligendamm
t +49 38203 740 76 76 | **w** grandhotel-heiligendamm.de
493 € bis 1.980 €

HORNSTEIN
RANKING 2021

FAKTEN

ANZAHL ZIMMER / SUITEN: 121 Zimmer, 77 Suiten
HOTELGRUPPE: The Leading Hotels of the World, Global Hotel Alliance, Mitglied der Selektion Deutscher Luxushotel
KINDERFREUNDLICH: ja

PHILOSOPHIE DES HAUSES

Das **Grandhotel Heiligendamm** steht für stilvolle Gastlichkeit in Deutschland. Das einzigartige Anwesen mit großer Vergangenheit verbindet den nostalgischen Charme der Weißen Stadt am Meer mit den Annehmlichkeiten und dem Komfort eines Luxushotels für allerhöchste Ansprüche.

ALLEINSTELLUNGSMERKMALE

Exklusiver Service mit Liebe zum Detail, kombiniert mit einer einzigartigen Lage mit direktem Strandzugang, macht uns zu einem der schönsten Luxusresorts in Europa. Eigene Kindervilla, vielseitiges Kulturprogramm, kulinarische Vielfalt, großzügiger SPA mit beheiztem Outdoorpool.

GASTRONOMIE

ANZAHL DER RESTAURANTS: 3 (+1 Bar)
Kurhaus Restaurant: kreative und leichte Küche mit regionalen Produkten
Friedrich Franz: 1 Michelin-Stern, 18 Gault&Millau-Punkte; Fine Dining, klassisch französische Küche
Shushi Bar: Sushi, Sashimi und andere japanische Spezialitäten
Nelson Bar: hausgefertigte Kuchen und Torten, kleine Gerichte

WELLNESS

GRÖSSE DES SPA: 3.000 m²
AUSSTATTUNG UND BESONDERHEITEN SPA: Ostsee Hamam, Indoor- und Outdoorpool, Fitnesscenter, Aquapädagogik, Yoga-Meister, Körper- und Gesichtsbehandlungen, Massagen

VERANSTALTUNGSRÄUME

ANZAHL UND GRÖSSE: 8 (bis 250 Personen)
VERANSTALTUNGSTECHNIK: Standardtechnik, Erfüllung aller Anforderungen durch unseren Technikpartner
SPEZIELLE TAGUNGSSERVICES: für jeden Anlass der passende Rahmen; Präsentationen, Meetings, Incentives, Bankette, Hochzeiten; exklusiv buchbar

FREIZEITANGEBOT

Golfen, Segeln, Stand-Up-Paddling, Kiten, Surfen, Radfahren, Wandern, Tennis, Reiten, vielseitiges Kultur- und Kinderprogramm

Grand Hotel Heiligendamm

KALDEWEI DUSCHBODEN SUPERPLAN ZERO

Alpenhof Murnau

GASTGEBER: Christian und Elke Bär seit November 2013
Ramsachstr. 8 | 82418 Murnau | **t** +49 8841 320 | **w** alpenhof-murnau.com
189 € bis 638 €

FAKTEN

ANZAHL ZIMMER / SUITEN: 104 Zimmer, 13 Suiten
KINDERFREUNDLICH: ja

PHILOSOPHIE DES HAUSES

Besonders herzliche Mitarbeiter:innen gepaart mit bodenständigem Fünfsterneluxus und eine besonders gute Gastronomie prägen in ihrer Kombination die Philosophie des **Alpenhof Murnau.** Was hier zählt, ist der Mensch, sowohl bei Gästen als auch bei Mitarbeiter:innen.

ALLEINSTELLUNGSMERKMALE

Das vor dem Alpenhof gelegene Murnauer Moos übt mit seinem Farb- und Lichtspiel eine einzigartige Faszination auf seine Betrachter aus. Vor der Kulisse der Bayerischen Alpen inspirierte es Künstler wie Franz Marc, Gabriele Münter und Wassily Kandinsky, die genau hier die Malerei veränderten und den »Blauen Reiter« gründeten.

GASTRONOMIE

ANZAHL DER RESTAURANTS: 1
Murnauer Reiter: Kulinarische Genüsse und Bodenständigkeit. Die »Neue Bayerische Küche« von Küchenchef Claus Gromotka kombiniert internationale Kost mit den besten Zutatden der Region. Feinste bayerische Schmankerl in bodenständiger Klarheit; 2 Wine-Spectator-Gläser, Michelin-Assiette

WELLNESS

GRÖSSE DES SPA: 1.500 m²
AUSSTATTUNG UND BESONDERHEITEN SPA: Innenschwimmbad, Außenpool, Hot Pool (35° Grad), Kelosauna, Sauna, Dampfbad, Amethistbad

VERANSTALTUNGSRÄUME

ANZAHL UND GRÖSSE: 9 (100–200 m²), 200 PAX
SPEZIELLE TAGUNGSSERVICES: 2 urige Almhütten als besondere Location zum Feiern

FREIZEITANGEBOT

7 Golfplätze, 60 Leihfahrräder, Aktivprogramm. Wandern, Museumslandschaft., »Blauer Reiter«, Staffelsee

Parkhotel Egerner Höfe

© Parkhotel Egerner Höfe

GASTGEBER: Pierre Laurent Schäfer seit Juni 2020
Aribostraße 19–26 | 83700 Rottach-Egern | **t** +49 8022 666 500 | **w** www.egerner-hoefe.de
360 € bis 1.200 €

HORNSTEIN
RANKING 2021

FAKTEN

ANZAHL ZIMMER / SUITEN: 72 Zimmer, 36 Suiten
HOTELGRUPPE: Global Hotel Alliance

PHILOSOPHIE DES HAUSES

Ob Wellness-Auszeit im Mangfall Spa, Kulinarik par excellence im Gourmetrestaurant Dichter oder Aktivurlaub: Unser **Parkhotel Egerner Höfe** bietet jedem Gast den Urlaub, nach dem er sich sehnt – die perfekte Mischung aus Heimatverbundenheit, echtem Genuss und leisem Luxus.

ALLEINSTELLUNGSMERKMALE

Unser Gourmetrestaurant »**Dichter**« unter der Leitung von Sternekoch Thomas Kellermann und sein großer Fokus auf regionale, saisonale Zutaten. Unser neuer Mangfall Spa mit Blick auf den Wallberg, unsere urige Egerner Alm (die einzige auf Talebene) sowie unsere KostBar als Treffpunkt für Gäste und Einheimische.

GASTRONOMIE

ANZAHL DER RESTAURANTS: 2 (+ KostBar)
Gourmetrestaurant Dichter (Thomas Kellermann): Regional inspirierte Küche, modern interpretiert, das scheinbar Alltägliche sorgt für Überraschungen. 17 Gault&Millau-Punkte, 1 Michelin-Stern, 9 Gusto-Pfannen und vier Punkte bei Der Feinschmecker
Kaminlounge (+ Stubn Alois und Anton): ganzheitliches Konzept regionaler und internationaler Kulinarik, bayerische Schmankerln
Florians: Frühstücksrestaurant mit Showküche. Täglich von 7.–11.00 Uhr geöffnet.

WELLNESS

GRÖSSE DES SPA: 1.500 m²
AUSSTATTUNG UND BESONDERHEITEN SPA: Mangfall Spa mit 20-Meter-Pool (Möglichkeit nach draußen zu schwimmen), vier Saunen, Eislounge und Ruhebereiche; Produkte von Sisley und Dr. Duve

VERANSTALTUNGSRÄUME

ANZAHL UND GRÖSSE: 4 (bis 200 Personen)
VERANSTALTUNGSTECHNIK: Laptop mit Mikrofon und Webcam, Soundsystem mit 65-Zoll-Fernsehern, Click Share, Flipchart, Pinnwände
SPEZIELLE TAGUNGSSERVICES: **Egerner Alm** mit Gewölbekeller ebenfalls als Tagungs- oder Feierlocation nutzbar

FREIZEITANGEBOT

Yoga, Fitness und TRX / Urlaub mit Hund
Im Sommer: Wandern, Biken, Golf, Tennis, Segeln, Schwimmen, SUP, Gleitschirmflug
Im Winter: Ski Alpin, Langlaufen, Touren gehen, Rodeln

Parkhotel Egerner Höfe

© Florian Lewanskowski

Diese Hotels bieten neben ihrer Gastfreundlichkeit vor allem eine ganz außergewöhnliche kulinarische Erfahrung. Dort wird jedem Gast raffinierte und inspirierende Spitzenküche zuteil. Restaurantbesuche avancieren zu Restauranterlebnissen. Neben der Liebe, die durch den Magen geht, zeigen diese Häuser geschmackvollen Service und Herzlichkeit auf hohem Niveau.

DIE BESTEN KULINARISCHEN HOTELS

2021/22

»DIE LIEBE, DIE KREATIVITÄT UND DIE GESCHMACKSNUANCEN, DIE ICH ALS GAST AUF MEINEM TELLER SERVIERT BEKOMME, SPIEGELN DIE PHILOSOPHIE DES GESAMTEN HAUSES.«

THOMAS BÜHNER

CHEFS ACADEMY TRAINING | ADVERTISING | OPTIMIZING

Vor 25 Jahren gründete der Journalist Karl Wild das Schweizer Hotelrating, das heute mehr als eine Million Menschen erreicht.

»ES IST ÜBRIGENS EIN TRAUMJOB.«

KARL WILD: GRÜNDER DES SCHWEIZER HOTELRATINGS UND SPIRITUS REKTOR VON »DIE 101 BESTEN«

Vor 25 Jahren veröffentlichte ich im Wirtschaftsmagazin »Bilanz« das erste Schweizer Hotelrating. Es war eine frisch und fröhlich zusammengewürfelte Mischung von Hotels, die sich eigentlich gar nicht miteinander vergleichen ließen. Aus heutiger Sicht lag ich zumindest bei den ersten drei richtig. Nummer eins war das »Albergo Giardino« in Ascona vor dem »Victoria-Jungfrau« in Interlaken und dem Zürcher »Baur au Lac«. Die damaligen Direktoren Hans C. Leu, Emanuel Berger und Michel Rey hatten natürlich ihre Freude am neuen Rating. Andere waren empört, dass da ein Nobody daherkam und sie einfach so klassierte. Einige Hoteliers drohten mit Hausverbot. In Branchenblättern wurde gegen das Rating Stimmung gemacht. Auch gegen den Paradiesvogel Leu, der im Giardino gerade die Luxushotellerie revolutionierte. Trotz der – auch redaktionsinternen – Widerstände beließ ich das Giardino während fünf Jahren auf Platz eins und porträtierte Leu in der »Bilanz« als »Mann des Monats«. Kurz vor seinem Ableben verriet er mir, ich hätte sein Giardino, das er 1986 unter ungünstigen Vorzeichen eröffnet hatte, vor dem Konkurs gerettet.

Als ich vor 20 Jahren meinen Traum von der Selbstständigkeit verwirklichte, nahm ich das Rating mit. Seither wird es in verfeinerter Form in der »SonntagsZeitung« veröffentlicht und erreicht über eine Million Menschen. Im Thuner Weber-Verlag erscheint es seit neun Jahren auch als Buch. Akzeptanzprobleme gibt es nicht mehr. Im Gegenteil. Die Hoteliers sehen marketingtechnisch einen Segen darin, unter den Besten aufgeführt zu sein. Eine wirksamere Werbung zum Nulltarif gibt es nicht. Durchgesetzt hat sich auch die Erkenntnis, dass eine faire, professionelle Hotelbewertung aufgrund nachvollziehbarer Kriterien gerade in Zeiten von Tripadvisor und Co. ihre Berechtigung hat.

Mit dem Schritt in die Selbstständigkeit konnte ich mich weit stärker auf die Hotels konzentrieren als zuvor. Immer öfter kamen Anfragen für Hotelbeurteilungen aus dem Ausland, und die Tätigkeit als Mystery-Man für eine internationale Allianz von Luxushotels brachte erst recht eine Horizonterweiterung. Das vergangene Vierteljahrhundert war denn auch die wohl spannendste Zeit meines Berufslebens. Und ich kam zur Überzeugung, dass es keine Branche gibt, in der sich so viele interessante, charismatische und innovative Leute tummeln wie in der Hotellerie. Zu Beginn war es die Generation von Emanuel Berger, Fritz Erni, Jean-Jacques Gauer, Urs Karli, Hans Leu, Hans Wiedemann oder das Duo Heiner Lutz und Laurenz Schmid, um nur ein paar zu nennen. Sie haben Großartiges aufgebaut.

Und sie haben großartige Nachfolger gefunden. Zuerst fallen mir stets die Namen Heinz Hunkeler, Mark Jacob, Richard Leuenberger und Marco Zanolari ein – die vier Musketiere, die einst in Lausanne gemeinsam die Schulbank drückten und die Tophotellerie ein weiteres Stück nach vorne brachten. Auf ein paar Schaumschläger bin ich natürlich auch gestoßen, doch die sind immer rasch verschwunden. Verschwunden sind leider auch Vollbluthoteliers wie Franz Reichholf, der im Giardino nach der Ära Leu nie eine faire Chance erhielt. Oder Daniel Ziegler, der die Tschuggen Hotel Group aufgebaut hat. Beide sind in die Schmuckbranche gewechselt.

Große Persönlichkeiten, aber auch die vielen Investoren mit ihrer Liebe zu Hotels haben die Schweizer Hotellerie dorthin gebracht, wo sie heute ist: zurück an die internationale Spitze. Das ist das vielleicht schönste Fazit nach 25 Jahren in diesem Job, der übrigens ein Traumjob ist.

KARL WILD

ZUSAMMEN
GREIFEN WIR
NACH DEN
STERNEN.
CHEFS CULINAR

Althoff Seehotel Überfahrt

GASTGEBER: Vincent Ludwig seit März 2008
Überfahrtstraße 10 | 83700 Rottach-Egern
t +49 8022 669 2922 | **w** seehotel-ueberfahrt.com | althoffhotels.com
265 € bis 6.500 €

TOP PERFORMER
DIGITALPREIS DER DEUTSCHEN HOTELLERIE

HORNSTEIN
RANKING 2021

FAKTEN

ANZAHL ZIMMER / SUITEN: 123 Zimmer, 53 Suiten
HOTELGRUPPE: Althoff Collection
KINDERFREUNDLICH: ja

PHILOSOPHIE DES HAUSES

Die persönliche Atmosphäre eines inhabergeführten Familienunternehmens trifft auf das besondere Aufenthaltserlebnis eines Luxushotels. Unser Anspruch ist das Streben nach höchster Qualität in allen Bereichen – ob Kulinarik, Architektur, Design oder Service.

ALLEINSTELLUNGSMERKMALE

Einzigartige Lage trifft auf einzigartige Kulinarik. Das **Althoff Seehotel Überfahrt** ist das einzige Hotel mit direktem Seezugang im Tegernseer Tal – ein Sehnsuchtsort für Gipfelstürmer und Erholungssuchende mit einer vielfach ausgezeichneten Gastronomie für vielfältige und einzigartige kulinarische Erlebnisse.

GASTRONOMIE

ANZAHL DER RESTAURANTS: 5 (+1 Bar)
Restaurant Überfahrt: 3 Michelin-Sterne, 19 Gault&Millau-Punkte; kulinarische Höchstleistungen voller Leidenschaft und Perfektion
Il Barcaiolo: 16 Gault&Millau-Punkte; traditionelle, raffinierte italienische Küche
Egerner Bucht: moderne alpine Küche
Bayernstube: bayerische Schmankerl
Fährhütte14: Restaurant, Beachclub, Eventlocation

WELLNESS

GRÖSSE DES SPA: 3.000 m²
AUSSTATTUNG UND BESONDERHEITEN SPA: Indoor und Outdoorpool, direkter Seezugang, Saunen, Dampfbäder, Ruhelounge, SPA-Suiten für Beauty und Massage, Gym

VERANSTALTUNGSRÄUME

ANZAHL UND GRÖSSE: 7 (bis 250 Personen)
VERANSTALTUNGSTECHNIK: Standardtechnik, weframe One, Erfüllung aller technischen Anforderungen durch Technikpartner
SPEZIELLE TAGUNGSSERVICES: Meetings, Incentives, Kick-off, Geburtstage, Hochzeiten (inkl. Wedding Planner, Dekoration, Torte, Shuttleservice), exkl. Kochschule, Tagungspauschalen

FREIZEITANGEBOT

Hotelboutique, Fahrradverleih, Beach Club, Sommer- und Winteraktivitäten, Wasser- und Bergsport

Althoff Seehotel Überfahrt

© Althoff Seehotel Überfahrt

»Herzlichkeit macht den Unterschied«

Lage, Spa, Restaurant, Serviceexzellenz, Professionalität: Es gibt viele gute Hotels in Deutschland, aber was machen exzellente Hotels anders. Das sagt **Vincent Ludwig**, der General Manager des Althoff Seehotels Überfahrt am Tegernsee.

Herzlichen Glückwunsch zur tollen Positionierung im Ranking. Welche Faktoren sind dafür verantwortlich?
Vielen Dank für die Glückwünsche. Der Standort Tegernsee, das Hotel mit seiner einzigartigen traumhaften direkten Seelage, umrahmt von der malerischen Bergwelt sind sicherlich ein großer Faktor dafür. Kaum ein Hotel bietet seinen Gästen ein vergleichbar großzügiges Raumgefühl und vielseitige Freizeitangebote inmitten der Natur, kontinuierlich herausragende Qualität und den Anspruch an unser Produkt – unser vielfältiges kulinarisches Konzept. Unsere Gäste haben die Möglichkeit, fünf Restaurants in einem Hotel zu erleben, unter anderem das Dreisternerestaurant Überfahrt Christian Jürgens – das ist herausragend in ganz Europa. Nicht zu vergessen – und ohne dies wäre alles nicht erfolgreich – mein authentisch herzliches Team. Alles exzellente Gastgeber die unseren Gästen von Anfang an ein Gefühl des Nach-Hause-Kommens schenken.

Wie geht das Althoff Seehotel Überfahrt mit dem verschärften Wettbewerb am Tegernsee um?
Das Tegernseer Tal profitiert von den weiteren Hotels ungemein und macht den Tegernsee als Destination für Qualitätstourismus noch attraktiver und wird die Nachfrage weiter steigern. Wichtig ist hierbei nur, dass die Infrastruktur auch entsprechend angepasst wird und mitwächst. Auch unser Haus ist nie stehen geblieben, sondern hat sich all die Jahre kontinuierlich weiterentwickelt – auch als die anderen Häuser noch nicht geplant waren. Wir haben die Schließzeit der Pandemie ebenfalls genutzt, um unsere Zimmer noch hochwertiger zu gestalten, unter anderem wurde Parkett in vielen Zimmern verlegt und der Marmor aufwendig aufbereitet, um nur Beispiele zu nennen. Aber wir wollen natürlich auch zukünftig die unangefochtene Nummer eins am Tegernsee bleiben, und so planen wir weitere Umbauprojekte für unser Haus, die nun evtl. etwas schneller umgesetzt werden, um gut gerüstet zu sein, wenn die zusätzlichen Mitbewerber an den See kommen.

Was unterscheidet sehr gute Hotels von den vielen anderen?
Die meisten Hotels im Fünfsterneluxussegment haben tolle und hochwertige Hotelzimmer und einen schönen Spa-Bereich etc. Davon geht man aus, wenn man ein Hotel dieser Klasse bucht. Der Gast erwartet in so einem Hotel immer einen professionellen Service, aber den Unterschied zu einem sehr guten Hotel macht dann die authentische und ehrliche Herzlichkeit des Service. Dieser Servicegedanke unterscheidet maßgeblich sehr gute Hotels. Somit kann nur ein außergewöhnlich gutes Team den Unterschied zu einem außergewöhnlich guten Hotel machen. Für mich persönlich gehört jedoch zu einem sehr guten Hotel auch noch eine sehr gute Gastronomie dazu.

alle Fotos: © Althoff Seehotel Überfahrt

Wie wird sich die Hotellerie in den kommenden Jahren verändern, und können die Unternehmen so schnell reagieren, wie es erforderlich ist?
Das große und vorherrschende Thema wird die Personalnot in der Hotellerie sein. Das Mitarbeiter-Recruiting und vor allem Mitarbeiterbindung wird immer wichtiger. Aber ohne grundlegende Änderungen auch mithilfe der Politik wird es schwer sein, diese Dienstleistungen im Tourismus für alle Betriebe aufrechtzuerhalten. Das Thema Nachhaltigkeit wird in allen Belangen des Hotels und Prozessen Einzug halten und nicht mehr wegzudenken sein. Die Digitalisierung wird immer dann, wenn es einen Mehrwert für den Gast und den Mitarbeiter bringt, vorangetrieben, und auch viele personalintensive Schritte – auch aufgrund der Ressource Mitarbeiter – werden dadurch ersetzt werden. Wer diese drei Themen nicht berücksichtigt und darauf reagiert, wird in Zukunft schwer bestehen können.

Welches ist Ihr Lieblingshotel außerhalb Ihrer eigenen Unternehmenswelt – und was fasziniert Sie dort?
In Deutschland das Hotel Vier Jahreszeiten – als Stadthotel – exzellenter Service und Gastlichkeit. Wunderschönes Hotel mit bester Lage im Herzen Hamburgs und eine vielfältige und ausgezeichnete Gastronomie.

Traube Tonbach

GASTGEBER: Familie Finkbeiner seit 1993
Tonbachstraße 237 | 72270 Baiersbronn | **t** +49 7442 492 622 | **w** traube-tonbach.de
289 € bis 949 €

TOP PERFORMER
DIGITALPREIS DER
DEUTSCHEN HOTELLERIE

HORNSTEIN
RANKING 2021

FAKTEN

ANZAHL ZIMMER / SUITEN: 134 Zimmer, 17 Suiten
HOTELGRUPPE: privates Familienunternehmen seit 1789, inhabergeführt in der achten Generation; Gründungsmitglied von FAIR JOB HOTELS und seit 1983 Mitglied im Les Grandes Tables du Monde
KINDERFREUNDLICH: ja

PHILOSOPHIE DES HAUSES

Genuss, der begeistert, für Momente, die bleiben. Seit über 230 Jahren ist der Schwarzwald unsere Heimat. In 8. Generation sind wir Gastgeber aus Leidenschaft.

ALLEINSTELLUNGSMERKMALE

Die Einzigartigkeit des Schwarzwalds mit dem Besten aus Tradition und Moderne erleben. Ausgezeichnete Kulinarik, besondere Natur- und Wellnesserlebnisse sowie vielfältige Aktivitäten für die ganze Familie sorgen für eine wohltuende Auszeit.

GASTRONOMIE

ANZAHL DER RESTAURANTS: 5
Schwarzwaldstube: zeitgemäße, französische Haute Cuisine
Köhlerstube: kreativ und international
Restaurant Silberberg: abwechslungsreich und elegant, nur für Hausgäste
Bauernstube: schwäbische Klassiker
Blockhütte: badisch-schwäbische Klassiker

WELLNESS

GRÖSSE DES SPA: 4.500 m²
AUSSTATTUNG UND BESONDERHEITEN SPA: Badelandschaft mit 9 Saunen und Dampfbädern, Horizontal Shower, SPASuite, hochwertige Körper- und Schönheitsrituale

VERANSTALTUNGSRÄUME

ANZAHL UND GRÖSSE: 3 (bis 450 Personen)
VERANSTALTUNGSTECHNIK: hochwertige Ausstattung, Standardtechnik, Erfüllung aller technischen Anforderungen
SPEZIELLE TAGUNGSSERVICES: Meetings und Konferenzen, Firmenfeiern, Hochzeiten, private Events, passende Rahmenprogramme und Dekoration

FREIZEITANGEBOT

Kochkurse, Wandern, Nordic-Walking, Golfen, Mountainbiking, Ausflüge, Sportkurse, Themenwochen, Ladenpassage

Relais & Châteaux Hotel Bülow Palais

© Anne Huneck

GASTGEBER: Ralf J. Kutzner seit 2010
Königstraße 14 | 01097 Dresden | **t** +49 351 80030 | **w** buelow-palais.de
165 € bis 950 €

TOP PERFORMER
DIGITALPREIS DER DEUTSCHEN HOTELLERIE

HORNSTEIN
RANKING 2021

FAKTEN

ANZAHL ZIMMER / SUITEN: 46 Zimmer, 12 Suiten
HOTELGRUPPE: Relais & Châteaux, Feine Privat Hotels
KINDERFREUNDLICH: ja

PHILOSOPHIE DES HAUSES

Ein mit Leidenschaft privat geführtes Hotel, das seine Gäste in herzlicher Atmosphäre begrüßt, wie es sonst nur unter Freunden üblich ist. Eine ruhige und zurückhaltende Firmenphilosophie, ein ehrgeiziges und ambitioniertes Team.

ALLEINSTELLUNGSMERKMALE

Das Fünfsterneluxushotel unter privater Führung hat sich zu einem Geheimtipp in Dresden entwickelt. 58 Zimmer in elegantem Design bieten größtmöglichen Komfort. Zu den Highlights gehören das einzigartige Gourmetfrühstück, das **Restaurant Caroussel Nouvelle** und ein Day SPA.

GASTRONOMIE

ANZAHL DER RESTAURANTS: 1 (+1 Bar)
Restaurant Caroussel Nouvelle: mit Klassikern, Gourmetmenü und großer Weinkarte. Nachmittags gibt es frischgebackenen Kuchen.
Palais Bar: täglich geöffnet für den idealen Tagesausklang

WELLNESS

GRÖSSE DES SPA: 400 m²
AUSSTATTUNG UND BESONDERHEITEN SPA: Fitnessraum, Saunalandschaft mit 3 Saunen, 4 Behandlungsräume für anspruchsvolle Anwendungen, Paaranwendungen

VERANSTALTUNGSRÄUME

ANZAHL UND GRÖSSE: 4 (bis 110 Personen)
VERANSTALTUNGSTECHNIK: Standardtechnik, Erfüllung aller technischen Anforderungen durch Technikpartner vor Ort
SPEZIELLE TAGUNGSSERVICES: Meetings, Incentives, Konferenzen, Hochzeiten, andere private Veranstaltungen, Empfänge an der **Palais Bar** oder auf der Kuppel der Dreikönigskirche

FREIZEITANGEBOT

individuelle Stadtrundgänge, Fahrradverleih, Shuttleservice, Ausfahrten in und um Dresden, Ticketservice, Blumenservice, Concierge-Service

RIVA – Das Hotel am Bodensee

© Hotel RIVA Wim Jansen

GASTGEBER: Thomas Bechtold und Kathrin Boerger-Bechtold seit April 2018
Seestrasse 25 | 78464 Konstanz | **t** +49 7531 363 090 | **w** hotel-riva.de
250 € bis 940 €

HORNSTEIN
RANKING 2021

FAKTEN

ANZAHL ZIMMER / SUITEN: 41 Zimmer, 5 Suiten
HOTELGRUPPE: Best of SouthWest Hotels
KINDERFREUNDLICH: ja

PHILOSOPHIE DES HAUSES

So gut ein Hotel auch gestaltet sein mag – ohne die Menschen, die es mit Leben füllen, bleibt es eine leere Hülle. Im **RIVA** haben wir das Bestreben, einen perfekten Rahmen zu schaffen: für gelebte Träume und erfüllte Wünsche, die zu einer schönen Erinnerung werden.

ALLEINSTELLUNGSMERKMALE

Die Jugendstilvilla sowie das lichtdurchflutete Seehaus bilden die perfekte Symbiose aus Tradition und Moderne. Der Blick auf den See wird umrahmt vom Spiel mit den Elementen, von dem das Haus geprägt ist. Rückzugsräume öffnen sich, Kreisläufe schließen sich – herzlich willkommen im **RIVA**.

GASTRONOMIE

ANZAHL DER RESTAURANTS: 2
Restaurant Ophelia: 2 Michelin-Sterne, 18 Gault&Millau-Punkte, 10 Gusto-Pfannen, Koch des Jahres 2018 (Gusto); Fine Dining, weltoffene Küche, saisonale Produkte, umfangreiche Weinkarte, ungezwungenes Ambiente
Seerestaurant RIVA: saisonale, regionale und mediterrane Spezialitäten in entspannter Atmosphäre direkt am See

WELLNESS

GRÖSSE DES SPA: 600 m²
AUSSTATTUNG UND BESONDERHEITEN SPA: beheizter Rooftop-Pool, Massagen und Beauty-Behandlungen, Ruheraum, Sauna, Dampfbad, Fitnesscenter

VERANSTALTUNGSRÄUME

ANZAHL UND GRÖSSE: 5 (bis 80 Personen)
VERANSTALTUNGSTECHNIK: modernste Tagungstechnik verfügbar
SPEZIELLE TAGUNGSSERVICES: ideal geeignet für Meetings, Incentives, Konferenzen und Familienfeiern; große Auswahl an Aktivitäten auf dem Bodensee

FREIZEITANGEBOT

hauseigener Verleih von Stand-up-Paddle-Boards, Fahrrädern und E-Bikes; Vielzahl von Aktivitäten auf und um den See verfügbar

© Hotel Bareiss

Hotel Bareiss. Das Resort im Schwarzwald.

GASTGEBER:IN: Hermann Bareiss seit 1966, Hannes Bareiss seit 2009, Britta Bareiss seit 2015
Hermine-Bareiss-Weg | 72270 Baiersbronn-Mitteltal | **t** +49 7442 47 0 | **w** bareiss.com
330 € bis 850 €

HORNSTEIN
RANKING 2021

FAKTEN

ANZAHL ZIMMER / SUITEN: 89 Zimmer, 10 Suiten
HOTELGRUPPE: Relais & Châteaux
KINDERFREUNDLICH: ja

PHILOSOPHIE DES HAUSES

Das **Bareiss** ist ein Ferienhotel für die ganze Familie, geführt von einer Familie. Wir geben unser Bestes für jeden unserer Gäste. Unser Bareiss ist geprägt von gewachsenen Werten und Wurzeln – und dem Glauben an die Kraft bewusst ausgesprochener Worte: Wir sind gern für Sie da.

ALLEINSTELLUNGSMERKMALE

Der Facettenreichtum der Angebote im **Bareiss** ist einzigartig: Kulinarik von der Wanderhütte bis zum Dreisternerestaurant, einzigartige Pool- und Saunalandschaft, Beauty und SPA, 7-Tage-Ferien- und Kinderprogramm (9:00–23:00 Uhr), umfangreiches Sport-, Freizeit- und Kulturprogramm – zu Gast in der Familie.

GASTRONOMIE

ANZAHL DER RESTAURANTS: 6
Restaurant Bareiss: 3 Michelin-Sterne, 19 Gault&Millau-Punkte, 5 Feinschmecker-Fs, 5 Hauben im großen Restaurant & Hotel Guide, 5 Schlemmer Atlas Kochlöffel, 5 Varta-Diamanten; Küche von Claus-Peter Lumpp
Restaurant Kaminstube: klassisch-europäische Küche
Dorfstuben: regionale Spezialitäten
Hotelgast-Restaurants: Bareiss Halbpension
Forellenhof Buhlbach: mit eigener Fischzucht
Wanderhütte Sattelei: zünftige Einkehr

WELLNESS

GRÖSSE DES SPA: 6.000 m²
AUSSTATTUNG UND BESONDERHEITEN SPA:
9 Indoor- und Outdoorpools mit Meer- und Süßwasser, Naturbadeteich, 5 Saunen inkl. 2 Damensaunen, Friseur, Beauty, SPA, Fitness

VERANSTALTUNGSRÄUME

ANZAHL UND GRÖSSE: Morlokhof (bis 120 Personen)
VERANSTALTUNGSTECHNIK: Der Morlokhof ist ein original restaurierter Hof von 1789, ideal für Familienfeste und Firmenfeiern.
SPEZIELLE TAGUNGSSERVICES: individuelle Beratung in der Vorbereitung; Umsetzen der ganz persönlichen Vorstellungen der Gastgeber:in. Es gibt nichts von der Stange

FREIZEITANGEBOT

Wandern, Mountain- und E-Bike, Golf, Tennis, Boccia, Jagen, Angeln, Kutschen- und Oldtimerfahrt, Langlauf, Rodeln, Ski, Streichelzoo

© Hotel Bareiss

© Ydo Sol

©Magulski

Söl'ring Hof

GASTGEBER: Johannes King seit August 2000
Am Sandwall 1 | 25980 Sylt/Rantum | **t** +49 4651 836 200 | **w** soelring-hof.de
545 € bis 1.295 €

HORNSTEIN
RANKING 2021

FAKTEN

ANZAHL ZIMMER / SUITEN: 13 Zimmer, 2 Suiten
HOTELGRUPPE: Hommage Luxury Hotels Collection
KINDERFREUNDLICH: ja

PHILOSOPHIE DES HAUSES

Ein einzigartiges Zweisternerestaurant und Fünfsternehotel auf Sylt, eine in jeder Hinsicht herausragende Einzellage mitten in den Dünen. 15 Zimmer bieten den Gästen allen erdenklichen Luxus. SPA mit Sauna, Dampfbad und Fitnessraum. Kochkurse und Degustationen.

ALLEINSTELLUNGSMERKMALE

Das Hotel ist bis 19 Uhr den Hausgästen vorbehalten. Gastgeber Johannes King begrüßt die Gäste seit 20 Jahren. Das Team praktiziert einen unaufdringlichen, perfekten und familiären Service. Wünsche werden erfüllt, bevor sie ausgesprochen sind.

GASTRONOMIE

ANZAHL DER RESTAURANTS: 1
Söl'ring Hof: 2 Michelin-Sterne, 18 Gault&Millau-Punkte, Restaurant des Jahres, Koch des Jahres (Feinschmecker), 9+ Gusto-Pfannen. Küchenchef Jan-Philipp Berner – Mitglied der Jeunes Restaurateurs d'Europe – setzt auf bodenständige und ehrliche Produkte. Orientiert an den Jahreszeiten werden in der Restaurantküche hauptsächlich regionale Zutaten verwendet. Sommelière: Bärbel Ring

WELLNESS

GRÖSSE DES SPA: 150 m²
AUSSTATTUNG UND BESONDERHEITEN SPA:
Sauna, Dampfbad, Fitnessraum, Massagen, Personal Trainer auf Wunsch

VERANSTALTUNGSRÄUME

ANZAHL UND GRÖSSE: 1 (bis 10 Personen)
VERANSTALTUNGSTECHNIK: Alles, was gewünscht wird.

FREIZEITANGEBOT

4 Golfplätze, Tennis, Reiten, Fallschirmspringen, Flugunterricht, Wattwanderungen, Surfkurse, Segelkurse – alles in Reichweite

Söl'ring Hof

© Vision Photos Ö A. Kull, R. Klostermeier

The Ritz-Carlton

© Janina Snatzke

GASTGEBER: Christian Fomm seit Mai 2018
Parkstraße 1 | 38440 Wolfsburg | **t** +49 5361 607 000 |
w ritzcarlton.com/de/hotels/germany/wolfsburg
285 € bis 2.500 €

HORNSTEIN
RANKING 2021

FAKTEN

ANZAHL ZIMMER / SUITEN: 147 Zimmer, 23 Suiten
HOTELGRUPPE: Marriott International Inc.
KINDERFREUNDLICH: ja

PHILOSOPHIE DES HAUSES

»We are Ladies and Gentlemen, serving Ladies and Gentlemen.«

ALLEINSTELLUNGSMERKMALE

... der im Hafenbecken vor der Volkswagen-Kraftwerk-Kulisse schwimmende, auf 29 °C beheizte 40 Meter Infinity-Outdoorpool. Das Hotel ist ein Teil des Erlebnisparks Autostadt, der mit saisonalen Events für Groß und Klein aufwartet. Designer Outlet Wolfsburg und Science Center Phaeno sind fußläufig zu erreichen.

GASTRONOMIE

ANZAHL DER RESTAURANTS: 3 (+ 1 Bar, + 1 Lobby Lounge)
AURA: Frühstücksrestaurant
Terra: casual, saisonale und regionale Gerichte
Aqua: 3 Michelin-Sterne, 19,5 Gault&Millau-Punkte; Fine Dining, Platz 1 im Hornstein-Ranking
Newman's Bar: elegante American Bar, individuell zugeschnittene Cocktails
Lobby Lounge: traditioneller englischer Nachmittagstee

WELLNESS

GRÖSSE DES SPA: 1.200 m²
AUSSTATTUNG UND BESONDERHEITEN SPA: Massagen, kosmetische Behandlungen, Fitnesscenter, Sauna, ganzjährig auf 29 °C beheizter Outdoorpool (40 m)

VERANSTALTUNGSRÄUME

ANZAHL UND GRÖSSE: 7 (bis 230 Personen)
VERANSTALTUNGSTECHNIK: Beamer, Leinwand, interaktiver 92-Zoll LCD Bildschirm und CHIME-Meeting-Service-App
SPEZIELLE TAGUNGSSERVICES: Meetings, Incentives, Konferenzen und private Veranstaltungen, z. B. Hochzeiten (inkl. unserer Eventplaner, wenn gewünscht eine hausgemachte Torte)

FREIZEITANGEBOT

Eingebettet in die Erlebniswelt Autostadt, Experimentierlandschaft Phaeno, Designer Outlet Wolfsburg und VW Werkstour

Wald & Schlosshotel Friedrichsruhe

GASTGEBER: Jürgen Wegmann seit Mai 2015
Kärcherstraße 11 | 74639 Zweiflingen-Friedrichsruhe | **t** +49 7941 608 0 |
w schlosshotel-friedrichsruhe.de
340 € bis 1.600 €

TOP PERFORMER
DIGITALPREIS DER DEUTSCHEN HOTELLERIE

HORNSTEIN
RANKING 2021

FAKTEN

ANZAHL ZIMMER / SUITEN: 40 Zimmer, 26 Suiten
HOTELGRUPPE: Feine Privathotels, Best of SouthWest
KINDERFREUNDLICH: ja

PHILOSOPHIE DES HAUSES

Ankommen und Wohlfühlen – Wir begrüßen Gäste wie Freunde und behandeln sie voller Respekt und Wertschätzung, voller Freude am Geben.

ALLEINSTELLUNGSMERKMALE

Einst ein romantisches Jagdschloss, heute eines der exklusivsten Hideaways in Deutschland. Die bewegte Geschichte unseres Hauses darf man spüren und erleben. Unser Fundament ist eine großzügige Atmosphäre und zeitlose Klasse!

GASTRONOMIE

ANZAHL DER RESTAURANTS: 5
Gourmet-Restaurant Le Cerf: 2 Michelin-Sterne, 17 Gault&Millau-Punkte; klassisch-französische Küche mit regionalen Einflüssen
Jägerstube: Klassiker und veredelte regionale Gerichte
Waldschänke: urig und rustikal
SPA-Bistro Genussmoment: vitale Rohkost-Bowls
Flammerie: herzhafte bis süße Flammkuchen

WELLNESS

GRÖSSE DES SPA: 4.400 m²
AUSSTATTUNG UND BESONDERHEITEN SPA:
13 Behandlungsräume, 400 m² Saunalandschaft, Damensaunabereich, Wein-Wellness-Kosmetik SanVINO, Relax Guide: Höchstnote

VERANSTALTUNGSRÄUME

ANZAHL UND GRÖSSE: 6 (bis 138 Personen)
VERANSTALTUNGSTECHNIK: Standardtechnik, viel Tageslicht dank bodentiefer Fenster, klimatisierte Räume, Kaminzimmer
SPEZIELLE TAGUNGSSERVICES: separates Tagungsgebäude, großer Schlosspark, repräsentative Räume im historischen Jagdschloss, Weinproben im Weinkeller, Hochzeitsplaner, Rundum-Betreuung

FREIZEITANGEBOT

27-Loch-Golfplatz, Tennisplatz, Aktivprogramm, Nordic-Walking-Strecken, freier Eintritt in die Kunstmuseen Würth

Wald & Schlosshotel Friedrichsruhe

© Katherina Wagner

Althoff Grandhotel Schloss Bensberg

GASTGEBER: Matthias Kienzle seit April 2020
Kadettenstraße | 51429 Bergisch Gladbach | **t** +49 2204 42 906 | **w** schlossbensberg.com
ab 225 €

TOP PERFORMER
DIGITALPREIS DER DEUTSCHEN HOTELLERIE

HORNSTEIN
RANKING 2021

FAKTEN

ANZAHL ZIMMER / SUITEN: 84 Zimmer, 36 Suiten
HOTELGRUPPE: Althoff Collection
KINDERFREUNDLICH: ja

PHILOSOPHIE DES HAUSES

Cologne Countryside: Ein Luxushotel im Barockschloss der Extraklasse – vor den Toren Kölns gelegen –, in dem Genuss- und Eventgeschichte geschrieben wird.

ALLEINSTELLUNGSMERKMALE

Die einzigartige Kombination von Grandhotel und Barockschloss bietet für jeden Anlass eine großartige Bühne. Ob stilvoller Rückzugsort, Anlaufpunkt mit dem Classic Car oder romantische Hochzeitslocation – das **Althoff Grandhotel Schloss Bensberg** besticht durch herausragende Kulinarik und exzellenten Service.

GASTRONOMIE

ANZAHL DER RESTAURANTS: 3 (+2 Bars)
Restaurant Vendôme: 3 Michelin-Sterne, 19,5 Gault&Millau-Punkte; Joachim Wissler, Fine Dining, »Neue Deutsche Küche«
Trattoria Enoteca: casual, kreative italienische Küche
Salvador Dalí Bar: innovative Konzepte umgeben von beeindruckender Kunstsammlung
Jan Wellem Restaurant: Gourmetfrühstück, Schlossküche und Lindenterrasse

WELLNESS

GRÖSSE DES SPA: 1.000 m²
AUSSTATTUNG UND BESONDERHEITEN SPA: neu gestalteter **4 elements Spa** mit 3 Saunen, großzügiger Liegewiese, 2 Ruheräumen, Gym, Indoorpool und fünf Behandlungskabinen

VERANSTALTUNGSRÄUME

ANZAHL UND GRÖSSE: 10 (bis 300 Personen)
VERANSTALTUNGSTECHNIK: individuelle Abstimmung nach Bedürfnissen, Telefon- und Videokonferenzen, Live Streaming, Illumination
SPEZIELLE TAGUNGSSERVICES: Meetings, Incentives, Konferenzen, Events, Hochzeiten und andere private Veranstaltungen, Videokonferenzsysteme auf höchstem Niveau

FREIZEITANGEBOT

Wander- und Fahrradrouten, Golf, eBike-Verleih, Oldtimer-Verleih, Schlossführungen, Konzerte, Ausflüge nach Köln und Düsseldorf (Museen, Shopping), Oper Köln

Althoff Grandhotel Schloss Bensberg

Ketschauer Hof

GASTGEBER: Alexander Hess seit April 2021
Ketschauerhofstr. 1 | 67146 Deidesheim | **t** +49 6326 70000 | **w** ketschauer-hof.com
230 € bis 780 €

HORNSTEIN RANKING 2021

FAKTEN

ANZAHL ZIMMER / SUITEN: 10 Zimmer, 8 Suiten
KINDERFREUNDLICH: ja

PHILOSOPHIE DES HAUSES

Der **Ketschauer Hof** bietet exklusive gastliche Konzepte für Menschen, die ihre Ansprüche in guten Händen wissen wollen. Ankommen und Wohlfühlen und Genießen – das liegt uns für unsere Gäste am Herzen.

ALLEINSTELLUNGSMERKMALE

Boutiquehotel mit unverwechselbarem Charakter. Individuell, modern gestaltete 18 Zimmer; exklusives Konzept für Gastlichkeit und Kulinarik; Region: in der Weinregion »Pfalz« (oder auch das kleine Toskana Deutschlands) gelegen, im Altstadtkern Deidesheim (umgeben von Reben und Pfälzer Wald)

GASTRONOMIE

ANZAHL DER RESTAURANTS: 2
L.A Jordan: 18 Gault&Millau-Punkte, 1 Michelin-Stern, Gourmetrestaurant; Küchenchef: Daniel Schimkowitsch, klassisch-französische Haute Cuisine mit japanischen Elementen
Restaurant 1718: französisch-internationale Küche mit Austern und Weinen aus der Region rund um Deidesheim

WELLNESS

AUSSTATTUNG UND BESONDERHEITEN SPA: kleiner Wellness- & Beautybereich mit finnischer Sauna, Dampfbad, Ruheraum. Zudem Angebot für Wellness- und Beauty-Anwendungen vom Team Wolf's Vital SPA

VERANSTALTUNGSRÄUME

ANZAHL UND GRÖSSE: 6 (bis 120 Personen)
BESONDERE VERANSTALTUNGSTECHNIK: Klimaanlage, WLAN, Media Board, Flatscreen, Audiosystem; zubuchbare Zusatzmodule auf Anfrage
SPEZIELLE TAGUNGSSERVICES: Tagungspauschale: 65 € / halbtags, 85 € / ganztags (ab 10 Pers.)

FREIZEITANGEBOT

Weinbergsführungen / Weinproben in unseren angeschlossenen Weingütern, Wanderungen, Radtouren im Grünen, kulturelle Möglichkeiten in Mannheim, Heidelberg, Karlsruhe usw.

Landhaus Stricker

Landhaus Stricker

© Ydo Sol

GASTGEBER: Holger Bodendorf seit März 2001
Boy-Nielsen-Str. 10 | 25980 Sylt OT Tinnum | **t** +49 4651 88 990 | **w** landhaus-stricker.de

HORNSTEIN
RANKING 2021

FAKTEN
ANZAHL ZIMMER / SUITEN: 17 Zimmer, 21 Suiten
HOTELGRUPPE: Relais & Châteaux
KINDERFREUNDLICH: ja

PHILOSOPHIE DES HAUSES
Die Philisophie von Relais & Châteaux leben – Das **Landhaus Stricker** bietet seinen Gästen ein zweites Zuhause auf Deutschlands schönster Insel. Hier geht es gehoben zu, aber nicht abgehoben, der Luxus im **Landhaus Stricker** kommt ganz selbstverständlich und natürlich daher. Das sorgt für ein entspanntes Wohlfühlen bei Mitarbeiter:innen und Gästen.

ALLEINSTELLUNGSMERKMALE
700 m^2 neu gestalteter Wellnessbereich, Sternerestaurant Bodendorf's, exzellente Kulinarik

GASTRONOMIE
ANZAHL DER RESTAURANTS: 2
Restaurant SIEBZEHN84: regionale Spezialitäten
Gourmetrestaurant Bodendorf's: 1 Michelin-Stern, 18 Gault&Millau-Punkte, 4 Feinschmecker-Punkte; mediterrane Küche

WELLNESS
GRÖSSE DES SPA: 700 m^2
AUSSTATTUNG UND BESONDERHEITEN SPA: Sauna, Fitnessraum mit neuesten Geräten von Technogym, Kinesisturm, Babor-Produkte

VERANSTALTUNGSRÄUME
ANZAHL UND GRÖSSE: 3 (bis 100 Personen)

FREIZEITANGEBOT
Yoga, Meditation, Pilates, Wandern, E-Bike-Touren, Nordic Walking, Waldatmen, Aqua Fit, Verleih von 30 E-Mountainbikes

Landhaus Stricker

© Ydo Sol

Althoff Hotel am Schlossgarten

GASTGEBER: Ulrich Schwer seit August 2013
Schillerstraße 23 | 70173 Stuttgart | **t** +49 711 202 680 6 | **w** hotelschlossgarten.com
315 € bis 810 €

HORNSTEIN RANKING 2021

FAKTEN

ANZAHL ZIMMER / SUITEN: 86 Zimmer, 20 Suiten
HOTELGRUPPE: Althoff Collection
KINDERFREUNDLICH: ja

PHILOSOPHIE DES HAUSES

Privat geführtes Traditionshotel im Herzen von Stuttgart, das besonders für seinen persönlichen und authentischen Service steht und sich mit seiner Individualität vom Rest der Hotellerie in Stuttgart abhebt. Das **Althoff Hotel am Schlossgarten** ist mehr als ein Hotel und das Wohnzimmer der Stuttgarter Gesellschaft.

ALLEINSTELLUNGSMERKMALE

Zentrale Lage im Stadtzentrum zwischen Bahnhof, Kulturmeile und Königstrasse. Einziges LHW Hotel in Stuttgart und Region, große Auswahl an prämierter Gastronomie, persönlicher und individueller Service – Gastgeber aus Leidenschaft.

GASTRONOMIE

ANZAHL DER RESTAURANTS: 5
Die Zirbelstube: 1 Michelin-Stern, 17 Gault&Millau-Punkte, 4 Schlemmer Atlas Kochlöffel, 8,5 Gusto-Pfannen; Fine Dining
Weinwirtschaft | Weingut Franz Keller: regionale Küche
John Cranko-Lounge: Bar und Lounge
Café am Schlossgarten: klassisches Kaffeehaus
Schlossgarten Restaurant: Frühstück und Events

VERANSTALTUNGSRÄUME

ANZAHL UND GRÖSSE: 6 (bis 120 Personen)
VERANSTALTUNGSTECHNIK: Videokonferenzen, Nahdistanz-Beamer
SPEZIELLE TAGUNGSSERVICES: Veranstaltungsräume mit Tageslicht, individuelle Leistungsgestaltung je nach Veranstaltungskonzept, hybride Meetingtechnologie, digitales Whiteboard, direkter Ansprechpartner von der Planung bis zur Durchführung

FREIZEITANGEBOT

Ballett, Oper, Museen, Einkaufsmeile direkt vor der Tür, Schwarzwald und Schwäbische Alb in 30 Minuten mit dem Auto zu erreichen

The Mandala

GASTGEBER: Lutz Hesse & Christian Andresen seit 1999
Potsdamer Strasse 3 | 10785 Berlin | **t** +49 30 590 05 1221 | **w** themandala.de
180 € bis 3.850 €

TOP PERFORMER
DIGITALPREIS DER DEUTSCHEN HOTELLERIE

HORNSTEIN RANKING 2021

FAKTEN

ANZAHL ZIMMER / SUITEN: 108 Zimmer, 50 Suiten
HOTELGRUPPE: Designhotels
KINDERFREUNDLICH: ja

PHILOSOPHIE DES HAUSES

Ein Haus nicht nur zum Übernachten, sondern zum Wohlfühlen, eine Oase der Ruhe mitten im Zentrum Berlins. Überall im Haus ist eine harmonische Atmosphäre durch dezenten Service und viele stilvolle Details zu spüren. Ein Rückzugsort für individuelle Business- oder Leisuregäste, die Diskretion und Ruhe suchen.

ALLEINSTELLUNGSMERKMALE

Leidenschaftliches inhabergeführtes Hotel, ein kleines »Resorthotel« mitten in der City. Große, sehr helle und wohlwollend dezent eingerichtete Zimmer und Suiten Das 2-Michelin-Sternerestaurant Facil beeinflusst das gesamte weitere kulinarische hochwertige Angebot des **Mandala Hotels**. Der Spa mit hoteleigenen Mitarbeiter:innen und den wunderbaren Treatmentprodukten von Team Dr. Joseph.

GASTRONOMIE

ANZAHL DER RESTAURANTS: 2

Facil Restaurant und QIU Restaurant & Bar

sehr gute Gastronomie im ganzen Haus, angefangen beim Frühstücksbuffet, Zweisternerestaurant Facil, sehr gutes casual Restaurant QIU für beliebten und bekannten Business Lunch und abends mit anspruchsvoller kleiner Speisekarte; 2 Michelin-Sterne, 19 Gault&Millau-Punkte, 10 Gusto, 4.5 F Der Feinschmecker

WELLNESS

GRÖSSE DES SPA: 600 m²
AUSSTATTUNG UND BESONDERHEITEN SPA:
ONO Spa – best City Spa Germany 2020 – Dampfbad, Finnische Sauna, Biosauna, Via Sensus Fussreflexzonenweg, Kneipptretbecken, »Team Dr. Joseph«-Produkte

VERANSTALTUNGSRÄUME

ANZAHL UND GRÖSSE: 2 Räume mit 50 m² und 60 m²

FREIZEITANGEBOT

Fahrradverleih, individuelle Yoga-Angebote

MADAME
Sophisticated *fashion & luxury* magazine
since *1952*
@madamemagazin
www.madame.de

Körper, Seele und Geist baumeln lassen – in unseren besten Spa-Health-Resorts stehen Ihre Gesundheit und Ihr Wohlbefinden zu jeder Zeit im Vordergrund. Individuelle Behandlungen, großartige Ausstattung und ein harmonischer Service wirken entschleunigend und geben Ihnen neue Energie. Ein Zusammenspiel aus Wohlfühloase und Spitzenhotellerie.

DIE BESTEN SPA-HEALTH-RESORTS

2021/22

»EIN EXZELLENTES SPA-RESORT IST FÜR MICH, WENN LUXUS UND NACHHALTIGKEIT MITEINANDER GEKONNT KOMBINIERT WERDEN UND DIES BIS INS KLEINSTE DETAIL IM HAUS SPÜRBAR IST.«

URSULA KAUFMANN

GRÜNDERIN DER ORGANIC BODY CARE LINIE VP – VALENTINA & PHILIPPA

Coming soon, Hotel La Palma, Capri

OETKER COLLECTION
Masterpiece Hotels
L'APOGÉE
COURCHEVEL
BRENNERS PARK-HOTEL & SPA
BADEN-BADEN
LE BRISTOL
PARIS
CHATEAU SAINT-MARTIN & SPA
COTE D'AZUR – VENCE – FRENCH RIVIERA
EDEN ROCK
ST BARTHS
HOTEL DU CAP-EDEN-ROC
CAP D'ANTIBES
JUMBY BAY ISLAND
ANTIGUA - WEST INDIES
THE LANESBOROUGH
LONDON
PALÁCIO TANGARÁ
SÃO PAULO
THE WOODWARD
GENEVA
HOTEL LA PALMA
CAPRI
oetkercollection.com

© Brenners Park-Hotel & SPA

Brenners Park-Hotel & SPA

GASTGEBER: Henning Matthiesen seit Januar 2020
Schillerstrasse 4/6 | 76530 Baden-Baden | **t** +49 7221 900 803 | **w** brenners.com
430 € bis 12.000 €

FAKTEN

ANZAHL ZIMMER / SUITEN: 65 Zimmer, 35 Suiten
HOTELGRUPPE: Oetker Collection, Selektion Deutscher Luxushotels
KINDERFREUNDLICH: ja

PHILOSOPHIE DES HAUSES

Das Stammhaus der Oetker Collection präsentiert sich als wunderschöne Stadtoase inmitten einer zauberhaften Parkanlage. Eleganz und Tradition in harmonischem Zusammenspiel mit innovativen Zukunftskonzepten sind das Markenzeichen des Grandhotels an der Lichtentaler Allee.

ALLEINSTELLUNGSMERKMALE

Eines der herausragenden Merkmale ist die großzügige Weite der Hotelanlage, Ruhe und Privatsphäre sind wesentliche Elemente des Brenners-Erlebnisses. Der Privatpark unterstreicht die Magie des einzigartigen Ortes. Maßstäbe setzen die **Villa Stéphanie Spa & Wellbeing** und das **Brenners Medical Care**.

GASTRONOMIE

ANZAHL DER RESTAURANTS: 3
Wintergarten: Der lichtdurchflutete Wintergarten überzeugt mit einer klassischen Küche mit modernen Akzenten.
Fritz & Felix: Wine Spectator Award; setzt Akzente in der Gastronomieszene Baden-Badens
Rive Gauche Brasserie: erweist inmitten der Lichtentaler Allee dem Nachbarn Frankreich Reverenz

WELLNESS

GRÖSSE DES SPA: 5.000 m²
AUSSTATTUNG UND BESONDERHEITEN SPA: Sauna, Pool und Plunge-Pool, Private Gym, Behandlungsräume mit Parkblick, Detox und Weight Loss, medizinische Exzellenz im Brenners Medical Care

VERANSTALTUNGSRÄUME

ANZAHL UND GRÖSSE: 8 (bis 249 Personen)

FREIZEITANGEBOT

Highend-Shopping, Bäder und Casino, Wandern, Biken, Paragliding, Ballooning, automobiles Vergnügen, internationale Kunst- und Festspielstadt

Brenners Park-Hotel & SPA

»Gesundheit ist der neue Reichtum.«

alle Fotos © Brenners Park-Hotel & Spa

Henning Matthiesen, General Manager des Brenners Park-Hotel & Spa berichtet im Interview mit den 101 Besten über die Bedeutung und Weiterentwicklung des Spa-Hotels.

Was unterscheidet euch von anderen Spa-Hotels?
Mit der Villa Stéphanie verfügt das Brenners Park-Hotel & Spa über ein echtes Spa-Juwel. Neben den Bereichen Beauty, Detox und Emotional Balance werden im Brenners Medical Care mit seinen Privatpraxen holistische Gesundheitsprogramme individuell geschnürt – und all dies ohne Klinikfeeling. Die Geschichte und das Interieur der Villa sowie die fantastische Umgebung im Privatpark schaffen ein Umfeld der Erholung und Entspannung wie kaum anderswo.

Wirklich einzigartig macht das Brenners die Mischung aus Natur sowie Kunst und Kultur auf internationalem Spitzenniveau. Ein Schritt vor die Tür genügt, und für unsere Gäste stehen alle Highlights der Welterbestadt Baden-Baden bereit.

Wie sieht aus Ihrer Sicht das Spa von morgen aus?
Gesundheit ist der neue Reichtum. Unsere Gäste suchen schon heute nach holistischen Angeboten für Körper, Geist und Seele. Themen wie Beauty Food, Digital Detox und Co. werden dabei immer wichtiger.

Im Spa ist es nicht anders als in der Hotellerie. Um zu den Besten zu gehören, brauchen Sie auch die Besten. Dafür tun wir sehr viel, um gemeinsam mit unseren Spa-Experten schon heute den Spa von morgen zu verwirklichen. Schließlich bauen wir auf eine lange Tradition als Vorreiter des Themas Spa in der europäischen Grandhotellerie.

Welchen Beitrag leisten Sie und Ihr Team, um die Luxushotellerie in Deutschland weiterzuentwickeln?
Unser Bestreben ist es, die Luxushotellerie so weiterzuentwickeln, dass wir auch in den nächsten Jahrzehnten Tradition und Werte leben, ohne dabei Trends außer Acht zu lassen.

Dabei blicken wir natürlich hauptsächlich auf unsere Gäste – aber auch als Arbeitgeber sehen wir uns in der Pflicht, unser Grandhotel weiterhin als begehrenswerte Arbeitsstätte zu positionieren, damit wir auch in Zukunft junge Talente für die gesamte Branche weiterentwickeln.

Was wünschen sich die Gäste von einem Spa-Hotel in den nächsten Jahren? Was sind die kommenden Trendthemen in Sachen Spa/Health?
Wir verzeichnen gerade die Renaissance der Selbstfürsorge, bei der Wellness und Gesundheit in einem hohen Maß zusammenkommen. Die Art und Weise des Reisens findet immer neue Wege – ich denke da an regeneratives und nachhaltiges Reisen unter Einbindung der Natur. Hierbei sind Baden-Baden und das Brenners Park-Hotel & Spa perfekt ausgerichtet.

Welches ist Ihr Lieblingshotel und warum? (außer das eigene und die Ihrer Gruppe)
Als Teil meiner persönlichen Laufbahn war das Claridge's in London sehr prägend für mich. Es gibt nur wenige Hotels, in denen bis heute so eindringlich Werte und Traditionen im Mittelpunkt stehen.

(Autorenbemerkung: Wohl wahr. Auf Matthiesens Schreibtisch liegt ein Schlüsselbund mit einem metallenen Anhänger vom Claridge's).

BUDERSAND Hotel – Golf & SPA – Sylt

GASTGEBER: Marco Winter seit Oktober 2018
Am Kai 3 | 25997 Hörnum/Sylt | **t** +49 4651 4607 0 | **w** budersand.de
250 € bis 1.390 €

FAKTEN

ANZAHL ZIMMER / SUITEN: 55 Zimmer, 22 Suiten
HOTELGRUPPE: Privathotels Sylt GmbH
KINDERFREUNDLICH: ja

PHILOSOPHIE DES HAUSES

Besinnung auf das Wesentliche mit höchsten Qualitätsansprüchen. Ein Eiland der individuellen Erlebnisse und besonderen Emotionen. Mit Freundlichkeit, Herz und Seele erleben Gäste unaufdringlichen Service und »lässigen« Luxus auf Sylt.

ALLEINSTELLUNGSMERKMALE

Das Fünfsterne-Superior-Hotel Budersand in Hörnum, dem ruhigen Süden Sylts, verbindet eindrucksvolle Architektur, beispiellosen Genuss und unzählige Entspannungsmöglichkeiten. Der Aufenthalt direkt am Meer wird zu einem besonderen Erlebnis für Ihre Sinne.

GASTRONOMIE

ANZAHL DER RESTAURANTS: 3
Restaurant KAI3: Gourmetrestaurant »Nordic Fusion«; 1 Michelin-Stern, 16 Gault&Millau-Punkte
Restaurant Strönholt: das Beste von Fleisch und Fisch; traumhafter Ausblick über die Nordsee
Vinothek.budersand: das BBQ-Erlebnis: hochwertige Fleisch- und Fischprodukte vom Grill

WELLNESS

GRÖSSE DES SPA: 1.000 m²
AUSSTATTUNG UND BESONDERHEITEN SPA: Verschiedene Saunen, ein Dampfbad, ein großes Schwimmbad, mehrere Behandlungsräume und eine Frischluftterrasse. Das Meer bestimmt den Rhythmus – zahlreiche Anwendungen mit Produkten aus dem Meer und der Natur.

VERANSTALTUNGSRÄUME

ANZAHL UND GRÖSSE: 5 (bis 120 Personen)
VERANSTALTUNGSTECHNIK: multifunktionales Whiteboard mit Touchscreen, Beamer, Leinwand und Flipchart
SPEZIELLE TAGUNGSSERVICES: individuelle Betreuung, Tagespauschalen und individuelle Angebote an außergewöhnlichen Orten mit der Organisation von Erlebnissen

FREIZEITANGEBOT

33 km Strand vor der Tür, Naturwanderungen, Wassersportmöglichkeiten, Deutschlands bester Golfplatz (Golf Award/Golf Magazin 2020), Yachthafen, Radfahren

»Nachhaltigkeit beginnt bereits bei der Einstellung«

Marco Winter ist seit 2018 Gastgeber und Direktor im Budersand Hotel – Golf & Spa – Sylt. Im Interview mit Carsten K. Rath spricht er über nachhaltige Maßnahmen, die im Hotel umgesetzt werden, die Besonderheit des Spa-Angebotes und die Digitalisierung in der Kommunikation.

Wie wichtig sind Rankings für Ihre Mitarbeiter und Ihre Gäste?

Rankings sind sehr wichtig für unsere Mitarbeiter. Gerade die jungen Mitarbeiter entscheiden sich häufig anhand von Bekanntheitsgrad, Auszeichnungen und Reputation für ihren neuen Arbeitgeber. Genauso habe ich damals auch meinen Ausbildungsplatz beziehungsweise das Brenners Park-Hotel & Spa gefunden. Nur leider gab es da noch nicht so ein umfassendes Ranking beziehungsweise waren die digitalen Veröffentlichungen noch nicht so ausgeprägt. Gäste finden ebenso mit den »101 Besten« Orientierung für die Wahl ihres Urlaubsortes.

Welche Philosophie leben Sie im Budersand?

Letztendlich ist das Budersand ein Luxushotel. Doch unseren Gästen geht es nicht um »sehen und gesehen

© Budersand

werden«. Klassische Statussymbole spielen bei uns weniger eine Rolle. Unsere Gäste fahren zwar in teuren Limousinen vor, streifen dann aber mit ihrem Anzug auch ihren Alltag ab. Viele Gäste arbeiten in verantwortungsvollen Führungsrollen und suchen bei uns ihren verdienten Ausgleich, Erholung und Erlebnisse – den entspannten Luxus eben.

Wie verbindet man ein Luxusresort mit den sportlichen Ambitionen eines Golfspielers?
Unsere Eigentümerin ist selbst leidenschaftliche Golfspielerin und hat ihren Traum eines besonderen Platzes und eines Hotels umgesetzt. Das Hotel und der Golfplatz sind zwei eigenständige Produkte, die miteinander perfekt harmonieren. Der Golfplatz ist kein reiner Mitgliederclub, das Budersand auch kein reines Golfhotel. Nebst Golf erleben Gäste Kunst, Kultur und vielfältige Kulinarik.

Das Budersand ist in der Kategorie Spa/Health auf Platz 2. Was ist das Besondere an Ihrem Spa?
Ich freue mich sehr darüber, der gerade das Spa so viel Aufmerksamkeit bekommt. Das Meer bestimmt unseren Rhythmus: Wir bieten unseren Gästen MEERSPÜREN, MEERGENUSS und MEERERHOLEN mit verschiedenen Behandlungen, einer Frischluftterrasse in den Sylter Dünen und einem Ruheraum mit Blick auf die Nordsee. Die Treatments werden individuell auf die Gäste abgestimmt. Wichtig ist hier, dass die Mitarbeiter entsprechend qualifiziert sind und den Raum bekommen, auf die Bedürfnisse eingehen zu können.

Digitale Präsenz wird immer wichtiger. Wie digital ist das BUDERSAND denn für die Gäste?
Wir sind gut aufgestellt. Ich unterscheide zwischen unseren eigenen Kanälen und der Präsenz anderer Partner. Unsere eigene Website macht das Budersand bereits vorab für den Gast sehr gut erlebbar, er kann sich einen ersten Überblick verschaffen und direkt buchen. Weitere Präsenz pflegen wir über unsere vielfältigen Kooperationspartner aus der Medien-, Kultur- und Tourismusbranche. Vielleicht sind wir hier etwas »old-school« – wir kommunizieren aber weiterhin hauptsächlich telefonisch mit den Gästen. 90% buchen per Telefonanruf. Für uns und unsere Gäste bedeutet dieser direkte Kundenkontakt Luxus. Wir nehmen uns gern die Zeit für das persönliche Gespräch.

Wie wichtig ist die Nachhaltigkeit bei Ihnen, und wie setzen Sie dies um?
Nachhaltigkeit bedeutet, dass wir nicht mehr verbrauchen als nachwächst. Wir müssen zukunftsorientiert denken und handeln. Bereits beim Bau des Hotels hat man darauf geachtet: Das Hotel wurde in die Landschaft eingebettet, die Eigentümerin verzichtete auf Klimaanlagen und gestaltete die Zimmer bewusst auf das Wesentliche reduziert. Nachhaltigkeit zieht sich durch alle Bereiche. Im Prinzip fängt sie beim Frühstücksei an und hört bei der modernsten Technik auf. Wir verwenden am Frühstücksbuffet und auch in unseren beiden Restaurants regionale Produkte, die zwar etwas teurer, dafür qualitativ hochwertig sind.

Ein weiteres, interessantes Beispiel ist die Wäscherei. Frau Ebert hat damals mit dem Bau des Hotels eine eigene Wäscherei auf Sylt gebaut. Diese hat ein grünes Wäschesiegel, verbraucht unter anderem 44 Prozent weniger Energie. Auch bei unseren zukünftigen Projekten achten wir weiterhin auf den schonenden Umgang mit unseren Ressourcen.

a GWAM project . girlwithamind.com
protect your skin.
save the earth.
Valentina & Philippa
ORGANIC BODY CARE
organic
Shower
Valentina & Philippa
ORGANIC BODY CARE
Shampoo

© Öschberghof

Der Öschberghof

GASTGEBER: Alexander Aisenbrey seit Januar 2003
Golfplatz 1 | 78166 Donaueschingen | **t** +49 771 84 0 | **w** oeschberghof.com
186 € bis 686 €

TOP PERFORMER
DIGITALPREIS DER DEUTSCHEN HOTELLERIE

HORNSTEIN RANKING 2021

FAKTEN

ANZAHL ZIMMER / SUITEN: 111 Zimmer, 16 Suiten
HOTELGRUPPE: individuell
KINDERFREUNDLICH: ja

PHILOSOPHIE DES HAUSES

Wir begeistern unsere Gäste durch einzigartige, unvergessliche und persönliche Öschberghof-Momente. Wir verkaufen keine Zimmer, sondern schaffen außergewöhnliche Erlebnisse. Das weitläufige Resort bietet den perfekten Mix aus SPA, Golf, kulinarischen Genüssen und Business.

ALLEINSTELLUNGSMERKMALE

Über 400 Mitarbeiterinnen und Mitarbeiter lassen das Resort zu einem einzigartigen Hideaway erstrahlen. 127 großzügige Wohlfühlzimmer, 45-Loch-Golfanlage (drei Gehminuten vom Hotel), 5.500 m² SPA & Gym, vier Restaurants, Fine Dining mit zwei Michelin-Sternen, gute Erreichbarkeit.

GASTRONOMIE

ANZAHL DER RESTAURANTS: 4 (+2 Bars)
Ösch Noir: 2 Michelin-Sterne, 17 Gault&Millau-Punkte; Fine Dining Restaurant mit französischen Einflüssen
Esszimmer: nationale und internationale Küche
Hexenweiher: italienische Küche
Öventhütte: alpenländisch rustikale Küche
Bar, Tagesbar alias **Wohnzimmer** und SPA Bistro

WELLNESS

GRÖSSE DES SPA: 5.500 m²
AUSSTATTUNG UND BESONDERHEITEN SPA: 6 Saunen, 3 Dampfbäder, Salzraum, Eislounge, Indoorpool, Infinity-Outdoorpool, Sport- und Fitnessareal

VERANSTALTUNGSRÄUME

ANZAHL UND GRÖSSE: 7 (bis 618 Personen)
VERANSTALTUNGSTECHNIK: modernste technische Ausstattung aller Räume, Festsaal mit speziellen Akustikpaneelen
SPEZIELLE TAGUNGSSERVICES: persönliche Tagungsbetreuung, innovative Kaffeepausen, viel Fläche für Teambuilding (indoor und outdoor), vielfältiges Rahmenprogramm

FREIZEITANGEBOT

Eigene 45-Loch-Golfanlage, E-Bike-Verleih, geführte Wanderungen, Kinderspielzimmer, Transfer Stadt/Flughafen u.v.m.

Der Öschberghof

© Öschberghof

alle Fotos: © Öschberghof

»Ranking war überfällig«

Der Geschäftsführer des Resorts »Der Öschberghof« in Donaueschingen, **Alexander Aisenbrey,** gibt einen Einblick, wie er Gäste und Mitarbeiter binden will.

Herzlichen Glückwunsch zum tollen Abschneiden im Ranking. Welche Bedeutung haben Auszeichnungen und Wettbewerbe für das Resort und für Sie persönlich?
Solch ein Ranking für Deutschland war schon lange überfällig. Wir sehen es als Ansporn, uns ständig weiterzuentwickeln, und freuen uns über jeden Platz, den wir gutmachen können. Für mich persönlich ist es eine Bestätigung einer gelungenen Führung. Denn unsere Gastgeberinnen und Gastgeber sind der Garant des Erfolges!

Der Öschberghof setzt auf Sport. Im Sommer waren die Fußballer des FC Barcelona zu Gast, auf dem Golfplatz hat der herausragende Profi Martin Kaymer mehrere Projekte gestartet. Kommen dadurch neue Gästegruppen ins Resort?
Nach dem großen Umbau fand auch ein Rebranding statt. Von vier Sterne superior auf fünf Sterne superior. Dies bedeutet, neue Gästegruppen zu akquirieren, aber auch, unseren Stammgästen den Mehrwert unseres Resorts zu zeigen. Fußball begleitet uns schon lange, und mit dem FC Barcelona sind wir nun auch international unterwegs. Martin ist inzwischen ein Freund des Hauses. Durch die Partnerschaft unterstreichen wir unsere Golfkompetenz.

Auch Spa und Wellness liegen im Trend. Was bietet der Öschberghof in diesen Bereichen?
Wir entwickeln uns gerade im Leisurebereich SPA/ Wellness in großen Schritten. Ab November starten wir mit unserer Selfcare Vital Season by Öschberghof. Diese wird von Frau Dr. Anne Fleck begleitet. Ein weiterer großer Baustein wird die Implementierung des ersten Longevity Centers in Deutschlang sein (Schwerpunkt des Angebots hier ist das Motto »gesund gesund bleiben«), das wir auch zum Herbst dieses Jahres starten. Des Weiteren haben wir zu unserem Stammangebot in der Kosmetik und Massage auch Behandlungen mit Botox und Hyaluronsäure aufgenommen.

Welche Bedeutung hat das Zweisternerestaurant Ösch Noir für das Resort und die Gäste?
Es macht uns stolz, solch ein Highlight bei uns im Resort zu haben. Letztendlich ein Muss, aber für viele ein unerreichter Traum. Für uns Wirklichkeit und für unsere Gäste ein kulinarisches Erlebnis der besonderen Art.

Wie war die Buchungslage in den vergangenen Monaten – und wird das anhalten?
Endlich wieder gut, und es muss so bleiben.

Die Hotellerie in Deutschland verkauft sich ja meist zu billig. Konnten Sie angesichts der guten Nachfrage höhere Preise durchsetzen?
Selbstverständlich. Wir erhöhen unsere Preise nicht aus einer Laune heraus, sondern weil wir unseren Gastgeberinnen und Gastgebern neben einer fairen Führung auch ein angemessenes Gehalt bieten. Dies ist die Wertschätzung, die wir unseren Gastgeberinnen und Gastgebern entgegenbringen.

Wie schätzen Sie die Bedeutung des Themas Nachhaltigkeit ein?
Für ein Luxusresort nicht einfach, aber wir sind auf einem guten Weg. Und Nachhaltigkeit ist nicht nur mehr eine Idee, sondern die Realität!

Was unternimmt der Öschberghof in diesem Bereich?
Wir haben uns über Green Sign zertifizieren lassen, haben eine Nachhaltigkeitsbeauftragte, und neben Bienen, Schafen, BHKW etc. versuchen wir den Spagat zwischen Luxus und Nachhaltigkeit jeden Tag ein Stückchen näher zusammenzubringen.

Deutschland will bis zum Jahr 2045 klimaneutral werden. Bis wann schafft das der Öschberghof?
Nächste Frage bitte! (Aber ich hoffe früher.)

Welches ist ihr Lieblingshotel außerhalb ihrer eigenen Unternehmenswelt – und was fasziniert Sie dort?
Das Vier Jahreszeiten in Hamburg als Stadthotel. Traube Tonbach, Bareiss, Sonnenalp, Elmau (und noch einige mehr) als Ferienhotel. Bei allen wird das perfekte Gastgebertum gelebt.

Das Tegernsee

GASTGEBER: Sven Scheerbarth seit 2011
Neureuthstraße 23 | 83684 Tegernsee | **t** +49 8022 182 0 | **w** dastegernsee.de
265 € bis 1.495 €

FAKTEN

ANZAHL ZIMMER / SUITEN: 79 Zimmer, 13 Suiten

PHILOSOPHIE DES HAUSES

Einen unvergleichlich schönen Aufenthalt an einem Ort zwischen Himmel und Erde zu gestalten, ist die Mission des Hauses. Hoch über dem Tegernseer Tal genießt der Gast eine einzigartige Melange aus Lifestyle und leisem Luxus, Historie und Moderne, Individualität und höchster Qualität.

ALLEINSTELLUNGSMERKMALE

Inmitten atemberaubender Natur, hoch über dem See und nur 50 km von München entfernt, befindet sich ein besonderer Ort: Erleben Sie ein Hotel mit fünf stilvollen Wohnwelten, einem reichen gastronomischen Angebot, einer einzigartigen Wellnesslandschaft und vielfältigen Veranstaltungsmöglichkeiten.

GASTRONOMIE

ANZAHL DER RESTAURANTS: 3 (+1 Bar)

Restaurant Senger mit Terrasse: gehobene Esskultur, feinste Küche, moderne Klassik, elegantes Ambiente

Alpenbrasserie: das Beste aus den fünf Alpenländern, kreative Umsetzung, legere Atmosphäre, Lifestyle-Restaurant

Biergarten: typisch Regionales, Herzstück bayerischer Lebensfreude, bester Blick auf See und Alpenvorland

WELLNESS

GRÖSSE DES SPA: 2.400 m²

AUSSTATTUNG UND BESONDERHEITEN SPA: Panoramasauna vor Traumkulisse, Themensaunen, Indoor- und Outdoorpool, Sonnenterrassen, Ruheraum mit Kamin, Fitnesslounge

VERANSTALTUNGSRÄUME

ANZAHL UND GRÖSSE: 9 (bis 400 Personen), historischer Barocksaal, Sonnenplateau, Atrium. See- oder Bergblick, Terrassen, großzügige Deckenhöhen, attraktive Pausen- und Empfangsflächen

VERANSTALTUNGSTECHNIK: moderne Technik

SPEZIELLE TAGUNGSSERVICES: geschäftlicher oder privater Event, repräsentative Tagung, inspirierendes Meeting, glanzvolles Galadinner oder stilvolle Hochzeit – vor dem Panorama des Tegernseer Tals

FREIZEITANGEBOT

Tegernseer Tal und Umgebung: Eine Region, die für Erholung, Erlebnis, Kultur und Genuss steht. Rad- und Wanderwege direkt vom Hotel aus.

TECHNOGYM IN-ROOM SOLUTIONS
Das beste
Erlebnis
für Ihre Gäste
TECHNOGYM

Hotel Deimann

GASTGEBER: Familie Deimann seit 1917
Alte Handelsstraße 5 | 57392 Schmallenberg | **t** +49 2975 810 | **w** deimann.de
155 € bis 770 €

FAKTEN

ANZAHL ZIMMER / SUITEN: 44 Zimmer, 70 Suiten
HOTELGRUPPE: Romantikhotels, Wellness-Hotels & Resorts, L'Art de Vivre, Private Selection
KINDERFREUNDLICH: ja

PHILOSOPHIE DES HAUSES

Herzliche, familiäre Gastfreundschaft auf höchstem Niveau und aus Leidenschaft heraus leben wir gemeinsam mit unserem Team. Eine Symbiose aus gelebter Tradition und modernem, zeitgemäßem und nachhaltigem Angebot, welches wir ständig zum Wohl unserer Gäste weiterentwickeln!

ALLEINSTELLUNGSMERKMALE

4.700 m² Wellness- und Fitnessbereich, familiäre und persönliche Atmosphäre, 27-Loch-Panorama-Golfplatz, Sternerestaurant **Hofstube Deimann**, ausgedehntes Gebiet für Wander-, Bike- und Skiunternehmungen, mietbare E-Bikes

GASTRONOMIE

ANZAHL DER RESTAURANTS: 4
Parkrestaurant: Hausgästerestaurant für Frühstück und Halbpension
Wintergarten: à la carte, regional, saisonal, frisch
Hofstube Deimann: 1 Michelin-Stern, 16 Gault&Millau-Punkte, 8 Gusto-Pfannen; Gourmet-Restaurant, modern, puristisch, französisch
Golf Café Restaurant: Bistroküche

WELLNESS

GRÖSSE DES SPA: 4.700 m²
AUSSTATTUNG UND BESONDERHEITEN SPA: Seeterrassen, 3 Schwimmbäder 30–35 °C, Saunalandschaft, Gradierwerk und Schiefer-Liegestollen, SPA mit 22 Behandlungsräumen

VERANSTALTUNGSRÄUME

ANZAHL UND GRÖSSE: 3 (bis 250 Personen)
VERANSTALTUNGSTECHNIK: Full-HD-Beamer, motorische Leinwände, Beschallung inkl. Audioanschluss und Funkmikro, Videokonferenzen
SPEZIELLE TAGUNGSSERVICES: individuell auf Anfrage

FREIZEITANGEBOT

27-Loch-Panorama-Golfplatz, Tennisplatz, geführte Wanderungen und Bike-Touren, 500 m² Fitness- und Sportbereich, Indoorgolf, Alpinski, Langlauf

Wellnesshotel Jagdhof

GASTGEBER: Familie Ritzinger
Putzgartenstr. 2 | 94133 Röhrnbach | **t** +49 8582 9159-4912 | **w** jagdhof-roehrnbach.de
193 € bis 795 €

FAKTEN

ANZAHL ZIMMER / SUITEN: 105

PHILOSOPHIE DES HAUSES

Wellness mit allen Sinnen. Alles können, nichts müssen. Erleben Sie eine völlig neue Dimension der Symbiose aus Spa, Sport & Kulinarik in Ihrem Urlaubs-Zuhause, dem Fünfsternewellnesshotel Jagdhof im Bayerischen Wald.

ALLEINSTELLUNGSMERKMALE

Erstes Fünfsternehotel im Bayerischen Wald; Bayerns größte Wellness- und Wasserwelt auf 6.500 m²; exklusiv ausgestattete Zimmer und Suiten; vielfältiges Fit- und Aktiv-Angebot; Spritztour mit dem hauseigenen Audi R8 Spyder; einzigartige Sport- und Fitnesswelt auf 1.380 m² mit Höhenkammern und einem 25 m langen Sportpool mit leistungsstarker Powerswim-Anlage (voraussichtlich ab Dez. 2021).

GASTRONOMIE

ANZAHL DER RESTAURANTS: 1

Unsere 5 Restaurantstuben: Romantikstube, Turmstube, Säumerstube, Sissistube und Jagdstube – behaglich und kommunikativ, elegant und rustikal

WELLNESS

GRÖSSE DES SPA: 6.500 m²

AUSSTATTUNG UND BESONDERHEITEN SPA:
Es erwarten Sie unter anderem ein Innenschwimmbecken (20 m, 32 °C), 2 Attraktionspools mit Wasserfallturm und direktem Zugang zum ganzjährig beheizten Infinity-Sportpool (25 m, 32 °C), ein FKK-Solepool (35 °C) im Saunabereich, ein ganzjährig beheizter FKK-Außenwhirlpool (35 °C) im Saunabereich, ein FKK-Kaltwassertauchbecken im Saunabereich, ein ganzjährig beheizter Außenwhirlpool (35 °C) in direkter Verbindung mit dem Hallenbad, Massagestationen und Bodensprudel, ein Naturbadesee mit Wasserfall, Holzstegen und Relaxliegen, eine herrliche Liegewiese mit Schwebeliegen, zahlreiche Ruheinseln zum Ausspannen sowie eine Vielzahl an behaglichen Ruheoasen. Das Beauty-Schlössl begeistert mit einem facettenreichen Angebot an über 70 Wohlfühlanwendungen (Massagen, Kosmetik, Bäder und Peelings), dem Lady Spa und einer privaten Spa-Suite. In den 11 Themen-Saunen schwitzen Sie den Alltag einfach weg.

BY APPOINTMENT TO HER MAJESTY THE QUEEN
SUPPLIER OF TOILETRIES MOLTON BROWN LONDON
MOLTON BROWN
LONDON
Chosen by the finest hotels in the world.
Discover the luxury collections at moltonbrown.com

© Kempinski Hotels

Kempinski Hotel Frankfurt Gravenbruch

© Manuel Dorn

GASTGEBERIN: Karina Ansos seit September 2015
Graf zu Ysenburg und Büdingen Platz 1 | 63263 Neu-Isenburg | **t** +49 69 389 88 0
w kempinski.com/gravenbruch
200 € bis 2.500 €

TOP PERFORMER
DIGITALPREIS DER DEUTSCHEN HOTELLERIE

FAKTEN

ANZAHL ZIMMER / SUITEN: 188 Zimmer, 37 Suiten
HOTELGRUPPE: Kempinski Hotels
KINDERFREUNDLICH: ja

PHILOSOPHIE DES HAUSES

Der Charme eines englischen Landhauses und neuzeitliches Design: Das ist das **Kempinski Hotel Frankfurt Gravenbruch**. Das Haus vereint Tradition mit Moderne, steht für entspannten Luxus, Inspiration und Esskultur. Leisure-Luxury – wir sind Caretaker der Gästeinteressen.

ALLEINSTELLUNGSMERKMALE

Direkt an der Grenze zur Mainmetropole Frankfurt und wenige Fahrminuten vom Airport entfernt steht das **Kempinski Hotel Frankfurt Gravenbruch** mit einem 15 ha großen Park, einem eigenen See sowie festlichen Wasserspielen im Sommer – relaxen pur mitten in Frankfurt, Rhein-Main.

GASTRONOMIE

ANZAHL DER RESTAURANTS: 4
EssTisch: internationale Küche
Torschänke: hessisch rustikal
Levante: libanesische Küche
NIU: asiatisches Steakhouse

WELLNESS

GRÖSSE DES SPA: 2.000 m²
AUSSTATTUNG UND BESONDERHEITEN SPA: Beheizter Indoor- und Outdoorpool, Saunalandschaft, Liegewiese, Sonnenterrassen, Ruheräume, Behandlungsräume

VERANSTALTUNGSRÄUME

ANZAHL UND GRÖSSE: 18 (bis 500 Personen)
VERANSTALTUNGSTECHNIK: moderne Veranstaltungstechnik in allen Räumen, Betreuung durch unseren Partner KFP
SPEZIELLE TAGUNGSSERVICES: Meeting-Concierge, Wedding Planner, Business Center

FREIZEITANGEBOT

Fahrradverleih, SPA-Bereich, Limousinen-Service

CALLA
RESTAURANT

Steigenberger Hotel Der Sonnenhof

© Peter Messner

GASTGEBER: Peter Messner seit 2004
Hermann-Aust-Str. 11 | 86825 Bad Wörishofen | **t** +49 8247 959 550 | **w** spahotel-sonnenhof.de
140 € bis 430 €

TOP PERFORMER
DIGITALPREIS DER DEUTSCHEN HOTELLERIE

FAKTEN

ANZAHL ZIMMER / SUITEN: 143 Zimmer, 13 Suiten
HOTELGRUPPE: Deutsche Hospitality, Steigenberger Hotels & Resorts
KINDERFREUNDLICH: ja

PHILOSOPHIE DES HAUSES

Im Sonnenhof stehen alle Zeichen auf Entschleunigung. Großzügige Freiräume, komfortable Extras und ein Team, das alles tut, damit Sie sich wohlfühlen – Urlaub à la Sonnenhof. In paradiesischer Umgebung tanken Sie neue Energie und finden Ruhe und Erholung. Erleben Sie es selbst.

ALLEINSTELLUNGSMERKMALE

Traumhafter, 3.000 m² großer SPA-Bereich mit ganzjährig beheiztem Infinity-Outdoorpool und 3 Indoorpools. Große Restaurantvielfalt direkt im Haus. Fantastische, ruhige Lage am Ortsrand, ganzjährig perfekt zu erreichen mit Auto oder Bahn. Urlaub, wie Sie ihn sich verdient haben!

GASTRONOMIE

ANZAHL DER RESTAURANTS: 3
CALLA: euro-asiatische Spezialitäten und Showküche
König Ludwig Lounge: modern inszenierte, regionale Küche
Bistro & Brasserie Petit Plaisir: ein kulinarischer Streifzug durch Frankreich

WELLNESS

GRÖSSE DES SPA: 3.000 m²
AUSSTATTUNG UND BESONDERHEITEN SPA: 2019 eröffneter, ganzjährig beheizter Infinity-Outdoorpool, 3 Indoorpools, Saunen, Dampfbäder, Fitness- und Gymnastikraum, Anwendungen von klassisch bis Ayurveda, Beauty Salon mit Friseur, CoolSculpting Center

VERANSTALTUNGSRÄUME

ANZAHL UND GRÖSSE: 12 (bis 250 Personen)
VERANSTALTUNGSTECHNIK: modernes, voll ausgestattetes Tagungszentrum **INSPIRA**, auch befahrbar.
SPEZIELLE TAGUNGSSERVICES: Eventkapazitäten bis 300 Personen, alle Räume mit Tageslicht und schnellem Zugang zum großen Hotelpark und der **INSPIRA**-Terrasse. Inspirierendes Tagen im Grünen!

FREIZEITANGEBOT

Traumhafte Golflandschaft (ab 30 € Greenfee), E-Bikes im Haus, Tennis, Wandern, zahlreiche Ausflugsziele

»ERLEBNISSE SIND WICHTIGER ALS DIE ZIMMER«

*Worauf achtet Tennislegende **Michael Stich** im Hotel?*
Und warum unterstützt er das Kuratorium der 101 besten Hotels Deutschlands?

Michael Stich, Sie sind seit Ende der 1980er-Jahre international unterwegs, erst als Tennisspieler, dann als Turnierdirektor, BBC-Kommentator und im Rahmen Ihrer Stiftung. Wie hat sich das Reisen und Übernachten seither verändert?
Das hat sich extrem verändert. Für mich war es zu Beginn meiner Karriere als Tennisprofi etwas sehr Besonderes, in die Welt zu reisen und in Hotels leben zu dürfen. Denn es war nicht wirklich erschwinglich für meine Familie. Im Vergleich zu früher ist das Reisen einfacher geworden. Es gibt beispielsweise viel mehr Flüge, was in Bezug auf die Umwelt nicht nur positiv zu sehen ist.

Worauf achten Sie, wenn Sie ein Hotel betreten?
Extrem wichtig ist mir Sauberkeit. Und ich achte auf die Menschen. Wenn ich mit Namen begrüßt werde oder meine Vorlieben bekannt sind, fällt es mir leichter, mich zu Hause zu fühlen. Wie in einem Hotel in Paris, in dem meine Frau und ich zwei Daunendecken haben wollten, statt einer gemeinsamen Bettdecke. Das klappt seit mehr als zehn Jahren perfekt, ohne dass ich es jedes Mal anmelden muss.

Wie sehen Sie im internationalen Vergleich die Hotels in Deutschland?
Deutschland muss sich nicht verstecken. Die Hoteliers können auf die Qualität stolz sein und dürfen ihr Licht nicht unter den Scheffel stellen. Allerdings sind die Preise aus meiner Sicht oftmals zu günstig.

Welche Frage wollen Sie beim Einchecken nicht gestellt bekommen?
Ganz klar: Hatten Sie eine gute Anreise? Das ist banal und nicht wirklich empathisch. Selbst wenn ich sie hatte, weiß ich, dass es den Menschen an der Rezeption gar nicht interessiert. Andererseits kann ich auch nicht eine Viertelstunde erzählen, wie schrecklich die Reise war. Insgesamt ist es ein Balanceakt, wie einem Unbekannten gegenüber das Eis gebrochen werden kann. Besonders gefallen hat mir die Begrüßung im Peninsula in New York, wo über Jahre hinweg der gleiche Bell Boy am Eingang stand. Als ich wieder einmal mit dem Taxi ankam, begrüßte er mich herzlich mit den Worten: »Great to see you again!« Das hat mich berührt, denn es war mutig, spontan und keine Floskel.

MICHAEL STICH

Welche Perspektive sehen Sie für Veranstaltungen?
Ich glaube, dass es einen großen Nachholbedarf geben wird. Seit Monaten fehlen soziale Kontakte, wir brauchen Interaktion. Die Menschen sind hungrig nach persönlichem Austausch.

Was bedeutet Luxus für Sie?
In erster Linie Zeit – für mich, meine Familie und enge Freunde. Dazu natürlich Gesundheit.

Sie wurden für Ihr soziales Engagement vielfach ausgezeichnet und unterstützen etwa HIV-infizierte Kinder. Gehört soziales Engagement heutzutage zu einem glaubwürdigen Luxusunternehmen dazu?
Nein, das würde ich nicht sagen. Es ist zwar schön, wenn ein Unternehmer ein Selbstverständnis hat, in dem ihm soziales Engagement wichtig ist. Aber es ist nicht sinnvoll, sich nur deshalb gesellschaftlich zu engagieren, weil man es tun sollte.

Sie sind zusammen mit anderen herausragenden Persönlichkeiten ins Kuratorium der 101 besten Hotels Deutschlands berufen worden. Wie kann Ihrer Einschätzung nach die Hotellerie mehr gesellschaftliche Relevanz bekommen?
Je älter ich werde, desto mehr merke ich, dass es auf den Austausch mit Menschen ankommt. Das ist das, was hängenbleibt. Und die Hotellerie bringt Menschen zusammen. Orte für die Kommunikation und unvergessliche Erlebnisse zu schaffen, ist in meinen Augen noch wichtiger als die Zimmerausstattung.

Als Sportler sind Sie Wettbewerb gewohnt und hatten selbst jahrelang die ATP-Weltrangliste im Blick. Dabei haben Sie viele Siege gefeiert, etwa in Wimbledon, bei den Olympischen Spielen, im Davis Cup und bei der ATP-Weltmeisterschaft. Wie wichtig ist ein Ranking?
Es bringt Motivation und ist ein Gradmesser für die Beurteilung der eigenen Leistung. Dazu braucht es tolle Mitarbeiter:innen und Teams sowie die richtigen Ideen.

Hotel Fährhaus

GASTGEBER: Christoph H. Dittmer seit Februar 2019
Bi Heef 1 | 25980 Munkmarsch/Sylt | **t** +49 4651 939 70 | **w** faehrhaus-sylt.de
318 € bis 1.418 €

FAKTEN

ANZAHL ZIMMER / SUITEN: 29 Zimmer, 12 Suiten
HOTELGRUPPE: Feine Privathotels Deutschland, Privathotels Sylt
KINDERFREUNDLICH: ja

PHILOSOPHIE DES HAUSES

Im **Fährhaus** spürt man überall die friesische Tradition: nordisches Design bei der Einrichtung, regionale Zutaten in der Küche, gepaart mit Liebe zum Detail und der Herzlichkeit des Teams. Diese einzigartige Mischung lässt Gäste immer wieder ins **Fährhaus** zurückkehren.

ALLEINSTELLUNGSMERKMALE

Das **Fährhaus** besticht seit mehr als 150 Jahren durch seine ruhige Lage direkt am Wattenmeer. Weite Blicke über das Meer sowie die exklusive Einrichtung mit antiken Kachelöfen und mid-century Möbelklassikern vermitteln luxuriöse Behaglichkeit im reduzierten, skandinavischen Stil.

GASTRONOMIE

ANZAHL DER RESTAURANTS: 1
Käpt'n Selmer Stube: Die nach dem Erbauer vom Fährhaus Sylt benannte Käpt'n Selmer Stube steht für friesisch und regional geprägte Küche. Das Restaurant verfügt über 42 Plätze und ist durchgehend geöffnet. Bei schönem Wetter lockt die angrenzende Terrasse im viktorianischen Stil.

WELLNESS

GRÖSSE DES SPA: 700 m²
AUSSTATTUNG UND BESONDERHEITEN SPA: Pool, Whirlpool, Rasulbad, Dampfbad und Saunen sowie Sporting Club, Massagen und Treatments in der SPA-Suite

VERANSTALTUNGSRÄUME

ANZAHL UND GRÖSSE: 4 (bis 40 Personen)
VERANSTALTUNGSTECHNIK: Standardtechnik, alle Räume mit Tageslicht und Zugang zum Garten oder Blick auf das Wattenmeer
SPEZIELLE TAGUNGSSERVICES: Meetings und Incentives mit größter Privatsphäre, Familienfeiern mit Rundum-Service; sonnenverwöhnter Garten für Empfänge, Trauungen oder für Ihr Sommerfest

FREIZEITANGEBOT

Fahrrad- oder E-Bike-Touren, Wattwanderung, Surf- und Segelkurse, Golf, Drive Experience mit Porsche auf Sylt

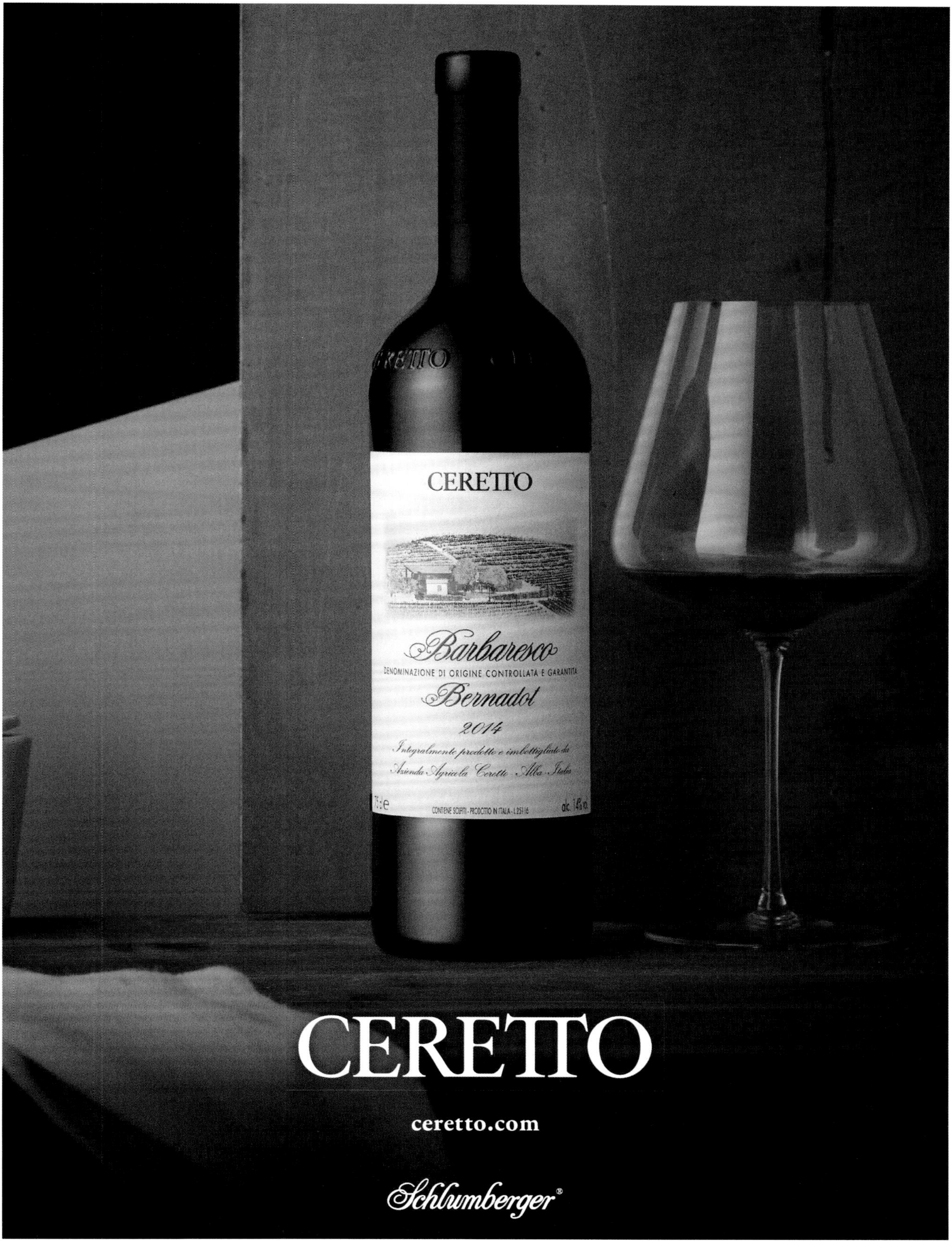
CERETTO
Barbaresco
DENOMINAZIONE DI ORIGINE CONTROLLATA E GARANTITA
Bernadot
2014
Integralmente prodotto e imbottigliato da
Azienda Agricola Ceretto · Alba · Italia
CERETTO
ceretto.com
Schlumberger®

Grand Hotel Seeschlösschen SPA & Golf Resort

GASTGEBER: Familie von Oven
Strandallee 141 | 23669 Timmendorfer Strand | **t** +49 4503 601334 | **w** seeschloesschen.de
139 € bis 869 €

FAKTEN
ANZAHL ZIMMER / SUITEN: 99 Zimmer, 23 Suiten
KINDERFREUNDLICH: ja

PHILOSOPHIE DES HAUSES
Wir möchten für unsere Gäste ein zweites Zuhause am Meer sein und mit unserem Team in der Handschrift eines familiengeführten Hotels wunderschöne Urlaubserinnerungen schaffen.

ALLEINSTELLUNGSMERKMALE
Das **Grandhotel Seeschlösschen SPA & Golf Resort** ist das einzige Fünfsternehotel mit direkter Strandlage in Timmendorfer Strand. Als privatgeführtes Haus ist jedes der überdurchschnittlich großen Zimmer (ca. 45 m²) individuell durch die Inhaberfamilie gestaltet.

GASTRONOMIE
ANZAHL DER RESTAURANTS: 3
Unser Frühstück servieren wir in unserem Restaurant **La Mer** oder auf der **Seeterrasse**. Das À-la-carte-Restaurant **Panorama** reicht von der französischen Küche bis hin zu internationalen Köstlichkeiten, und im Grill Seesteg erhalten Sie Variationen von Grillspezialitäten.

WELLNESS
GRÖSSE DES SPA: 2.300 m²
AUSSTATTUNG UND BESONDERHEITEN SPA:
Innen- und Meerwasseraußenpool, Whirlpool, Fitnessraum, Saunen sowie SPA-Bereich mit Massage und Kosmetikanwendungen

VERANSTALTUNGSRÄUME
ANZAHL UND GRÖSSE: 3 (bis zu 60 Personen)
SPEZIELLE TAGUNGSSERVICES: Anfragen für Gruppen und Tagungen werden individuell und persönlich erarbeitet. Wir bieten Räumlichkeiten bis zu 128 m².

FREIZEITANGEBOT
Golf, Farradtouren, Wassersport, Spaziergänge am Meer

Hotel Landhaus Wachtelhof

GASTGEBER: Heiko Kehrstephan seit 2003
Gerberstr. 6 | 27356 Rotenburg | **t** +49 4261 853 0 | **w** wachtelhof.de
175 € bis 475 €

FAKTEN

ANZAHL ZIMMER / SUITEN: 36 Zimmer, 2 Suiten
KINDERFREUNDLICH: ja

PHILOSOPHIE DES HAUSES

Es sind die Herzlichkeit, Aufmerksamkeit, Gastfreundschaft und Liebe zum Detail, die den Aufenthalt im **Wachtelhof** zu etwas ganz Besonderem machen. Ob als Privat- oder Geschäftsreisender – wir laden ein, anzukommen in einem ganz persönlichen Nest, in dem man abladen und auftanken kann.

ALLEINSTELLUNGSMERKMALE

Als familiengeführtes Privathotel empfängt Sie unser Landhaus Wachtelhof mit gelebter Gastfreundschaft und spürbarer Liebe für die Details bei Service und Ambiente. Dem eigenen hohen Anspruch verpflichtet, ist es dem kompletten Team von der Blumenfee bis zur Direktion eine Freude und eine Ehre, Ihre Zeit im **Hotel Landhaus Wachtelhof** zu verschönern und Sie als leidenschaftliche Gastgeber zu verwöhnen.

GASTRONOMIE

ANZAHL DER RESTAURANTS: 1
Die Wachtelei: raffinierte Neu-Interpretationen traditioneller Gerichte, saisonal wechselnde kulinarische Kreationen (regional und überregional), Zutaten und Komponenten aus biologisch verantwortungsbewusstem Anbau, deutsch und nouvelle Cuisine; 2,5 Schlemmer Atlas Kochlöffel, 3 Varta-Diamanten

WELLNESS

GRÖSSE DES SPA: 1.000 m²
AUSSTATTUNG UND BESONDERHEITEN SPA: Lagunenbad (250 m²), Sanarium mit Aquaviva-Erlebnissauna und Dampfbad sowie Massagen und Kosmetikbehandlungen

VERANSTALTUNGSRÄUME

ANZAHL UND GRÖSSE: 6 (bis 200 Personen)
VERANSTALTUNGSTECHNIK: 85" Multifunktionstouchscreen, professionelles BOSE L1 Soundsystem
SPEZIELLE TAGUNGSSERVICES: hybride Eventtechnik, Afterwork-Option mit regionalen Tapas, kostenfreie Parkplätze,barrierefreie Konferenzräume, Klimatisierung

FREIZEITANGEBOT

Ausflüge ins Grüne (Nordpfade Wanderung, Wümmeradtour, Lüneburger Heide), Golfen (130 Bahnen in der Region), Ballonfahrt, Begehung Rotenburger Schnapsfabrik

STERNHAGEN

Badhotel Sternhagen

GASTGEBERIN: Susan Cantauw seit Januar 2013
Cuxhavener Straße 86 | 27476 Cuxhaven | **t** +49 472 14340 | **w** badhotel-sternhagen.de
194 € bis 625 €

HORNSTEIN
RANKING 2021

FAKTEN

ANZAHL ZIMMER / SUITEN: 19 Zimmer, 28 Suiten
KINDERFREUNDLICH: ja

PHILOSOPHIE DES HAUSES

Ein wunderbares Erlebnis von Ruhe, Genuss und Entspannung in unserem familiär geführten Kleinod voller Behaglichkeit und zurückhaltender Eleganz. Unaufdringliche Gastfreundschaft im besten Sinn, direkt an Nordsee, Weltschifffahrtsweg und UNESCO Weltnaturerbe Wattenmeer.

ALLEINSTELLUNGSMERKMALE

Eine ausgezeichnete Kombination von herzlichem und persönlichem Service, Genuss und Wellness. Restaurants mit Panoramablick auf Nordsee und Weltschifffahrtsweg sowie die sprichwörtliche Gesundheit aus dem Meer durch unser original **Nordsee-Thalasso-SPA** und die große Meerwasser-Badelandschaft. Zudem ist unser begehbarer Weinkeller, 3 Meter unter NN, seit Jahren mit dem »Best of Award of Excellence« vom renommierten Wein-Fachmagazin »Wine Spectator« aus New York ausgezeichnet.

GASTRONOMIE

ANZAHL DER RESTAURANTS: 3
Panorama-Gourmet-Restaurant Sterneck: 2,5 Schlemmer Atlas Kochlöffel, Varta-Führer: 2 Diamanten, großer Restaurant & Hotel-Guide: 2 Kochmützen; deutsche Küche mit französischen und spanischen Akzenten, prämierter Weinkeller
Panorama-Restaurant Schaarhörn: 2 Varta-Diamanten; deutsche Küche mit mediterranen und asiatischen Einflüssen, hausgemachter Kuchen
Ekendöns: rustikales Restaurant mit norddeutscher Küche

WELLNESS

GRÖSSE DES SPA: 850 m²
AUSSTATTUNG UND BESONDERHEITEN SPA: zertifizierter original Nordsee-Thalasso-SPA, Meerwasser-Badelandschaft mit 4 Nordsee-Thermen, 3 Saunen und Tropic-Lounge

VERANSTALTUNGSRÄUME

ANZAHL UND GRÖSSE: 1 (bis 20 Personen)

FREIZEITANGEBOT

Geführte Wattwanderungen, Wattwagen zur Insel Neuwerk, Schiffstour zu Seehundbänken oder nach Helgoland, Golf, Reiten

»WIR WOLLEN EINZIGARTIGE HOTELERLEBNISSE SCHAFFEN«

André Witschi *ist Chairman of the Supervisory Board von Steigenberger Hotels and Resorts. Im Interview mit den 101 Besten spricht er über Markenneueinführungen der Deutschen Hospitality, sowie über Wachstum und Luxus.*

ANDRÉ WITSCHI

Die Deutsche Hospitality will eine neue Marke einführen: die Steigenberger Porsche Design Hotels. Was verbindet das Hotelunternehmen mit dem Sportwagenhersteller?
Steigenberger und Porsche sind fast auf das Jahr genau gleich alt. Beide Marken haben sich unabhängig voneinander in ihrer Geschichte zu Qualitätssiegeln für „Made in Germany" entwickelt. In der über neunzigjährigen Geschichte der beiden Marken war es ihnen auch immer gemeinsam, dass der Kunde immer im Mittelpunkt allen Denkens und Handelns steht. Und beiden Marken gemeinsam war und ist es auch, dass sie sich nicht auf der jeweiligen Historie ausruhen, sondern immer versuchen, mit innovativen neuen Konzepten und Ideen zu überzeugen. Uns verbinden also unsere Tradition, unser Wertekanon und ein ähnliches Verständnis davon, wie wir unseren Kunden in Zukunft begegnen wollen. Im Kern geht es darum, wie wir Dienstleistung verstehen und gemeinsam weiter ausbauen wollen.

Welche Ziele sind damit verknüpft? An welche Standorte denken Sie?
Wir können uns Steigenberger Porsche Design Hotels sehr gut in Dubai, Schanghai, London, Paris, Singapur und New York vorstellen. Dabei sind wir aber nicht zwangsläufig an Metropolen gebunden. Ein Steigenberger Porsche Design Hotel kann auch sehr gut als ein Resort in den Bergen oder an einem außergewöhnlichen Strand funktionieren. Wichtig ist, dass der Standort einzigartig ist und zur Marke passt.

Soll die Luxusmarke Steigenberger Icons weiter ausgebaut werden, oder bleibt es bei den sechs Hotels?
Die Hotelfamilie der Steigenberger Icons wird definitiv weiter ausgebaut. Neuester Familienzuwachs ist dabei das Steigenberger Icon Europäischer Hof in Baden-Baden, im Übrigen das Gründungshotel der Steigenberger Gruppe, das nun wieder zurück zu Steigenberger

kommt. Insgesamt wird sich das Wachstum der Steigenberger Icons aber deutlich langsamer als beispielsweise die Entwicklung von IntercityHotels oder Zleep Hotels in den Midscale- und Economy-Segmenten vollziehen. Ein Steigenberger Icon ist kein Produkt, dass schlüsselfertig entwickelt werden kann. Ein Icon wächst aus einer einzigartigen Historie, einer einzigartigen Lage und einem unvergleichbaren individuellen Service.

Es wurden auch Perspektiven in Asien angekündigt. Welche Pläne gibt es, und kann Steigenberger mit Traumpalästen in Singapur oder China mithalten?
Wir wollen gar nicht mit anderen Hotels mithalten, sondern gemeinsam mit unserem Shareholder Huazhu einzigartige Hotelerlebnisse erschaffen. So wie das erste Steigenberger Hotel & Resort in Jinan in China Ende Mai erfolgreich eröffnet wurde und jüngst eine einhundertprozentige Belegung erreichte, sehen wir gemeinsam mit unserem Shareholder auch für die Marke Steigenberger Icons in China eine sehr positive Perspektive. Jedes Steigenberger Icon wird die Gäste auch dort mit seiner eigenen Handschrift gegenüber anderen Hotelangeboten im Luxusbereich überzeugen.

Die Muttergesellschaft Huazhu hat vor allem Mittelklassehotels. Wie attraktiv ist der Luxusbereich von Steigenberger für Huazhu?
Huazhu ist eines der erfolgreichsten Hotelunternehmen weltweit. Heute gehören über 7.000 Hotels zum Netzwerk unseres Shareholders. Der Ansatz von Huazhu und der Deutschen Hospitality ist es, das Beste aus beiden Welten zu vereinen: Tradition und Innovation. Das Portfolio der Deutschen Hospitality ergänzt das Portfolio von Huazhu optimal. Im Luxury- und Upscale-Bereich bringt Steigenberger eine mehr als 90-jährige Tradition und Expertise mit. Der Luxus- und Lifestylebereich der Deutschen Hospitality mit den Marken Steigenberger Icons, Steigenberger Porsche Design Hotels oder auch der neuen Marke House of Beats ist sehr attraktiv für Huazhu.

Welche Themen werden im Luxusbereich immer wichtiger?
Luxus ist immer individuell. Und diese Individualität muss zudem nachhaltig sein, natürlich einmal als Erinnerung, aber auch als Lebenseinstellung. Nachhaltigkeit bedeutet nicht Verzicht, sondern eine Aufwertung des Erlebnisses im Hotel. Auch hochwertige digitale Services werden zunehmend wichtiger als Teil einer individualisierten Guest Journey im Luxusbereich.

Luxury ist mit einer besonderen Serviceexzellenz verbunden. Kann das in der Zeit des Personalmangels noch gewährleistet werden?
Das Thema Personalressourcen stellt die gesamte Branche vor immense Herausforderungen. Insbesondere im Luxussegment können wir bei der Deutschen Hospitality aber momentan noch glücklicherweise auf den exzellenten Ruf aufbauen, den sich die Steigenberger Hotels & Resorts über viele Jahre aufgebaut haben. Dennoch gilt es gerade im Recruiting, aber noch viel mehr im Umgang mit den Mitarbeitenden, immer flexibel zu sein, den Mitarbeitenden zuzuhören, neue Wege zu gehen, Nachwuchs zu fördern und immer ein Gespür für Trends und Weiterentwicklung zu haben. Wir dürfen uns hier niemals ausruhen, müssen agil sein und um jeden einzelnen Mitarbeitenden werben.

Steigenberger hat einen strikten Wachstumskurs eingeschlagen. Wie soll die Expansion verwirklicht werden?
Die Deutsche Hospitality plant, bis zum Jahr 2027 von derzeit über 160 auf 700 Hotels zu wachsen. Ein Teil davon wird organisches Wachstum sein mit rund 25 Hotels im Jahr. Den größeren Teil des Wachstums werden wir im Franchise-Bereich realisieren sowie über Akquisitionen und Übernahmen. Mit dem Ausbau des Markenportfolios und der neuen Struktur, die im Unternehmen in den vergangenen Monaten umgesetzt wurde, sind die wichtigen Voraussetzungen für unser Wachstum in Europa und darüber hinaus geschaffen worden.

© Franks

Franks

GASTGEBER: Familie Frank seit 1997
Sachsenweg 11 | 87561 Oberstdorf / Allgäu | **t** +49 8322 7060 | **w** hotel-franks.de
350 € bis 992 €

FAKTEN

ANZAHL ZIMMER / SUITEN: 69 Zimmer, 12 Suiten
HOTELGRUPPE: Allgäu TopHotels
KINDERFREUNDLICH: ja

PHILOSOPHIE DES HAUSES

Wir sind ein familiäres Team individueller Charaktere, das als Gastgeber gemeinsam ein Ziel verfolgt: mit aufrichtigem und auch unkonventionellem Service magische Momente für unsere Gäste zu kreieren und sie damit zu Freunden vom Franks zu machen.

ALLEINSTELLUNGSMERKMALE

In einer einzigartigen Naturlandschaft im Allgäu bereiten wir unseren Gästen eine »Zeit bei Freunden«. Erlebnisse, an die man sich gerne erinnert, werden geschaffen durch den hohen Anspruch an uns selbst. Eine nachhaltig-bewusste Philosophie als Generationenprojekt ist uns dabei wichtig.

GASTRONOMIE

ANZAHL DER RESTAURANTS: 3
3 Restaurants inkl. Stübchen im Allgäuer Stil und dem Masilero in modernem Ambiente. Kreative und jahreszeitliche 5-Gang-Abendmenüs sowie À-la-carte-Angebot – ehrlich, mit viel Bedacht und Hingabe zubereitet, aus regionalen, frischen Lebensmitteln

WELLNESS

GRÖSSE DES SPA: 1.800 m²
AUSSTATTUNG UND BESONDERHEITEN SPA: Schwimmbad (10 x 18 m), Saunalandschaft mit besonderen Ruheräumen, Naturpool, Fitnessraum, WellÉtage-Rituale und SPA-Pakete

VERANSTALTUNGSRÄUME

ANZAHL UND GRÖSSE: 4 (bis 80 Personen)
VERANSTALTUNGSTECHNIK: Standardtechnik, alle Räume mit Tageslicht, Gratis WLAN
SPEZIELLE TAGUNGSSERVICES: Ihr Austauschpunkt für Meetings, Seminare und kleine Veranstaltungen mit Kaffeepausen zum Freiatmen, Allgäuer Brotzeit, Outdoorerlebnisse, Wellness, Hüttenabende und mehr

FREIZEITANGEBOT

WOCHENPROGRAMM: Wanderungen, Yoga, Schnuppergolf und mehr, E-Bike- und Mountainbike-Verleih, Oldtimer-Flotte, Hubschrauberflüge mit dem Chef

Schlafend die Welt verbessern,
mit nachhaltigen Matratzen,
für unsere Umwelt und ein reines Gewissen.
SWISSFEEL®
DAS ORIGINAL WASCHBARE BETTSYSTEM
Das Hotel-Bett
mit Hygiene-Zertifikat.
Made in Switzerland.
CLEAN / WASHED
PREFERRED IHA PARTNER
Mitglied
HotellerieSuisse
www.swissfeel.com

A-ROSA Sylt

GASTGEBER: Marc Oliver Hoffmann seit Juni 2020
Listlandstraße 11 | 25992 List
t +49 40 300 322 366 | **W** a-rosa-resorts.de/reiseziele/sylt.html
200 € bis 500 €

FAKTEN

ANZAHL ZIMMER / SUITEN: 140 Zimmer, 37 Suiten
HOTELGRUPPE: A-ROSA Resorts
KINDERFREUNDLICH: ja

PHILOSOPHIE DES HAUSES

Eine Auszeit im **A-Rosa Sylt** bedeutet jeden Tag Erholung und Wohlgefühl. Ausgiebig am Meer entlangspazieren, nach Herzenslust schlemmen und sich anschließend im SPA-Rosa verwöhnen lassen – ein A-Rosa Urlaub steckt voller Genießermomente.

ALLEINSTELLUNGSMERKMALE

Das **A-Rosa Sylt** besticht durch seine Lage direkt am Wattenmeer sowie durch seinen großzügigen SPA-Bereich. Außerdem stellen wir unseren Gast immer in den Mittelpunkt und sind erst zufrieden, wenn sich jeder Gast im A-Rosa Sylt rundum wohl und zu Hause fühlt.

GASTRONOMIE

ANZAHL DER RESTAURANTS: 2
The Fish Club: Von Seafood bis Soulfood – eine kulinarische Reise inspiriert von den Küchen der Welt wird regional umgesetzt.
Dünenrestaurant: Buffetrestaurant mit warmen und kalten Speisen – modern, leicht und kreativ gekocht und angerichtet.

WELLNESS

GRÖSSE DES SPA: 3.500 m²
AUSSTATTUNG UND BESONDERHEITEN SPA: 30 Meter langer Pool, Fitness- und Functional-Bereich, 6 Saunen, Hamam und Rasul, 16 Behandlungsräume, ayurvedische Massagen

VERANSTALTUNGSRÄUME

ANZAHL UND GRÖSSE: 6 (bis 300 Personen)
VERANSTALTUNGSTECHNIK: Beamer, Leinwand, Flipchart, Media Screens
SPEZIELLE TAGUNGSSERVICES: unlimitierte Getränke im Tagungsraum (Auswahl an Wasser, Säften und Softgetränken), Lunch aus unserer Front-Cooking-Vitalküche als Buffet oder 3-Gänge-Menü

FREIZEITANGEBOT

Verkostung frischer Austern, die direkt vor List aus dem Meer geholt werden, Segelkurse, Wind- und Kitesurf-Kurse für Anfänger

Pernod Ricard Deutschland

Créateurs de convivialité

Die Gruppe Pernod Ricard ist 1975 aus der Fusion der französischen Familienunternehmen Pernod und Ricard entstanden. Wir sind stolz auf unsere Werte und französische Wurzeln. Als Pernod Ricard Deutschland GmbH mit Sitz in Köln repräsentieren wir die Gruppe auf dem hiesigen Markt und vertreiben eines der vielfältigsten Portfolios von bekannten Premium- und Prestige-Spirituosen, Champagnern und Weinen.

Unser Portfolio umfasst unter anderem die Marken Ramazzotti, Havana Club, Absolut, Lillet, Malfy, Perrier-Jouet, Chivas Regal, Jameson, The Glenlivet, Malibu und Monkey 47.

Verantwortung und Nachhaltigkeit sind uns wichtig.

Seit über 30 Jahren steht für uns bei Pernod Ricard Deutschland verantwortungsvoller Genuss im Fokus. So legen wir unseren Kunden:innen einen maßvollen Umgang mit unseren Produkten ans Herz und setzen uns gleichzeitig mit zahlreichen Nachhaltigkeitsmaßnahmen für die Umwelt ein. Nicht umsonst sind wir heute die stolze Nr. 1 im Bereich internationale Spirituosen.

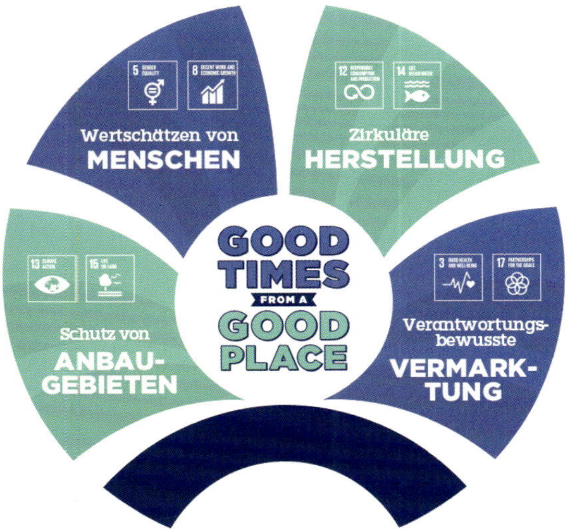

Außerdem gehören Nachhaltigkeit und Verantwortung zu unseren Geschäftsprioritäten. Über die gesamte Geschäfts- und Wertschöpfungskette hinweg – von der Ernte bis ins Glas – fördert die Gruppe den Schutz von Anbaugebieten, eine zirkuläre Herstellung, das Wertschätzen von Menschen und eine verantwortungsbewusste Vermarktung.

Genau durch diese Fokussäulen und das Engagement aller Mitarbeiter:innen können wir unseren Beitrag für eine nachhaltige und verantwortungsvolle Zukunft leisten.

Mehr zu unserem S&R Engagement finden Sie unter:

www.pernod-ricard-deutschland.com
www.instagram.com/pernodricardde

A-ROSA Travemünde

GASTGEBER: Thomas Arndt seit August 1992
Außenallee 10 | 23570 Lübeck Travemünde | **t** +49 40 300322-366 | **w** a-rosa-resorts.de
128 € bis 468 €

FAKTEN

ANZAHL ZIMMER / SUITEN: 191 Zimmer, 40 Suiten
HOTELGRUPPE: A-ROSA Resort GmbH / DSR Hotel Holding
KINDERFREUNDLICH: ja

ALLEINSTELLUNGSMERKMALE

SPA-ROSA (4500 m²) inkl. Anwendungen + Produktverkauf unserer Partner **Rituals**, **Voya und Vinoble**, Sport- und Kursprogramm 2 Restaurants (Wintergartenrestaurant und Weinwirtschaft), 3 Bars mit Abend-Entertainment (Live-Bands, Pianisten, Übertragung Sport-Events), **A-ROSA Laufsteg** (Boutique, Koop-Partner CAMPUS ... das modehaus) **ROSINIS** Kinder- & Jugendclub

GASTRONOMIE

ANZAHL DER RESTAURANTS: 2
Wintergartenrestaurant Buffet: Frühstück und Abendessen (Halbpension)
Weinwirtschaft á la carte: Speisen und Weine aus deutschsprachigem Raum

WELLNESS

GRÖSSE DES SPA: 4.500 m²
AUSSTATTUNG UND BESONDERHEITEN SPA: Innen- und Außenpool, Therapie- und Kinderbecken, 7 Saunen, Eisgrotte, Fitnessraum, Kursraum, Yogaraum, Private SPA Suite, Kneippbecken

VERANSTALTUNGSRÄUME

ANZAHL UND GRÖSSE: 11 Räume (bis 140 Personen)
VERANSTALTUNGSTECHNIK: Beamer, Leinwand, Flipchart, separates WLAN-Netzwerk, diverse Kooperationspartner für Tagungstechnik
SPEZIELLE TAGUNGSSERVICES: Teambuilding, Inhouse-Incentive, Rahmenprogramme, Exklusivbuchung des Hotels möglich

FREIZEITANGEBOT

Vermittlung und Organisieren von Freizeitangeboten über Kooperationspartner z. B. Segeln, Fahrradverleih, Tennis, Golf etc.

GREENSIGN
©AdobeStock, Kontrastwerkstatt

© Travel Charme Hotels & Resorts

Travel Charme Kurhaus Binz

GASTGEBER: Oliver Gut seit Oktober 2020
Strandpromenade 27 | 18609 Ostseebad Binz | **t** +49 38393 14081 |
w travelcharme.com/kurhaus-binz
152 € bis 742 €

TOP PERFORMER
DIGITALPREIS DER DEUTSCHEN HOTELLERIE

FAKTEN

ANZAHL ZIMMER / SUITEN: 117 Zimmer, 20 Suiten
HOTELGRUPPE: Travel Charme Hotels & Resorts
KINDERFREUNDLICH: ja

PHILOSOPHIE DES HAUSES

Die Geschichte des Kurhauses Binz, wie ein Teppich der Erinnerung aus 100 Jahren, von Begegnungen zwischen Mensch und Mensch, zwischen Mensch und Natur gewebt. Der Stoff besteht aus guten Geschichten, Meeresrauschen, Lebendigkeit. Aus dem Alltag fallen und in mehr Echtheit landen.

ALLEINSTELLUNGSMERKMALE

Die weite See im Blick, direkt am weißen Sandstrand und der blauen Ostsee mit mehr als 100 Jahren Historie. In jedem Winkel verstecken sich kleine Geschichten, das Wahrzeichen von Binz, in der Ferne zu Hause, ein Team, das jeden sich heimisch fühlen lässt.

GASTRONOMIE

ANZAHL DER RESTAURANTS: 2
Kurhaus Restaurant: moderne regionale Küche
Tegernseer Wirtshaus & Biergarten Binz: bayerische Spezialitäten direkt an der Strandpromenade
Weinladen Binz: Verkostung und Mitnahme ausgewählter Weine und Tapas
Kakadu Café Lounge & Bar: Kuchenspezialitäten sowie exotische und abwechslungsreiche Getränkeauswahl

WELLNESS

GRÖSSE DES SPA: 1.500 m²
AUSSTATTUNG UND BESONDERHEITEN SPA: Treatments mit regionalen Produkten, wie Rügener Heilkreide, private Suite mit Yin-Yang-Badewanne für Anwendungen zu zweit.

VERANSTALTUNGSRÄUME

ANZAHL UND GRÖSSE: 5 Räume (bis 500 Personen)
VERANSTALTUNGSTECHNIK: Kurhaussaal mit Bar, Backstage-Bereich, Künstlergarderoben, Bühnentechnik, Großleinwand und Laufsteg
SPEZIELLE TAGUNGSSERVICES: Tagungspauschale ganztags: 69,00 € pro Person (ab 5 Personen), Tagungspauschale halbtags: 55,00 € pro Person (ab 5 Personen)

FREIZEITANGEBOT

Ortstouren in Binz, Baumwipfelpfad, Schiffsfahrten, Seilgarten Prora, Rasender Roland, Störtebeker Festspiele, Wandern, Radfahren

Ihre Gäste verdienen ein besonderes Bier.
Radeberger Pilsner ist in der Hotellerie zu Hause! Ob frisch gezapft oder in der Minibar, Radeberger Pilsner sorgt für besondere Momente.
Radeberger Pilsner gratuliert allen Preisträgern!
Radeberger PILSNER
Das Pilsner.

„Die Mitarbeiterinnen und Mitarbeiter sind der essenzielle Wert in unserem Unternehmen. Es ist mir ein persönliches Anliegen, meine Mitarbeiter und Mitarbeiterinnen bei Unfall oder im Krankheitsfall in den besten Händen zu wissen. Deshalb haben alle die PlusCard und sind damit im Qualitätsnetzwerk ‚Wir für Gesundheit' bestmöglich versorgt."

Dr. Clemens Ritter von Kempski, Eigentümer und Geschäftsführer der Ritter von Kempski Privathotels in Stolberg im Südharz

Erfolgs-Upgrade für Sie:

Employer Branding:
Positionierung als sozialer und familienfreundlicher Arbeitgeber (PlusCard mit Unternehmenslogo).

Steigerung der **Mitarbeiterbindung**, -zufriedenheit und -motivation.

Vorteile im Wettbewerb um **Fachpersonal.**

Reduzierte Fehlzeiten
durch Facharzt-Terminservice.

Flexibles, **preisattraktives** Tarifwerk.

Steuerfrei.

Mehr Infos unter
www.wir-fuer-gesundheit.de

WIR FÜR GESUNDHEIT
Netzwerk für Qualitätsmedizin

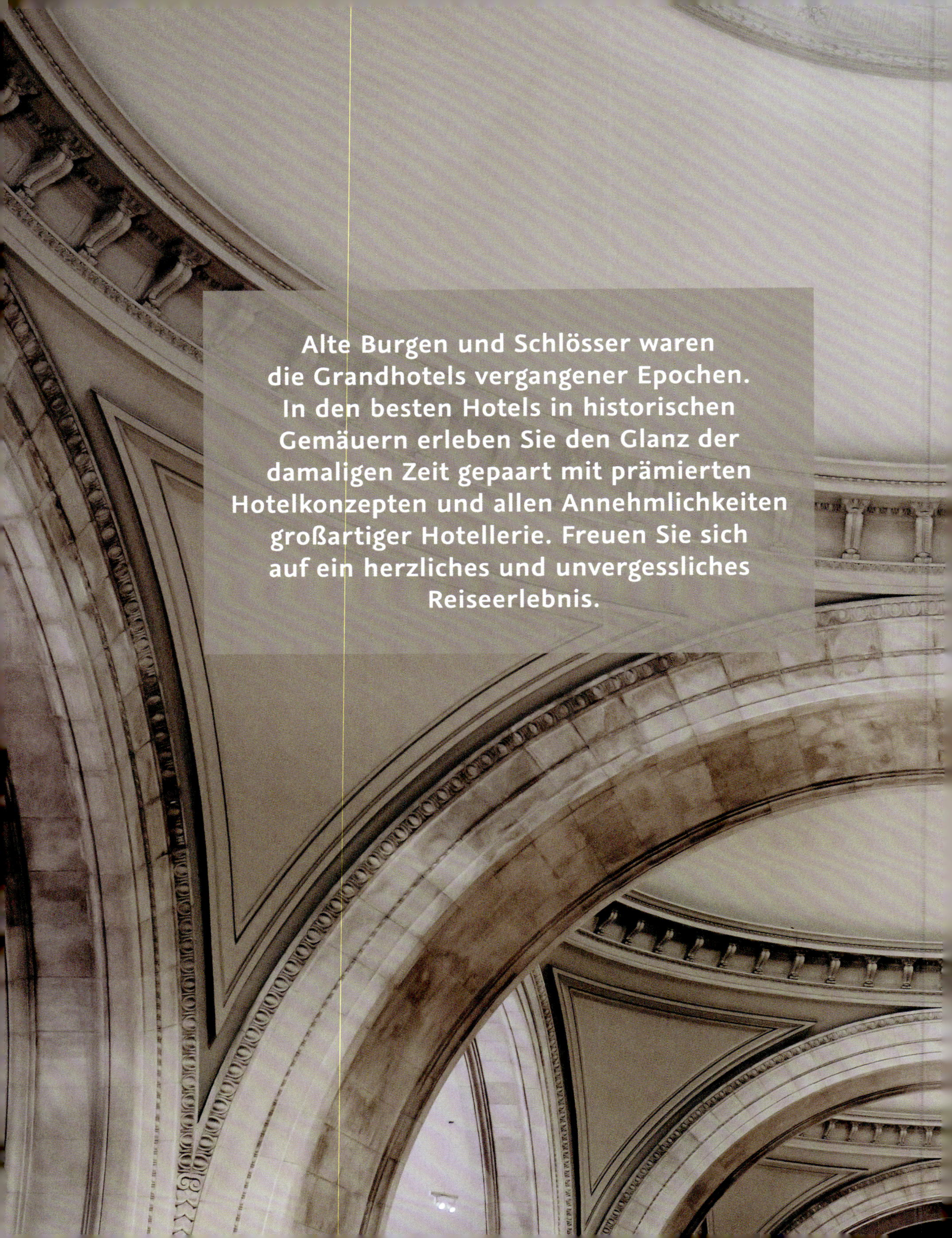

Alte Burgen und Schlösser waren die Grandhotels vergangener Epochen. In den besten Hotels in historischen Gemäuern erleben Sie den Glanz der damaligen Zeit gepaart mit prämierten Hotelkonzepten und allen Annehmlichkeiten großartiger Hotellerie. Freuen Sie sich auf ein herzliches und unvergessliches Reiseerlebnis.

DIE BESTEN HOTELS IN HISTORISCHEN GEMÄUERN

2021/22

»WENN EIN
JAHRHUNDERTEALTES
REFUGIUM SICH IN
ZARTE NEUE HÜLLEN
SCHMIEGT UND SEIN
FRISCH BESEELTER
KÖRPER MIT DEM
GAST VERSCHMILZT,
MANIFESTIERT SICH
DIE PURE KRAFT
EINES ORTES«

LUKAS RUNGGER

ARCHITEKT NOA* NETWORK OF ARCHITECTURE
GEWINNER DES NACHHALTIGKEITSPREISES DER DEUTSCHEN HOTELLERIE 2021/22

Der Europäische Hof Heidelberg

GASTGEBERIN: Dr. Caroline von Kretschmann seit 2013
Friedrich-Ebert-Anlage 1 | 69117 Heidelberg | **t** +49 6221 5150 | **w** europaeischerhof.com
189 € bis 660 €

TOP PERFORMER
DIGITALPREIS DER DEUTSCHEN HOTELLERIE

FAKTEN

ANZAHL ZIMMER / SUITEN: 100 Zimmer, 18 Suiten
HOTELGRUPPE: Feine Privathotels Deutschland
KINDERFREUNDLICH: ja
NACHHALTIGKEIT: GreenSign zertifiziert (Level 4 von 5)

PHILOSOPHIE DES HAUSES

Unsere Vision ist es, das herzlichste Luxushotel Deutschlands zu sein. Der hingebungsvolle Service am Gast ist uns allen, die Sie hier umsorgen, ein echtes Herzensbedürfnis. Das macht den Zauber dieses Hauses aus und verleiht ihm seinen ganz besonderen Charakter.

ALLEINSTELLUNGSMERKMALE

Der Europäische Hof Heidelberg ist eines der wenigen privat geführten Fünfsternestadthotels Deutschlands. Sie erleben einen Service, der Sie im Herzen erreichen will – ein Grandhotel mit Seele und persönlicher Note. Tradition trifft hier in sehr individueller Form auf Moderne.

GASTRONOMIE

ANZAHL DER RESTAURANTS: 2 (+1 Bar)
Die Kurfürstenstube: französisch-klassisch, Fine Dining. Die Kurfürstenstube besticht durch aufwendige Holzarbeiten und ein einzigartiges Ambiente.
Sommerrestaurant: mediterran, casual; das sommerlich frische Restaurant, leicht und elegant
Europa Bar & Smokers Lounge

WELLNESS

GRÖSSE DES SPA: 600 m²
AUSSTATTUNG UND BESONDERHEITEN SPA: Indoorpool mit Whirlpool, Sauna, Sanarium, Dampfbad, Fitnessraum, Sonnenterrasse, Massage und Kosmetik (Pharmos Natur und Babor)

VERANSTALTUNGSRÄUME

ANZAHL UND GRÖSSE: 10 (bis 200 Personen)
VERANSTALTUNGSTECHNIK: Deckenbeamer, Monitore, Technik für hybride Meetings, Soundanlage, Klimatisierung, Smokers Lounge
SPEZIELLE TAGUNGSSERVICES: alles, was gewünscht ist

FREIZEITANGEBOT

Golf, Wandern, Rudern, Mountainbiking, Museen, Musikfestivals (Klassik und Jazz), Kultur, Ladenpassage, Stadtrundfahrten

Der Europäische Hof Heidelb

© Europäischer Hof Heidelberg

cher Hof
Jetzt exklusiv
Probefahren.

alle Fotos © Europäischer Hof Hotel Europa Heidelberg GmbH

»Wir wollen das herzlichste Fünfsternestadthotel Deutschlands werden.«

Dr. Caroline von Kretschmann leitet als Eigentümerin und geschäftsführende Gesellschafterin den Europäischen Hof Heidelberg in vierter Generation. Im Interview berichtet die ehemalige Unternehmensberaterin über anfängliche Hürden, ihren persönlichen Führungsstil und die Vision des Hauses.

Wie bist du als Quereinsteigerin in der Hotellerie in dieses wunderschöne Traditionshaus gekommen?
Ein Familienunternehmen übt häufig einen unglaublichen Sog auf Nachfolger aus, dem konnte ich mich auf Dauer auch nicht entziehen. Ich habe ursprünglich gedacht, ich bleibe Unternehmensberaterin. Doch meine Eltern, die das Haus damals schon 45 Jahre mit großer Leidenschaft erfolgreich leiteten, boten mir und meiner Partnerin den Einstieg an. Dies verneinten wir zunächst. Mein Leben und meine Tätigkeit in der eigenen Unternehmensberatung in Berlin waren auch sehr erfüllend. Doch dann war es Liebe auf den ersten Blick: Eine Hospitation genügte, und jetzt bin ich schon seit über zehn Jahren sehr glücklich hier.

Viele unserer Kollegen behaupten, dass es mit Quereinsteigern schwierig sei. Hast du viele Widerstände zum Beginn deiner neuen Laufbahn gehabt?
Mein Handeln wurde tatsächlich von einigen Branchenprofis kritisch beobachtet und meine Kompetenzen für die Aufgabe skeptisch hinterfragt. Schließlich brachte ich keine Hotelfachausbildung oder Branchenkenntnisse mit. Mittlerweile ist das anders, ich habe meine Leidenschaft entdeckt, mir das Branchenwissen erarbeitet, den Europäischen Hof Heidelberg als Unternehmen durchdrungen und Erfahrungen gesammelt. Das spüren und respektieren nun auch unsere Kollegen. Überhaupt glaube ich, dass Quereinsteiger sehr befruchtend für Unternehmen sein können.

Du bringst alle Eigenschaften einer erfolgreichen Führungspersönlichkeit mit: Du bist charmant. Du hast einen wunderbaren Umgang mit deinen Mitarbeiter:innen. Du hast Stil. Und das Hotelgeschäft liegt quasi in deiner DNA. Was macht für dich eine gute Führungskraft aus?
Vielen Dank für die Blumen, lieber Carsten. Entscheidend ist aus meiner Sicht eine wertschätzende Haltung, Empathie und ein aufrichtiges Interesse am Gegenüber. Wir versuchen im Europäischen Hof, die Menschen an die Stelle im Unternehmen zu setzen, an der sie lieben, was sie tun, und dadurch voll zur Entfaltung kommen können. In meinem Selbstverständnis habe ich als Führungskraft meine Aufgabe erfolgreich erfüllt, wenn der Mitarbeiter in seinem Aufgabenbereich besser ist, als ich es dort je sein werde. Eine Führungskraft muss die Größe besitzen, andere groß werden zu lassen. Und im Idealfall größer als man selbst. Ich stehe hinter jedem einzelnen Kollegen und jeder einzelnen Kollegin im Europäischen Hof. Wir haben alle eine sehr herzliche Beziehung zueinander, sind wie eine große Familie. Ehrlichkeit, Authentizität, Nahbarkeit und Verbindung sind entscheidend, denn dadurch erreicht man die Menschen wirklich. Wir leben das nach innen und außen. Wir teilen Informationen und Know-how offen, auch mit unseren Marktbegleitern, denn unsere Unternehmensphilosophie ist ganzheitlich und schließt auch erweitere Kreise mit ein. So sind wir auch tief davon überzeugt, dass es uns nur gutgehen kann, wenn es allen anderen auch gutgeht. Dieses Urprinzip der Menschlichkeit leben wir jeden Tag im Kleinen und im Großen.

Das heißt, geteiltes Wissen ist also doppeltes Wissen?
Absolut. Es geht aus meiner Sicht um Kooperation statt um Konkurrenz. Ich glaube, dass wir nur zusammen diese Branche stark machen können. Die Welt um uns wird zunehmend komplexer und vernetzter. Dem müssen wir gerecht werden. Ich würde mir wünschen, dass wir uns noch viel mehr vernetzen, noch viel mehr voneinander lernen und viel mehr teilen. Jedes Unternehmen, das erfolgreich ist, Werte lebt, Kollegen fair behandelt und nachhaltig wirtschaftet, ist gut für uns alle.

Nun ist der Europäische Hof Heidelberg eines der 101 besten Hotels Deutschlands. Dabei ist Heidelberg kein einfacher Markt. Wie sieht denn die aktuelle Situation bei euch aus?
Der Heidelberger Markt ist tatsächlich herausfordernd für ein Luxushotel. Natürlich freuen wir uns über einen relativ hohen revenue per available room für eine deutsche Kleinstadt. Das liegt daran, dass wir uns klar als Markt- und Preisführer positioniert haben. Selbst in der

gästearmen Lockdown-Phase sind wir unseren Preisen treu geblieben. Das ist in meiner Wahrnehmung nicht nur für uns, sondern für den Hotelmarkt insgesamt sehr wichtig. Die Rahmenbedingungen für unser Fünfsterneprodukt sind dennoch schwer. Heidelberg hat nur 160 000 Einwohner, keine eigene Messe, keinen internationalen Flughafen. Wir haben nicht einmal einen ICE-Anschluss. Auch außergewöhnliche Shoppingmöglichkeiten fehlen, was unser Zielpublikum normalerweise erwartet. Das Heidelberger Schloss, das sehr gute kulturelle Angebot und die Schönheit der romantischen Stadt in schöner Natur können die aufgeführten fehlenden Erfolgsfaktoren für einen wirklich profitablen Betrieb eines Luxushotels schwer kompensieren. Das ist sicher auch der Grund, warum wir das einzige Fünfsternehotel in der Umgebung sind und größere Hotelgruppen bisher davon abgesehen haben, mit einem weiteren Luxushotel in den Markt einzusteigen.

Kultur ist ein gutes Stichwort und ein wichtiger Bestandteil eurer Unternehmensphilosophie. Ihr polstert eure Sofas noch selbst. Deine Mutter begrüßt morgens beim Frühstück eure Gäste und kümmert sich um das einzigartige Ambiente. Was ist die Idee hinter eurer Unternehmenskultur?

Einige Dinge sind tatsächlich aus der Not heraus geboren. Wir sind eines der wenigen privat geführten Fünfsterne-Stadthotels ohne kapital-starken Investor oder Sponsoren im Hintergrund. Wir müssen sehr bedacht und wirtschaftlich handeln, damit am Ende des Jahres zumindest eine schwarze Null die Bilanz anführt. Deswegen haben wir aus der Not eine Tugend gemacht und machen sehr viel selber: Stühle werden meisterlich gepolstert, Vorhänge aus schönstem italienischen Stoff genäht und Parkettböden verlegt: Wir haben zwei Elektriker, einen Schreiner, einen Polsterer, zwei Maler und zwei Schneiderinnen. Ein großartiges Team. Vieles geht hier im wahrsten Sinne des Wortes durch unsere achtsamen Hände. Das schätzen auch unsere Gäste sehr, denn Sie spüren, wieviel Liebe und Aufmerksamkeit in jedem Detail steckt.

Was sagen denn die Gäste? Warum kommen sie immer wieder?

Unsere Gäste freuen sich immer besonders auf unsere Kolleginnen und Kollegen, die gelebte Empathie und das gesamte Miteinander. Unsere Kollegen machen einen echten Unterschied und diesen USP haben wir zum Leitgedanken gemacht. Wir wollen das herzlichste Fünfsternestadthotel Deutschlands werden, das ist seit 2013 unsere Vision. Und tatsächlich spiegeln uns unsere

Gäste, dass Sie bei uns eine herausragende Herzlichkeit erleben. Diese kann man aus meiner Sicht nicht schulen oder trainieren, die ist vorhanden oder eben auch nicht. So suchen wir die Menschen für unser wunderbares Team hauptsächlich nach der Herzensbildung aus. Unsere Kolleginnen und Kollegen lieben, was sie tun und vor allem, Menschen glücklich zu machen. Das spüren unsere Gäste, und an so einen Ort reisen sie dann auch gerne wieder.

Ihr seid wirklich verdient eines der 101 besten Hotels Deutschlands. Ich danke dir sehr fürs Gespräch!

Schlosshotel Berlin by Patrick Hellmann

GASTGEBER: Stefan Athmann seit 2019
Brahmsstraße 1 | 14193 Berlin | **t** +49 30 895 840 | **w** schlosshotelberlin.com
ab 250 €

FAKTEN

ANZAHL ZIMMER / SUITEN: 43 Zimmer, 10 Suiten
KINDERFREUNDLICH: ja

PHILOSOPHIE DES HAUSES

Das **Schlosshotel Berlin by Patrick Hellmann** ist Berlins urbanes Fünfsterne-Hideaway und der ideale Rückzugsort, um dem Großstadttrubel zu entfliehen.

ALLEINSTELLUNGSMERKMALE

Das **Schlosshotel Berlin by Patrick Hellmann** mit seinem idyllischen Garten liegt im ruhigen Wohnviertel Grunewald, nahe dem Boulevard Kurfürstendamm. Seine 53 individuell eingerichteten Zimmer und Suiten mit ihrem eleganten Ambiente sind der ideale Rückzugsort für Reisende aus aller Welt.

GASTRONOMIE

ANZAHL DER RESTAURANTS: 1
Genießen Sie das von der italienischen Renaissance inspirierte Ambiente und freuen Sie sich auf eine kulinarische Mittelmeerreise, neu interpretiert von unserem Küchenchef.

WELLNESS

GRÖSSE DES SPA: 400 m²
AUSSTATTUNG UND BESONDERHEITEN SPA:
Ein Team ausgewählter Therapeuten bietet für Sie exklusiv ausgewählte und individuelle Behandlungen an.

VERANSTALTUNGSRÄUME

ANZAHL UND GRÖSSE: 5 (bis 40 Personen)
SPEZIELLE TAGUNGSSERVICES: Wir bieten Gruppen außerdem die Möglichkeit, das gesamte Hotel zu reservieren, um exklusiven Zugang zu allen Einrichtungen und Annehmlichkeiten zu erhalten.

FREIZEITANGEBOT

Erleben Sie Berlin von seiner grünen Seite – bei einer Fahrradtour durch den Grunewald.

©Walter Luttenberger Photography

Parkhotel Adler

GASTGEBERIN: Katja Newman seit 2000
Adlerplatz 3 | 79856 Hinterzarten | **t** +49 7652 127 0 | **w** parkhoteladler.de
179 € bis 369 €

TOP PERFORMER
DIGITALPREIS DER DEUTSCHEN HOTELLERIE

FAKTEN

ANZAHL ZIMMER / SUITEN: 37 Zimmer, 27 Suiten
HOTELGRUPPE: Einzelunternehmen
KINDERFREUNDLICH: ja

PHILOSOPHIE DES HAUSES

Genussreichen und sorglosen Erholungsurlaub in einem exklusiven und gleichzeitig entspannten Ambiente bieten, das historische und moderne Elemente stimmig vereint.

ALLEINSTELLUNGSMERKMALE

Anwesen von 70.000 m² mit See, Privatpark und Wildgehege, Best-Price-Garantie, Frühbucherrabatte, Genusspension und weitere Extras im Preis inkludiert, kostenfreie Stornierung bis 24 Stunden vor Anreise für 2021, kostenfreies Greenfee

GASTRONOMIE

ANZAHL DER RESTAURANTS: 1
Adler Stuben: badische, französische, asiatische Küche – ausgezeichnet mit 5 Pfannen Gusto

WELLNESS

GRÖSSE DES SPA: 1.800 m²
AUSSTATTUNG UND BESONDERHEITEN SPA:
Innen- und Außenpool, Innen- und Außenwhirlpool, Fußbecken, Dampfbad, Aromasoftsauna, Erdfeuersauna, Wellnessbehandlungen und Massagen

VERANSTALTUNGSRÄUME

ANZAHL UND GRÖSSE: Pavillon Diva: 130 m² (bis 50 Personen) in 2 Räume trennbar; 2 weitere Locations für 2 bis 30 Personen
BESONDERE VERANSTALTUNGSTECHNIK: tageslichtgerechte Hochleistungsbeamer und entsprechende Leinwände im Pavillon Diva

FREIZEITANGEBOT

Wander- und Mountainbike-Routen direkt ab dem Hotel, kostenfreier Mountainbike-Verleih

»Die Branche entwickelt sich stetig weiter.«

Katja Newman leitet das Parkhotel Adler. Mit den »101 Besten« spricht sie über den Umbau des Hauses, ihre Mitarbeiter und die Relevanz der Weiterentwicklung.

Sie sind das erste Mal unter den 101 besten Hotels und haben es direkt auf Platz 3 in der Kategorie Hotels mit historischen Gemäuern geschafft. Was machen Sie, um im nächsten Jahr noch weiter nach vorne zu kommen?
Wir haben bereits 2020 einen umfassenden Umbau vorgenommen und positionieren uns neu als Boutique-Resort-Hotel. Weiterhin führten wir die Genusspension mit zahlreichen kulinarischen Leistungen ein. Sie ist im Übernachtungspreis für Erwachsene inkludiert. Das kommt bei den Gästen sehr gut an. Mein Lieblingsbaustein dabei ist die Tea Time am Nachmittag bei Livemusik am Piano in der neuen Lobby. Eine lebendige und gesellige Atmosphäre (wieder neu) zu schaffen, war eines der Ziele. Das haben wir erreicht. Jetzt ist das Hotel, wie es mir gefällt. Stillstand gibt es dennoch bei mir nie. Unser ältestes Gebäude ist von 1639, das Haupthaus wurde Ende des 19. Jahrhunderts gebaut, da gibt es immer

etwas zu erneuern. Im Moment müssen wir erst sehen, wie sich Herbst und Winter entwickeln – die Pandemie dauert ja noch an. Was das nächste Jahr bringt, wird sich zeigen.

Mitarbeiter sind das Herzstück jedes Service-Erlebnisses. Welche Aus- und Weiterbildungsmaßnahmen bieten Sie Ihren Mitarbeitern an, und welche Rolle spielt die Weiterentwicklung Ihres Teams?
Da sich die Branche ständig weiterentwickelt, gibt es natürlich auch bei uns stete Anpassungen, vor allem im Bereich Onlinemarketing, digitale Sales und im Foodbereich. Sie erfordern aber das entsprechende theoretische und praktische Know-how. Wir fördern Weiterbildungen daher sehr. Die Mitarbeiterinnen und Mitarbeiter müssen aber selbst Vorschläge unterbreiten, für was sie sich interessieren. Eine ehemalige Auszubildende, die nun an der Rezeption arbeitet, hat sich beispielsweise für eine Instagram-Fortbildung entschieden, unser Küchendirektor vor einigen Jahren für die Ausbildung als Gewürzsommelier. Das Ausbilden des Branchennachwuchses ist für uns eine wichtige Aufgabe, die wir sehr ernst und engagiert angehen. Wir unterstützen unsere Auszubildenden, wo es geht, selbstverständlich auch bei der Vorbereitung auf die Abschlussprüfung. 2019 wurde ich vom Land Baden-Württemberg mit der Wirtschaftsmedaille geehrt. Ich erlaube mir aus der Laudatio zu zitieren: »Die konstant hohe und überdurchschnittliche Ausbildungsleistung Ihres Betriebs ermöglicht vielen jungen Menschen einen guten Start ins Berufsleben als Koch, Hotel- oder Restaurantfachkraft.« Das Parkhotel Adler ist auch Kooperationspartner des dualen Berufskollegs, das den ausbildungsbegleitenden Erwerb der Fachhochschulreife ermöglicht.

alle Fotos © Parkhotel Adler, Hinterzarten

Sie haben von Grund auf renoviert. Was findet der Gast nun in Ihrem Haus vor?
Weiterhin viel Raum und Bewegungsfreiheit – unser Grundstück mit Privatpark umfasst 70 000 Quadratmeter. Die Lobby mit nun integrierter Bar, einige Gangbereiche sowie der Indoor-Kinderspielbereich samt Chill-Lounge für Teenager wurden grundsaniert. Außerdem sind entstanden: zehn neue stylische Zimmer und ein zusätzlicher Restaurantraum in einem glamourösen Stil, der auch für Events genutzt werden kann. Somit bieten wir den Gästen im Restaurant Adler Stuben nun fünf Sitzbereiche in unterschiedlichen Einrichtungsstilen. Den Glaspavillon Diva an unserem kleinen See auf dem Anwesen ließ ich zu einer außergewöhnlichen Veranstaltungslocation umbauen. Mit neuen Farben und Ausstattungselementen konnte an anderen Stellen, wie beispielsweise im Wellnesspavillon und in den restlichen Zimmern, das Ambiente aufgefrischt werden. Dazu gehörte unter anderem die Installation von 500 neuen Designlampen im Hotel. Alles in allem ist uns eine stimmige Verbindung aus einem historischen Schwarzwaldstil und einem hochmodernen Vintage-Stil gelungen.

Welches ist Ihr Lieblingshotel und warum? (außer das eigene)
Das Hôtel Plaza Athénée in Paris. Die Stimmung, das Konzept, das Interieur – ich finde da alles sehr beeindruckend.

Taschenbergpalais Kempinski

GASTGEBER: Jens Marten Schwass seit November 2013
Taschenberg 3 | 01067 Dresden | w +49 351 4 91 20 | w kempinski.com/dresden
145 € bis 9.000 €

TOP PERFORMER
DIGITALPREIS DER DEUTSCHEN HOTELLERIE

FAKTEN

ANZAHL ZIMMER / SUITEN: 182 Zimmer, 31 Suiten
HOTELGRUPPE: Kempinski Hotels
KINDERFREUNDLICH: ja

PHILOSOPHIE DES HAUSES

Das **Hotel Taschenbergpalais Kempinski Dresden** beherbergt seit 1995 in prachtvoller Eleganz Luxusreisende, Staatshäupter und bekannte Persönlichkeiten aus aller Welt. Im Herzen der Stadt bietet es beste Ausblicke auf Dresden.

ALLEINSTELLUNGSMERKMALE

Einziges Grandhotel der Stadt voller Geschichte, Lage in der historischen Altstadt, großzügige Hotelanlage mit den größten Zimmern und dem herrlichen Blick auf Dresdens Sehenswürdigkeiten.

GASTRONOMIE

ANZAHL DER RESTAURANTS: 5
Fischrestaurant Kastenmeiers: bestes Fischrestaurant Ostdeutschlands (Feinschmecker); Fine Dining, Fisch und Seafood
Palais Bistro: französische Küche
Café Vestibül: Kaffee- und Teespezialitäten, hauseigene Patisserie
Karl May Bar: Cocktails, Whisky
Sushi & Austernbar: Sushi, Champagner, Austern, Cocktails

WELLNESS

GRÖSSE DES SPA: 380 m²
AUSSTATTUNG UND BESONDERHEITEN SPA: Pool mit LED-Himmel, 2 Finnische Saunen, Dampfbad, Infrarot-Kabine, Behandlungsräume, Maniküre, Pediküre, Kosmetik

VERANSTALTUNGSRÄUME

ANZAHL UND GRÖSSE: 10 (bis 500 Personen)
VERANSTALTUNGSTECHNIK: Räume mit atemberaubendem Blick, Innenhof mit Eisbahn, Technikpartner Brähler
SPEZIELLE TAGUNGSSERVICES: Meeting-Concierge, Wedding Planner, historisches Sandstein-Treppenhaus für Empfänge, hauseigene Kapelle mit Empore, Catering-Service

FREIZEITANGEBOT

Kultur wie Semperoper, zahlreiche Museen, Burgen und Schlösser, Wander- und Klettertouren, Shopping, nördlichste Weinanbauregion

Relais & Châteaux Schlosshotel Burg Schlitz

GASTGEBER: Manuela und Armin Hoeck seit 2011
Burg Schlitz 1-2 | 17166 Hohen Demzin | t +49 3996 12700 | w burg-schlitz.de
265 € bis 555 €

FAKTEN

ANZAHL ZIMMER / SUITEN: 16 Zimmer, 5 Suiten
HOTELGRUPPE: Relais & Châteaux, Feine Privathotels
KINDERFREUNDLICH: ja

PHILOSOPHIE DES HAUSES

Burg Schlitz, der Ort an dem der Seele Flügel wachsen! Hier kommt man nicht durch Zufall vorbei. Doch wer einmal dem Zauber dieses magischen Ortes erliegt, der kehrt immer wieder zurück. Ein liebevoll konzipiertes Unikat mit langer Historie, Tradition und höchsten Ansprüchen.

ALLEINSTELLUNGSMERKMALE

Ein luxuriöses Landpalais inmitten eines 100 ha großen Privatparks. Hier öffnet Mecklenburg sein Herz und lässt tief hineinblicken. Die ideale Adresse für alle, die das gute und feine Leben auf dem Lande lieben, die Ruhe und Entspannung in stilvollem, exklusivem Ambiente mit bestem Service suchen.

GASTRONOMIE

ANZAHL DER RESTAURANTS: 2
Brasserie Louise: französisches Bistro
Fine Dining Restaurant im Wappen-Saal: zeitgeistige, regionale Gourmetküche mit französischem Akzent

WELLNESS

GRÖSSE DES SPA: 300 m²
AUSSTATTUNG UND BESONDERHEITEN SPA: Treatments von Ligne St. Barth und Pharmos Natur

VERANSTALTUNGSRÄUME

ANZAHL UND GRÖSSE: 5 (bis 100 Personen)
VERANSTALTUNGSTECHNIK: Historische Ballsäle und Pavillons im Park bieten State-of-the-art-Technik, Diskretion und besten Service.

FREIZEITANGEBOT

Wellness, Reiten (eigene Pferdeboxen), Jagen (eigenes Jagdrevier), Kutschfahrten, große und kleine Konzerte, Gourmet-Events

Schlosshotel Münchhausen

GASTGEBER: Thomas Bonanni seit Januar 2015
Schwöbber 9 | 31855 Aerzen | **t** +49 5154 706 00 | **w** schlosshotel-muenchhausen.com
215 € bis 950 €

TOP PERFORMER
DIGITALPREIS DER DEUTSCHEN HOTELLERIE

HORNSTEIN
RANKING 2021

FAKTEN

ANZAHL ZIMMER / SUITEN: 58 Zimmer, 10 Suiten
HOTELGRUPPE: privat geführt
KINDERFREUNDLICH: ja

PHILOSOPHIE DES HAUSES

Herzlichkeit und gelebte Gastfreundschaft, gepaart mit leidenschaftlichem Service

ALLEINSTELLUNGSMERKMALE

Weitläufige Weserrenaissance-Schlossanlage von 1570, mitten im Naturpark Weserbergland, umgeben von einem 8 ha großen Schlosspark. Das mit Liebe zum Detail restaurierte Märchenschloss mit Standesamt und Kapelle verbindet mit einem stylischen Schlossbaranbau Historie und Moderne.

GASTRONOMIE

ANZAHL DER RESTAURANTS: 3 (+1 Bar)
Gourmet-Restaurant: 1 Michelin-Stern, 17 Gault&Millau-Punkte; Haute cuisine á la française mit mediterranen Zwischentönen, ein Erlebnis für alle Feinschmecker
»1570« – Petit Gourmet: Casual Fine Dining, locker, leicht und ungezwungen
Schlosskeller: casual, feine Klassiker mit regionalem Einfluss

WELLNESS

GRÖSSE DES SPA: 800 m²
AUSSTATTUNG UND BESONDERHEITEN SPA:
Pool (18 m), Sanarium, Dampfbäder, Finnische Sauna, InfraPLUS-Seats, Salina-Lounge, Massage-, Körper- und Kosmetikanwendungen

VERANSTALTUNGSRÄUME

ANZAHL UND GRÖSSE: 12 (bis 300 Personen)
VERANSTALTUNGSTECHNIK: Standardtechnik sowie Weframe-One-Display-Einheiten; weitere Tagungstechnik auf Wunsch möglich
SPEZIELLE TAGUNGSSERVICES: Incentives, Konferenzen, Pressemitteilungen, Rahmenprogramme, Teambuilding, private Veranstaltungen, Hochzeiten (Kapelle und Standesamt vor Ort)

FREIZEITANGEBOT

Zwei angrenzende 18-Loch-Golfplätze, eigene Kulturangebote (Konzerte, Lesungen, Events), Wandern, Radfahren (Fahrräder verfügbar)

seit 1960
Die Menü-Manufaktur
Hofmann®

Burghotel Staufeneck

GASTGEBER: Klaus Schurr seit 1990 | Ann-Kathrin Schurr seit 2020
73084 Salach | t +49 7162 933 440 | w burg-staufeneck.de
230 € bis 480 €

HORNSTEIN
RANKING 2021

FAKTEN

ANZAHL ZIMMER / SUITEN: 41 Zimmer, 3 Suiten
HOTELGRUPPE: Familienunternehmen
KINDERFREUNDLICH: ja

PHILOSOPHIE DES HAUSES

Burg Staufeneck wird von den Gastgeberfamilien Schurr und Straubinger mit Bodenständigkeit, Kreativität, langjähriger Erfahrung und der besonderen Leidenschaft geführt, die man für die Gastronomie und Hotellerie braucht, um den Gästen jeden Tag etwas Besonderes bieten zu können.

ALLEINSTELLUNGSMERKMALE

Staufische Burg seit 1080 mit einzigartigen Eventlocations auf dem Burggelände sowie einem atemberaubenden Wellnessbereich. Kulinarisch bleiben keine Wünsche offen, ob im Gourmet- oder Burgrestaurant und einer Weinkarte mit knapp 1.000 Positionen.

GASTRONOMIE

ANZAHL DER RESTAURANTS: 2
Gourmetrestaurant »fine dining RS«: vielfach ausgezeichnete Küche – innovativ, klassisch, modern interpretiert by Markus Waibel; 1 Michelin-Stern, 17 Gault&Millau-Punkte, 8 Pfannen Gusto, 4 Hauben Varta-Führer
Burgrestaurant »oifach andersch«: schwäbische Küche – klassisch, kreativ, asiatisch inspiriert

WELLNESS

GRÖSSE DES SPA: 750 m²
AUSSTATTUNG UND BESONDERHEITEN SPA: beheizter Infinity-Pool, Blocksauna, Laconium, Solestollen, Aromagrotte, Tepidarium, Fitnessraum, Massagen, Granderwasser®

VERANSTALTUNGSRÄUME

ANZAHL UND GRÖSSE: 8 (bis 140 Personen)
VERANSTALTUNGSTECHNIK: modernste Veranstaltungs- und Tagungstechnik
SPEZIELLE TAGUNGSSERVICES: Events jeglicher Art: Hochzeiten, Tagungen, Firmen- und Familienfeiern, Catering-Service für 2 bis 5.000 Personen

FREIZEITANGEBOT

Private Putting Green, Fahrradverleih, Mountainbiketouren, Rundwanderwege, Museen, Besuch der Weinregion Stuttgart

Rocco Forte Villa Kennedy

© Rocco Forte Hotels

GASTGEBER: Florian Steinmaier seit Januar 2020
Kennedyallee 70 | 60596 Frankfurt | **t** +49 69 717 121 430
w roccofortehotels.com/villa-kennedy
320 € bis 18.000 €

FAKTEN

ANZAHL ZIMMER / SUITEN: 163 Zimmer, 36 Suiten
HOTELGRUPPE: Rocco Forte Hotels
KINDERFREUNDLICH: ja

PHILOSOPHIE DES HAUSES

Wie jedes **Rocco Forte Hotel** reflektiert auch die Villa Kennedy den authentischen Charakter und die Geschichte seiner Stadt. Das Hotel liegt an der Frankfurter Kennedyallee, am südlichen Mainufer und mitten in dem lebhaften Stadtteil Sachsenhausen. Zentrum des Luxushotels ist die Villa Speyer, ehemals die Residenz einer Frankfurter Bankiersfamilie. Hier treffen Tradition, Lifestyle und stilvolle Moderne aufeinander.

ALLEINSTELLUNGSMERKMALE

Das Fünfsterne-Superior-Hotel **Villa Kennedy** liegt fußläufig zum bekannten Museumsufer im eleganten Frankfurter Stadtteil Sachsenhausen. Die Villa ist eine Oase der Ruhe inmitten der pulsierenden Stadt. Besonders hervorzuheben ist der mediterran anmutende Villa Garten sowie der 1.000 m² große VILLA SPA.

GASTRONOMIE

ANZAHL DER RESTAURANTS: 1 (+ 1 Bar)
Restaurant Gusto: Authentisch italienische Speisen mit modernem Twist: Culinary Director Christian Michel interpretiert Klassiker der »Cucina Italiana« auf ganz besondere und überraschende Art und Weise.
JFK Bar: kosmopolitische Drinks und köstliche Snacks für Hotelgäste wie auch Frankfurter

WELLNESS

GRÖSSE DES SPA: 1.000 m²
AUSSTATTUNG UND BESONDERHEITEN SPA: 8 Behandlungsräume, Beautysalon, Pool (15 m), Finnische Sauna, Ruheraum, Gym, Yoga-Raum, Personal-, Yoga- und EMS-Training

VERANSTALTUNGSRÄUME

ANZAHL UND GRÖSSE: 8 (bis 320 Personen)
VERANSTALTUNGSTECHNIK: Tageslicht, Klimaanlage, modernste technische Ausstattung, 700 m² Villa Garten exklusiv für Outdoor-Events buchbar
SPEZIELLE TAGUNGSSERVICES: Concierge-, Wäsche-, Pack-, Bügel- und Schuhputz-Service, Express-Check-In, Garage (120), WiFi-Zugang (inklusive), Baby- und Hundesitter, Limousinen- und Van-Transfer

FREIZEITANGEBOT

VILLA SPA, Fahrräder und Peleton Bikes auf Anfrage, ganzjährig Eintrittskarten für das Städel Museum; sonstiges: Taylormade beim Concierge zu erfragen

Schlosshotel Hugenpoet

GASTGEBERIN: Vivian J. Schiller seit Oktober 2018
August-Thyssen-Straße 5 | 45219 Essen | t +49 2054 1204 0 | w hugenpoet.de
160 € bis 820 €

FAKTEN

ANZAHL ZIMMER / SUITEN: 27 Zimmer, 9 Suiten
HOTELGRUPPE: Feine Privathotels, QL Hotels und Restaurants
KINDERFREUNDLICH: ja

PHILOSOPHIE DES HAUSES

Seit 1955 bereiten unsere persönlichen Assistent:innen mit Leidenschaft und einem Lächeln unseren Gästen unvergleichbar schöne Momente.

ALLEINSTELLUNGSMERKMALE

Das prachtvolle Erbstück, unweit der Messestädte Essen und Düsseldorf gelegen, ist ein elegantes Refugium für Privatgäste und Geschäftsleute, welche Ruhe und Entspannung in der Natur suchen.

GASTRONOMIE

ANZAHL DER RESTAURANTS: 2 (+1 Bar)
Restaurant Hugenpöttchen in der Remise: 14 Gault&Millau-Punkte; casual, frische Marktplatzküche
Restaurant Laurushaus: exclusiv buchbar; Fine Dining, aromenbetonte und ausdrucksstarke Küche

VERANSTALTUNGSRÄUME

ANZAHL UND GRÖSSE: 7 (bis 120 Personen)
VERANSTALTUNGSTECHNIK: Standardtechnik, Erfüllung aller technischen Anforderungen durch unseren Technikpartner Scheulen
SPEZIELLE TAGUNGSSERVICES: Meetings, Incentives, Konferenzen; Hochzeiten inklusive Dekoration und Make-up; Torten sowie Shuttleservice mit der hauseigenen Hotel-Limousine; andere private Festivitäten

FREIZEITANGEBOT

Concierge-Service, Limousinenservice, Stadtrundfahrten, Weltkulturerbe Zeche Zollverein, Villa Hügel

HOTEL STADT HAMBURG

Hotel Stadt Hamburg

GASTGEBER: Christian Wirsich seit März 2010
Strandtraße 2 | 25980 Westerland/Sylt | t +49 4561 8580| w hotelstadthamburg.com
115 € bis 850 €

FAKTEN

ANZAHL ZIMMER / SUITEN: 44 Zimmer, 25 Suiten
HOTELGRUPPE: 12.18. Hotel Collection
KINDERFREUNDLICH: ja

PHILOSOPHIE DES HAUSES

Wir sind seit über 150 Jahren leidenschaftliche Gastgeber. Mit natürlicher Herzlichkeit sowie individuellem und persönlichem Engagement begeistern wir unsere Gäste und schaffen einmalige Urlaubserlebnisse auf Deutschlands schönster Insel – Sylt.

ALLEINSTELLUNGSMERKMALE

Das Flair des **Hotel Stadt Hamburg** ist heutzutage gerade auf Sylt absolut einmalig. Unser Haus öffnete 1869 seine Pforten erstmalig für Besucher. Seitdem kombinieren wir die Vorzüge Sylts mit herzlichem Service und exklusiver Atmosphäre, deren Detailreichtum immer wieder überrascht.

GASTRONOMIE

ANZAHL DER RESTAURANTS: 2
Hardy's Restaurant: 15 Gault&Millau-Punkte; Casual Fine Dining
Bistro Stadt Hamburg: Besondere Empfehlung des Gault&Millau; leichte Küche, Kaffee, Tee und Kuchen

WELLNESS

GRÖSSE DES SPA: 500 m²
AUSSTATTUNG UND BESONDERHEITEN SPA: Unser **Qiara Spa** im asiatischen Kolonialstil bringt Ihnen durch puristische Ruhe vollkommene Entspannung. Das Team verwöhnt Sie mit hochwertigen Pflegeprodukten, u. a. von Sisley Paris.

VERANSTALTUNGSRÄUME

ANZAHL UND GRÖSSE: 4 (bis 70 Personen)
VERANSTALTUNGSTECHNIK: Beamer, Leinwände, Tontechnik und vieles mehr – unsere Event Planner machen fast alles möglich.
SPEZIELLE TAGUNGSSERVICES: vier Veranstaltungsräume mit individuellem Service und maßgeschneiderten Bewirtungspaketen

FREIZEITANGEBOT

Wellnessbereich mit Pool (6 x 12 m, 29 °C), Dampfsauna, Finnische Sauna, Ruheraum, Fitnessraum, Strand in fußläufiger Entfernung

Victor's Residenz-Hotel Schloss Berg

© Jennifer Weyland

GASTGEBER: Katrin Stegmaier und Andreas Apel seit Juni 2014
Schloßstr. 27–29 | 66706 Perl-Nennig, Mosel | t +49 6866 79 0 | w victors.de
ab 136 €

HORNSTEIN RANKING 2021

FAKTEN

ANZAHL ZIMMER / SUITEN: 46 Zimmer, 44 Suiten
HOTELGRUPPE: Victor's Residenz-Hotels
KINDERFREUNDLICH: ja

PHILOSOPHIE DES HAUSES

Dolce Vita, römisches Flair und herausragende Kulinarik: Diese einzigartige Mischung macht das **Victor's Residenz-Hotel Schloss Berg** aus. Gelegen an der Mosel, im Dreiländereck Deutschland, Frankreich, Luxemburg, präsentiert sich das Top-Hideaway umrahmt von Weinbergen.

ALLEINSTELLUNGSMERKMALE

Luxuriöser Wohnkomfort, opulente Göttersuiten, aristokratische Noblesse, Lage direkt in den Weinbergen, drei hervorragende Restaurants, darunter das **Victor's Fine Dining by Christian Bau**, **Victor's SPA** mit wohltuenden Beauty Treatments, Wellnessbereich mit Schwimmbad.

GASTRONOMIE

ANZAHL DER RESTAURANTS: 3
Bacchus: gehobene, italienische Küche
Landgasthaus Die Scheune: moderne Landhausküche
Victor's Fine Dining by Christian Bau: 3 Michelin-Sterne, 19,5 Gault&Millau-Punkte; Gourmetrestaurant

WELLNESS

GRÖSSE DES SPA: 1.000 m²
AUSSTATTUNG UND BESONDERHEITEN SPA: Wohltuende Massagen, duftende Aromabäder, tiefenreinigende Gesichtsbehandlungen wie HydraFacial™ oder JetPeel™

VERANSTALTUNGSRÄUME

ANZAHL UND GRÖSSE: 4 (bis 300 Personen)
VERANSTALTUNGSTECHNIK: Smart Whiteboards, Beamer, Großbildschirm, schnelles WLAN, Leinwand.
SPEZIELLE TAGUNGSSERVICES: Kfz-befahrbare Tagungsräume, Tagungs-, Food- und Getränkebausteine, Referentenvorteile, exklusive Rahmenprogramme, Motivationstrainings

FREIZEITANGEBOT

Shopping und Sightseeing in Luxemburg, Metz, Trier, Weinproben und -güter in der Region, Schifffahrten auf der Mosel, Saarschleife, Baumwipfelpfad

Victor's Residenz-Hotel Schloss Berg

© Jennifer Weyland

Jagdhof
Stuben
1990

Relais & Châteaux Hotel Jagdhof Glashütte

GASTGEBER: Edmund Dornhöfer seit 1984
Glashütter Straße 20 | 57334 Bad Laasphe | t +49 2754 3990 | w jagdhof-glashuette.de
138 € bis 218 €

FAKTEN

ANZAHL ZIMMER / SUITEN: 24 Zimmer, 5 Suiten
HOTELGRUPPE: Relais & Châteaux
KINDERFREUNDLICH: ja

PHILOSOPHIE DES HAUSES

Die Countryresidenz **Hotel Jagdhof Glashütte** liegt mitten im Wald – da, wo die Natur wohnt. Hier genießen Sie Landleben vom Feinsten. Hier entdecken Sie die Essenz von Natürlichkeit, Gastlichkeit, Leidenschaft und gutem Essen – gehoben, aber nicht abgehoben!

ALLEINSTELLUNGSMERKMALE

Der **Jagdhof Glashütte** liegt inmitten vom Wittgensteiner Bergland in einem der waldreichsten Gebiete Deutschlands, in der Heimat der Prinzen und Fürsten zu Sayn Wittgenstein. Hier erleben Sie die romantische Seele des Rothaargebirges. Zurück zur Natur, aber mit Stil!

GASTRONOMIE

ANZAHL DER RESTAURANTS: 3
Ars Vivendi: Gourmet- und Gastkoch
Rotisserie Jagdhof Stuben: Großer Restaurant & Hotel Guide: 3 Kochmützen, 3 Diamanten, 1 Weinrebe; 16 Gault&Millau-Punkte, 2 Hauben, 3 Bestecke; 3 Varta-Diamanten, 2 Michelin-Bestecke, 2-Schlemmer-Atlas-Bestecke; Internationale Grill- und kreative Frischeküche im Landhaus Ambiente
Jäger- und Fuhrmanns Wirtsstube: Stammgastrevier, traditionell, urgemütlich, Wittgensteiner Heimatküche

WELLNESS

GRÖSSE DES SPA: 500 m²
AUSSTATTUNG UND BESONDERHEITEN SPA: Deep Forest SPA – komm in die Arme der Natur; Bergsauna, Rothaarsteig-Dampfbad, Wald-Badezimmer, Natur-Massagezimmer

VERANSTALTUNGSRÄUME

ANZAHL UND GRÖSSE: 2 (bis 150 Personen)
VERANSTALTUNGSTECHNIK: Standardtechnik, Erfüllung aller technischen Anforderungen durch externe Technikpartner
SPEZIELLE TAGUNGSSERVICES: Chefs-Meeting-Table, Konferenzen, Country-Style- und Landart-Hochzeiten, Gartenpartys, »Rent the Jagdhof« – ein Hotel für Sie und Ihre Feier allein, Küchenpartys

FREIZEITANGEBOT

Limousinenservice, Mountainbiking, Kutschfahrten, Waldbegehungstouren, geführte Wanderungen, Jagdschloss-Besichtigung, Jagen, Golfen, Reiten

Althoff Hotel Fürstenhof Celle

© Wolfgang Stahr

GASTGEBER: Ingo Schreiber seit 2005

Hannoversche Str. 55/56 | 29221 Celle | **t** +49 5141 2010 | **w** fuerstenhof-celle.com

125 € bis 350 €

TOP PERFORMER
DIGITALPREIS DER DEUTSCHEN HOTELLERIE

FAKTEN

ANZAHL ZIMMER / SUITEN: 57 Zimmer, 5 Suiten

HOTELGRUPPE: Althoff Hotels

KINDERFREUNDLICH: ja

PHILOSOPHIE DES HAUSES

Wir sind als das **Althoff Hotel Fürstenhof Celle** heute ein Ort von Tradition und privater Gastfreundschaft mit einzigartigem Ambiente. Genießen Sie die Romantik des Hauses und lassen Sie sich kulinarisch in unserer Taverna & Trattoria Palio verwöhnen.

ALLEINSTELLUNGSMERKMALE

Das **Althoff Hotel Fürstenhof Celle** ist das einzige Fünfsternehotel in Celle. Als Barockpalais um 1680 erbaut am Rande der Lüneburger Heide, ist das **Althoff Hotel Fürstenhof** eines der traditionsreichsten Häuser in Celle. Die große Kastanie vor dem Palais ist das Herzstück unseres großzügigen Anwesens und vermittelt unseren Gästen ein Gefühl des Heimkommens.

GASTRONOMIE

ANZAHL DER RESTAURANTS: 1

Taverna & Trattoria Palio: 16 Gault&Millau-Punkte, 2 Varta-Diamanten, 3 Schlemmer Atlas Kochlöffel, 7 Gusto-Pfannen. Sie lieben Italien, die Gastfreundschaft und Lebensart? Dann besuchen Sie einen der besten Italiener im Norden in authentisch toskanischem Ambiente, und genießen Sie die variationsreiche italienische Küche sowie saisonale und regionale Speisen.

WELLNESS

AUSSTATTUNG UND BESONDERHEITEN SPA: Hallenschwimmbad, Sauna und Fitnessraum sowie eine Reihe von hochwertigen Wellnessbehandlungen, die von unserem professionellen Team mit hochwertigen Produkten umgesetzt werden.

VERANSTALTUNGSRÄUME

ANZAHL UND GRÖSSE: 7 (bis 80 Personen)

VERANSTALTUNGSTECHNIK: Lösungen für Telefon- und Videokonferenzen sowie Streamingtechnik für hybride Veranstaltungen

SPEZIELLE TAGUNGSSERVICES: Tagungs-Concierge, professionelle Partner für Teambuilding-Angebote, Eventzentrum CONGRESS UNION vis-á-vis für bis zu 3.000 Personen mit 11 Räumen

FREIZEITANGEBOT

UMGEBUNG: In keiner anderen Stadt Europas stehen so viele Fachwerkhäuser. Rund 500 Gebäude bilden einen kompakten, in sich geschlossenen Altstadtkern – einmalig im internationalen Vergleich.

FREIZEIT: Wandern in der Lüneburger Heide, Bauhaus-Architekturen erleben, Radfahren durch das Celler Land, Kulturangebote wie die Celler-Schlossbesichtigungen, Führung durch die Stadtkirche, Besuch der Freizeitparks in der Umgebung

© Fotostudio Das Atelier Mainz

Schlosshotel Kronberg

GASTGEBER: Dominik Ritz seit Mai 2020

Hainstraße 25 | 61476 Kronberg im Taunus | **t** +49 6173 3270923 | **w** schlosshotel-kronberg.com

ab 300 €

FAKTEN

ANZAHL ZIMMER / SUITEN: 50 Zimmer, 11 Suiten

HOTELGRUPPE: Unternehmensgruppe Prinz von Hessen

KINDERFREUNDLICH: ja

PHILOSOPHIE DES HAUSES

Die Unternehmensgruppe **Prinz von Hessen** verbindet Tradition mit Moderne und bietet unverwechselbare Erlebnisse und Produkte. Unser Handeln ist von Authentizität, Loyalität und Freundlichkeit geprägt und auf wirtschaftlich langfristigen Erfolg ausgerichtet.

ALLEINSTELLUNGSMERKMALE

Im Auftrag von Victoria Kaiserin Friedrich als Schloss Friedrichshof 1893 fertiggestellt, empfängt das **Schlosshotel Kronberg** seit 1954 Gäste aus aller Welt. Die einmalige Antiquitätensammlung aus dem Privatbesitz der Kaiserin verleiht dem Fünfsterne-Superior-Haus das besondere Ambiente.

GASTRONOMIE

Anzahl der Restaurants: 4

Schlossrestaurant Victoria: Michelin-Assiette, 14 Gault&Millau-Punkte, 3 Schlemmer Atlas Kochlöffel, Feinschmecker FF. Im Schlossrestaurant können Sie exquisite Speisen mit erlesenen Zutaten in einer historischen Atmosphäre genießen.

Cottage Biergarten: Der Cottage Biergarten vereint britisches Flair und deutsche Biergartenkultur inmitten des Schlossparks.

Enrico D'Assia: deutsch-italienisches Restaurant

Frederick's: ganztägiges Speisen- und Getränkeangebot in der Bar, Kaminhalle und Terrassenlounge

WELLNESS

AUSSTATTUNG UND BESONDERHEITEN SPA: Im Beauty Cottage bieten wir von Massagen über Face- und Body-Treatments bis hin zu Hairstyling verschiedene Behandlungen

VERANSTALTUNGSRÄUME

ANZAHL UND GRÖSSE: 8 (bis 350 Personen)

VERANSTALTUNGSTECHNIK: Mit unserem Technikpartner verwirklichen wir die individuellen Anforderungen unserer Kunden.

SPEZIELLE TAGUNGSSERVICES: Mit den historischen Festsälen und dem Schlosspark bildet das Schlosshotel Kronberg einen passenden Rahmen für erfolgreiche Konferenzen und stilvolle Familienfeiern.

FREIZEITANGEBOT

Inmitten des Schlossparks befindet sich der idyllisch gelegene 18-Loch-Golfplatz. Zudem gibt es mehrere Tennisplätze. In Kooperation mit Porsche bietet das **Schlosshotel Kronberg** auch für Tagesgäste die Möglichkeit einen Porsche direkt vor Ort zu mieten. Für alle, die lieber auf zwei Rädern unterwegs sind, werden auch E-Mountainbikes zur Leihe angeboten.

© Maison Messmer

Maison Messmer

© Klaus Schultes

GASTGEBER: Norman Mark seit Oktober 2019
Werderstr.1 | 76530 Baden-Baden | t +49 7221 301 20 | w hommage-hotels.com
219 € bis 3.500 €

TOP PERFORMER
DIGITALPREIS DER DEUTSCHEN HOTELLERIE

FAKTEN

ANZAHL ZIMMER / SUITEN: 141 Zimmer, 11 Suiten
HOTELGRUPPE: Hommage Luxury Hotels Collection
KINDERFREUNDLICH: ja

PHILOSOPHIE DES HAUSES

Bei uns erleben Gäste das Ergebnis aus hochkarätigem Service, traditionsreichen Fünfsternehäusern und eindrucksvollem Ambiente. Für unsere Gäste haben wir Luxus zeitgemäß interpretiert – denn wahrer Luxus ist nicht laut, er flüstert und erzählt dabei Geschichten.

ALLEINSTELLUNGSMERKMALE

»Where Moments Make Memories« – Wir kreieren für unsere Gäste besondere Momente unter Berücksichtigung der individuellen Bedürfnisse. Dabei greifen wir nicht nur auf unseren authentischen Fünfsterneservice zurück, sondern eröffnen dem Gast das Tor zu Kultur, Natur und Architektur der Umgebung.

GASTRONOMIE

ANZAHL DER RESTAURANTS: 2
Salon JB Messmer: Dinieren auf höchstem Niveau: kreative, regional inspirierte Gourmetküche von Küchenchef Christian Fritzinger im edlen Salon-Ambiente
Theaterkeller: rustikal, romantisch, gutbürgerlich speisen gegenüber dem historischen Baden-Badener Theater

WELLNESS

GRÖSSE DES SPA: 800 m²
AUSSTATTUNG UND BESONDERHEITEN SPA:
11 Massageanwendungen, 12 kosmetische Anwendungen (u. a. Needling), schwedische Sauna, Kräutersauna, Dampfbad, Pool, Whirlpool

VERANSTALTUNGSRÄUME

ANZAHL UND GRÖSSE: 6 (bis 200 Personen)
VERANSTALTUNGSTECHNIK: WeFrame – Multifunktions-Whiteboard
SPEZIELLE TAGUNGSSERVICES: Tagungs-Concierge zur individuellen Betreuung, individuelle Angebote außerhalb der Tagungspackages, Veranstaltungsorganisation (Events) von A bis Z

FREIZEITANGEBOT

Oldtimer-Tour durch den Schwarzwald, Paragliding, Wandern, Segway-Touren durch die Weinberge, Museen, Festspielhaus, Casino

GRATIA REGIS

Hotel Schloss Neuhardenberg

GASTGEBERIN: Dr. Heike Kramer seit 2015
Schinkelplatz 1-8 | 15320 Neuhardenberg | t +49 33476 600-0 | w schlossneuhardenberg.de
ab 139 € bis 399 €

FAKTEN

ANZAHL ZIMMER / SUITEN: 54 Zimmer, 2 Suiten
KINDERFREUNDLICH: ja

PHILOSOPHIE DES HAUSES

Wir begrüßen Sie in einem einzigartigen Ensemble aus Kunst, Architektur und Geschichte.

ALLEINSTELLUNGSMERKMALE

Etwa 70 km nordöstlich von Berlin gelegen, verbinden wir Gastronomie, höchsten Schlafkomfort, moderne Tagungsmöglichkeiten sowie Natur und Gartenkunst zu einem unvergesslichen Erlebnis.
Entdecken Sie ein Juwel in der Mark Brandenburg!

GASTRONOMIE

ANZAHL DER RESTAURANTS: 1
Landgasthaus Brennerei: Zu Zeiten des Staatskanzlers Karl August Fürst von Hardenberg wurde die Brennerei ihrem Namen durch die Herstellung hochprozentiger Getränke gerecht. Heute beherbergt sie unser im Landgasthausstil eingerichtetes À-la-carte-Restaurant. Hier wird modern interpretierte Küche aus der Region gereicht.

WELLNESS

GRÖSSE DES SPA: 200 m²
AUSSTATTUNG UND BESONDERHEITEN SPA: Im Erholungsbereich entspannen Sie nach einem ereignisreichen Tag in der Sauna oder im Dampfbad.

VERANSTALTUNGSRÄUME

ANZAHL UND GRÖSSE: 11 (bis 200 Personen)
VERANSTALTUNGSTECHNIK: Die Tagungsräume im Schloss sind elegant und stilvoll eingerichtet, verfügen über Tageslicht, W-LAN und moderne Tagungstechnik.
SPEZIELLE TAGUNGSSERVICES: Auch digitale Konferenzen können bei uns problemlos durchgeführt werden.

FREIZEITANGEBOT

Zur Erweiterung unserer Angebotspalette arbeiten wir mit verschiedensten Partnern in der Region zusammen.

Urbane Juwelen im Herzen
der deutschen Metropolen:
Ob Business-Trip oder ein Städte-Urlaub
in den besten Stadthotels bleiben Sie am
Puls der Zeit und erleben außergewöhnliches
Design. Pulsierend und weltoffen ist auch der
Service, der Sie bereits im Hotel auf
ein Großstadtabenteuer mitnimmt.

DIE BESTEN STADTHOTELS

2021/22

»EIN EXZELLENTES STADTHOTEL IST EINE LEBENDIGE OASE DER RUHE IM STADTGETÜMMEL.«

PETER JOEHNK

GRÜNDER UND PARTNER JOI-DESIGN

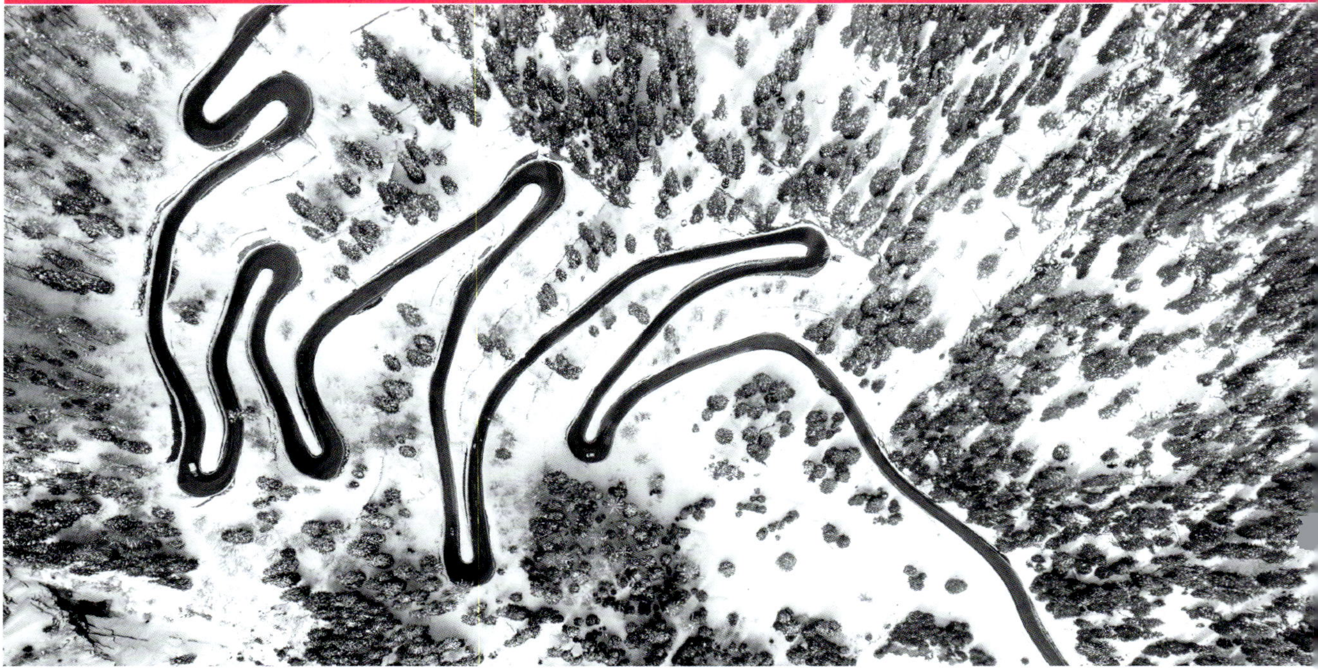

© Global Office

»Telefonengel helfen in Spitzenzeiten«

Viele Kundenkontakte gehen verloren, weil ein Hotel aufgrund von Überlastung telefonisch nicht erreichbar ist. Ob sich die Anrufer jemals wieder melden, ist ungewiss. **Erik Krömer**, Inhaber des Dienstleisters Global Office, hat die Lösung: Das Unternehmen übernimmt den Dialog mit den Gästen. Auch das Hamburger Grandhotel Vier Jahreszeiten mit GM **Ingo C. Peters** und die Althoff-Gruppe mit CEO **Frank Marrenbach** testen den Service.

© Global Office

Gibt es eine Erhebung, wie viele Anrufe in einem Hotel durchschnittlich verloren gehen und was das für den Umsatz bedeutet?
Erik Krömer: Unsere Hotelkunden verlieren im Durchschnitt 190 Anrufe im Monat. Die Gründe sind vielfältig: Krankheitsausfälle bei den Mitarbeitern, Anrufspitzen, die oft mit den typischen Check-in- und Check-out-Zeiten zusammenfallen, und dienstplanbedingt zu dünn besetzte Schichten während der Lockdowns.

Global Office arbeitet mit vielen Unternehmen zusammen, wie viele Hotels gehören zu ihren Kunden?
Erik Krömer: Im Moment arbeiten wir mit 360 Hotels zusammen. Wir stellen fest, dass die Nachfrage im Zusammenhang mit Corona stark angestiegen ist, und gerade jetzt viele Hotels Interesse an einer Zusammenarbeit haben. Wir rechnen damit, dass wir in den nächsten Monaten weit über 500 Hotels betreuen dürfen.

Wie sieht die Aufgabe Ihres Unternehmens genau aus?
Erik Krömer: Mit über 260 Telefonengeln in Deutschland, Österreich und Namibia sichern wir die professionelle Erreichbarkeit verlässlich ab. Unser wichtigstes Ziel ist es, jedes einzelne Hotel als engagierten Gastgeber mit einer ausgeprägten Servicehaltung zu vertreten. Fast immer lassen sich die Fragen zukünftiger Gäste in vollem Umfang beantworten, oder wir können Buchungsanfragen direkt entgegennehmen. Insbesondere in Stoß- oder Randzeiten zeigt sich durch Global Office eine bessere Erreichbarkeit und auch eine neue Qualität von Gastlichkeit – zuvorkommend, motiviert und »ungestresst« und ohne die typischen Interessenkonflikte bei Schlangen an der Rezeption oder bei weitergeleiteten Anrufen außerhalb der Schichtzeiten.

Was ist dabei die Herausforderung?
Erik Krömer: Die Vielzahl der Häuser bringt eine Vielzahl an Details mit sich. Neben den sprachlichen Aspekten (oft internationale Gäste) sind auch die individuellen Prozesse und die besondere Kultur und Tradition eines Hauses von Bedeutung. Hier kommen unsere 50 Partner zum Einsatz, die direkt im Hotel die Einbindung von Global Office mit den Verantwortlichen besprechen und entwickeln. Ihre langjährigen Erfahrungswerte können wir somit in jedes Projekt miteinbringen.

Viele von uns haben Erfahrungen mit Hotlines gemacht, bei denen keiner eine Ahnung vom Produkt hat. Wie stellen Sie sicher, dass es keine babylonische Verwirrung gibt?
Erik Krömer: Gemeinsam mit der Uni Koblenz, dem Center for Service Excellence, in Person Prof. Mathias Gouthier und Carsten K. Rath, haben wir für unsere Telefonengel den Ausbildungsstandard »Service Excellence« entwickelt. Unsere Telefonengel sind den Gästen am Telefon nicht nur hilfreich, sondern machen schon das Gespräch zum positiven Erlebnis. Bereits in der Vorbereitung werden mögliche inhaltliche Schwerpunkte und Fragestellungen in der telefonischen Kommunikation des jeweiligen Betriebes erarbeitet und für jedes Hotel in eine eigene Datenbank eingearbeitet. Diese öffnet sich automatisch bei einem eingehenden Telefonat für das betreffende Haus. Somit stehen den Telefonengeln alle Informationen sofort in einer klar aufbereiteten Struktur zur Verfügung. Fragen zum Parkplatz, zu den Restaurantöffnungszeiten oder zur Sauna gehören wie Fragen zum Kinderbett oder mitgebrachten Hund zur Tagesroutine.

Es wird immer so sein, dass eigene Mitarbeiter in den meisten Situationen vor Ort die erste Wahl am Telefon sind. Diese können, werden und wollen wir nicht ersetzen. Wir können aber in stressigen Phasen und bei Prioritätenkonflikten unterstützen, indem wir Warteschleifen, Besetztzeichen und Anrufbeantworter verhindern. Und das können wir gut! Besetztzeichen oder keine Antwort sind aus Gästesicht heute nicht mehr akzeptabel.

Herr Marrenbach, warum testen die Althoff-Hotels den Erreichbarkeitsservice?
Frank Marrenbach: Wir optimieren regelmäßig unseren Gastservice, hierunter fällt auch die Erreichbarkeit unserer Hotels. Global Office wurde uns empfohlen, und

wir waren gleich interessiert, diese besondere Dienstleistung auszuprobieren. Wir haben dazu drei Hotels unserer Althoff Gruppe ausgewählt. Zwei Hotels der Althoff COLLECTION und ein AMERON Hotel.

Wie lautet das Zwischenfazit?

Frank Marrenbach: Ein Zwischenfazit ist genau die richtige Definition. Wir kommen aus einer sehr besonderen Zeit. Die Hotels sind gerade erst ein paar Tage nach der extrem langen Schließungsphase geöffnet. Das bedeutet, dass es sich zurzeit noch um einen außergewöhnlichen Zustand handelt, der besonders zu bewerten ist. Auffällig ist schon die Quantität der Anrufe, die bei Global Office zu verzeichnen ist. Erste Erkenntnisse zu besonders bevorzugten Anrufzeiten konnten evaluiert werden. Wichtig ist das Thema Learning im Anfangsstadium. Wir befinden uns im regelmäßigen Austausch mit dem Account Manager, damit der Service optimal umgesetzt wird und der Gast ein sehr gutes Gefühl hat. Optimal ist ein Ergebnis, wenn die Wünsche und Bedürfnisse der Gäste bestens versorgt werden.

Läuft heutzutage nicht alles über Buchungsportale und das Internet?

Frank Marrenbach: Richtig, Direktbuchungen haben in der Vergangenheit prozentual stark zugenommen, auch wir haben unsere Websites so nutzerfreundlich aufgebaut, dass eine Buchung sehr einfach erfolgen kann. Zudem bieten wir off- und online einen Direktbuchervorteil. Dennoch gibt es eine Vielzahl von Gästen, die einen persönlichen Kontakt mit dem Hotel favorisieren. Gästepräferenzen, Extrawünsche werden bei der Buchung aufgenommen, individuelle Fragen umgehend beantwortet. In Resort-Destinationen haben wir einen prozentual höheren Anteil an »Voice-Reservierungen« als bei unseren Business-Standorten.

Ingo Peters, wie viele telefonische Buchungen gehen beim Grandhotel Vier Jahreszeiten in Hamburg ein und wie läuft der Test?

Ingo Peters: Wir haben mehr als 50 Buchungen pro Tag, die uns über den direkten, telefonischen Weg erreichen. Um jeden Gast mit seinem individuellen Anliegen bestmöglich beraten zu können, haben wir einen exklusiven Royal Service in unserem Hotel implementiert, welcher zusätzlich zu unserer Reservierungsabteilung bei der Buchungsannahme unterstützt. Das Global-Office-Team bildet eine optimale Möglichkeit, das hohe Anrufaufkommen, insbesondere zu Spitzenzeiten, so abzufangen, dass kein Anruf verloren geht. Heute blicken wir auf den ersten Monat der Zusammenarbeit mit dem Global Office Service zurück und sind überzeugt, eine noch bessere Erreichbarkeit für unsere Gäste sowie eine steigende Kundenzufriedenheit zu verzeichnen.

Ist der Gästekontakt nicht so sensibel, dass er sich eigentlich gar nicht auslagern lässt?

Ingo Peters: Zu Beginn vertraten wir dieselbe Annahme, doch nach dem ersten Monat der Zusammenarbeit mit Global Office Services hat die Realität uns gezeigt, dass wir unser telefonisches Volumen noch besser abfangen können. Wir konnten zusätzliche Buchungen verzeichnen und all das bei konstanter Gästezufriedenheit. Die Mitarbeiter des Global Office Teams stellen durch sehr gute Schulungen und die Beachtung aller für uns relevanten Faktoren im telefonischen Kontakt eine hohe Professionalität sicher, worauf wir größten Wert legen. Für uns zeigt sich dies am Ende des Tages an unseren zufriedenen Gästen, die sich auf ihren Besuch bei uns freuen. Es ist für uns daher weniger ein Auslagern des Gastkontaktes als vielmehr eine bereichernde Unterstützung im Alltagsgeschäft.

Herr Krömer, an der Zahl der Telefonkontakte können Sie auch ein Barometer über die Geschäftsnachfrage erstellen. Wie sieht das genau aus?

Erik Krömer: In der Regel ist bekannt, welcher Durchschnittsumsatz pro Gast und Buchung realisiert wird. Somit können wir die von uns entgegengenommen Buchungsanfragen finanziell bewerten. Wenn wir direkt im Buchungssystem arbeiten, lassen sich neben den Buchungsumsätzen auch Zusatzverkäufe darstellen.

Was passiert in nachfrageschwachen Zeiten?

Erik Krömer: Unsere Engel sind da, wenn man sie braucht. Unsere Leistung wird nach Inanspruchnahme berechnet. Für unsere Kunden ist es wichtig, dass wir uns flexibel anpassen und auf saisonale Schwankungen oder auch auf die neuen Anforderungen infolge der Coronapandemie reagieren können.

Sagen Ihnen Ihre Kunden, wie viel Umsatz Sie dadurch zusätzlich machen? Und lohnt sich das im Vergleich zu den Kosten?

Erik Krömer: Unbedingt. Natürlich schauen unsere Kunden genau auf den Wirkungsgrad. Gästezufriedenheit, Flexibilität und eine höhere Eigenbuchungsquote sind hierbei von besonderer Bedeutung. In der Regel liegen unsere Rechnungen bei etwa drei Prozent vom Buchungsvolumen. Telefonengel auf Stand-by zu haben bedeutet aber auch für die Hotelangestellten eine Verbesserung ihrer Perfektion, weil sie sich zu 100 Prozent auf eine Aufgabe, auf einen Gast konzentrieren können.

Wie hat sich ihr Unternehmen in den vergangenen Jahren entwickelt?

Erik Krömer: Ich habe das Unternehmen 2008 gegründet. Inzwischen betreuen wir mit über 50 Standorten in Deutschland und Österreich über 1400 Unternehmen. Die Hotellerie und der Autohandel sind zwei große Kundengruppen innerhalb der freien Wirtschaft, die temporär durch ein starkes Wachstum bei größtenteils kommunalen Projekten in der Hotlinekommunikation zu Corona ergänzt werden. Inzwischen beschäftigen wir in unserer Zentrale in Montabaur rund 100 Mitarbeiter. Darüber hinaus kommen noch weitere 8 Dienstleister dazu.

Für dieses Jahr haben wir zwei besondere Projekte realisiert: Zum einen haben wir eine Schule in Namibia gebaut und freuen uns, dass rund 85 Kinder eine Möglichkeit zum Schulunterricht bekommen. Zum anderen haben wir im Mai einen Standort in Windhoek eröffnet. Dort rekrutieren wir gerade sehr erfolgreich neue Telefonengel. Unsere Mitarbeiter in Namibia sprechen Deutsch als Muttersprache und verfügen über perfekte Englischkenntnisse. Sie kommen zum Großteil aus dem Tourismusbereich.

Vanessa Schlosser
global office Hotelexpertin

WAS HABEN DIE TOP 101 HOTELS GEMEINSAM?
ERREICHBARKEIT FÜR IHRE GÄSTE
Unsere speziell geschulten Hotelexperten übernehmen in Spitzenzeiten Ihren telefonischen Überlauf und sorgen somit für eine optimale Erreichbarkeit. Was Sie davon haben? Eine bessere Zimmerauslastung und zufriedene Hotelgäste. Ihr persönlicher Ansprechpartner freut sich, Sie individuell zu unserem Telefonservice zu beraten.
Mehr Informationen unter:
hotel.global-office.de/top-101
oder per Telefon:
+49 2602 950040
global office
DIE TELEFONENGEL

MANDARIN ORIENTAL

Mandarin Oriental Munich

© George Apostolidis

GASTGEBER: Dominik G. Reiner seit März 2018
Neuturmstraße 1 | 80331 München | **t** +49 89 290 980 | **w** mandarinoriental.de/munich
600 € bis 20.000 €

FAKTEN

ANZAHL ZIMMER / SUITEN: 48 Zimmer, 25 Suiten
HOTELGRUPPE: Mandarin Oriental Hotel Group/ Selektion Deutscher Luxushotels
KINDERFREUNDLICH: ja

PHILOSOPHIE DES HAUSES

Als eines der luxuriösesten und kosmopolitischsten Hotels in Deutschland schaffen wir unvergessliche Erlebnisse durch individuell abgestimmten Service, welcher asiatische und bayerische Kultur vereint, und engagieren uns aktiv für Umwelt und Menschen unserer Region.

ALLEINSTELLUNGSMERKMALE

Unsere renovierten Zimmer und Suiten sowie das eigens für das Hotel entwickelte Kunstkonzept thematisieren »München als Tor zu den Alpen«. Die neue Ausstattung bietet modernste Technologien und ermöglicht den kompletten Verzicht auf Einwegplastik in Zimmern und Badezimmern.

GASTRONOMIE

ANZAHL DER RESTAURANTS: 4
Matsuhisa Munich: Nobu's Restaurant in Deutschland mit japanisch-peruanischer Küche
The Lounge: Afternoon Tea mit Köstlichkeiten aus dem hoteleigenen Cake Shop
The Terrace: spektakulärer 360°-Blick bis zu den Alpen
Ory Bar: kreative Drinks in anspruchsvoller Umgebung

VERANSTALTUNGSRÄUME

ANZAHL UND GRÖSSE: 3 (bis 75 Personen)
SPEZIELLE TAGUNGSSERVICES: Das Konzept der Mindful Meetings verbindet Aspekte der Achtsamkeit sowie des Digital Detox mit den Anforderungen eines produktiven Geschäftstreffens.

FREIZEITANGEBOT

Maßgeschneiderte Ausflüge zu den Seen und in die Alpen, exklusiver Zugang zu kulturellen und Sport-Highlights, Private Shopping

© Andreas Achmann

Mandarin Oriental
Munich

alle Fotos © Mandarin Oriental Munich

»Dachterrasse wie in Dubai«

Der General Manager des Hotels Mandarin Oriental Munich, **Dominik G. Reiner**, erklärt im Interview, wie er die Erlebnislandschaft und die hohen Standards des Spitzenhotels weiter verbessert hat.

Herzlichen Glückwunsch zum wiederholten Erfolg im Ranking. Wie haben Sie das Mandarin Oriental, Munich weiter verbessern können, und wie kommunizieren Sie das Ihren Gästen?

Mit großer Freude konnten wir diesen Sommer unseren neugestalteten »Mahjong Roof Garden« präsentieren. Durch die großartige Kooperation mit dem französischen Möbelhaus Roche Bobois kreierten wir eine Dachterrasse wie in Miami oder Dubai: Neben dem 360-Grad-Blick laden tropische Pflanzen, unser Infinity-Pool, eine kreative Speisen- und Getränkeauswahl, sowie DJ-Entertainment zu einem Kurzurlaub in der Stadt ein. Darüber hinaus ist es uns gelungen, unser Ziel, den Verzicht auf Einwegplastik in sämtlichen, auch den für

Gäste nicht einsehbaren Bereichen des Hotels, in die Tat umzusetzen. All dies selbstverständlich ohne die für Mandarin Oriental bekannten Servicestandards zu kompromittieren. Die Mandarin Oriental Hotel Group ist sich des Veränderungspotenzials in der Branche vollkommen bewusst und arbeitet auf ein ganzheitlich verantwortungsbewusstes und nachhaltiges Portfolio hin.

Was hat Ihnen in diesem Jahr Mut gemacht?
Dieses Jahr hat uns alle vor vollkommen neue Herausforderungen gestellt. Besonders freut es mich, dass das Gros unserer Mitarbeiter trotz aller wirtschaftlichen und persönlichen Widrigkeiten größte Loyalität zu unserem Haus und zu unserer schönen Branche bewiesen hat. Mit zahlreichen Kollegen habe ich bereits 2006 zusammengearbeitet als F&B-Manager, welche ihrem Hotel loyal und treu verbunden sind und elementar dazu beigetragen haben, die Krise bestmöglich zu meistern. Auch seitens unserer Hotelgruppe haben wir große Unterstützung und Wertschätzung erhalten: Trotz der finanziell herausfordernden Situation konnten wir die umfangreichste Zimmer- und Suiten-Renovierung durchführen, die jemals in unserem Haus stattgefunden hat. Das spürbare Vertrauen in unser Hotel hat uns alle sehr motiviert.

Haben sich die Gäste seit Beginn der Coronapandemie verändert?
Unser Service ist dafür bekannt, sehr individuell auf die etwaigen Bedürfnisse eines jeden Gastes einzugehen. Dieses Bedürfnis nach persönlich abgestimmtem und personalisiertem Service hat sich noch einmal verstärkt herauskristallisiert. Die Erwartungshaltung von Gästen an unser Personal, nicht nur Wünsche, sondern auch Unsicherheiten zu erkennen und direkt darauf zu reagieren, ist noch ausgeprägter als früher. Was jedoch geblieben ist, ja sogar noch verstärkt in Erscheinung trat, ist die persönliche Verbundenheit unserer Stammgäste zum Hotel und zu den Kolleginnen und Kollegen. Für mich als Hotelier gab es nichts Schöneres, als Gäste begrüßen zu dürfen, die nach Monaten des Lockdowns und der Renovierung mit Tränen in den Augen in ihr »Lieblingshotel« überglücklich zurückkehren konnten.

Wie wichtig ist die Auszeichnung als eines der besten Hotels Deutschlands?
Für das Team ist die Auszeichnung sehr wichtig, denn sie bestätigt den großen Einsatz, den jede und jeder Einzelne täglich leistet. Zudem honoriert diese wunderbare Auszeichnung unsere Bemühungen, eines der besten Hotels in Deutschland zu sein, und unterstreicht, dass sich das Investment in die Renovierung des Hauses letztes Jahr ausgezahlt hat. Als eines der besten Hotels Deutschlands ausgezeichnet zu werden, reflektiert auch auf die Mandarin Oriental Hotel Gruppe als Ganzes. Außerdem ist es für mich als relativ junger Hoteldirektor eine große Ehre, dieses Hotel gemeinsam mit meinem Team leiten zu dürfen.

Welches ist ihr Lieblingshotel außerhalb Ihrer eigenen Unternehmenswelt – und was fasziniert Sie dort?
Die ganz besondere Willkommenskultur, welche jedes Haus der Selektion Deutscher Luxushotels seinen Gästen bietet, und die Herzlichkeit der Mitarbeiter sind durchweg außerordentlich. Meine beiden kleinen Töchter haben das Brenners Park-Hotel & Spa in Baden-Baden zu einem ihrer Lieblingsferienhotels erklärt, was nicht nur an der Poollandschaft liegt. Auch das Severin's Resort & Spa in Sylt mit seinem Kids Club und dem direkten Wattenmeerzugang ist bei meiner Familie und mir ganz oben mit dabei.

The Fontenay

© The Fontenay

GASTGEBER: Thies Sponholz seit Januar 2015
Fontenay 10 | 20354 Hamburg | **t** +49 40 605 6605850 | **w** thefontenay.com
350 € bis 9.000 €

HORNSTEIN
RANKING 2021

FAKTEN

ANZAHL ZIMMER / SUITEN: 113 Zimmer, 17 Suiten
HOTELGRUPPE: Leading Hotels of the World
KINDERFREUNDLICH: ja

PHILOSOPHIE DES HAUSES

The Fontenay ist ein Abbild des modernen Hamburg – eine Hommage an die Hansestadt. Offen, kosmopolitisch und ausgesprochen gastfreundlich. Das Luxushotel ist maßgeschneidert für die vielen nationalen und internationalen Gäste, die Hamburg neu oder wieder für sich entdecken.

ALLEINSTELLUNGSMERKMALE

Direkt an der Außenalster vereinen sich hier auf besondere Weise urbane Natur und zeitgenössischer Lebensstil. Die faszinierende, skulpturale Architektur aus drei ineinander-verschmelzenden Kreisen nimmt die umgebende Parklandschaft auf – ein City-Resort im Herzen Hamburgs.

GASTRONOMIE

ANZAHL DER RESTAURANTS: 2
Parkview Restaurant: Gartenrestaurant mit lässig-feiner Ausstrahlung
Lakeside Restaurant: 1 Michelin-Stern; Gourmet-Restaurant im 7. Stock mit großartigem Hamburg-Panorama

WELLNESS

GRÖSSE DES SPA: 1.000 m^2
AUSSTATTUNG UND BESONDERHEITEN SPA: Indoor- und Outdoorpool (20 m), Private SPA-Suite, vielfältige Treatments

VERANSTALTUNGSRÄUME

ANZAHL UND GRÖSSE: 4 (bis 160 Personen)
VERANSTALTUNGSTECHNIK: Konzertakkustik in Fontenay 1, 4 m breite Leinwand mit 2 Beamern
SPEZIELLE TAGUNGSSERVICES: Meetings, Incentives, Konferenzen, Hochzeiten und private Feiern jeglicher Art

FREIZEITANGEBOT

alles, was die Hansestadt Hamburg von Kunst und Kultur bis hin zu Freizeit und Sport zu bieten hat

© Grand Elysée Hamburg

Grand Elysée Hamburg

GASTGEBER: André Vedovelli seit 2015
Rothenbaumchaussee 10 | 20148 Hamburg | **t** +49 40 41 41 20 | **w** grand-elysee.com
170 € bis 1.500 €

1. PLATZ
DIGITALPREIS DER DEUTSCHEN HOTELLERIE

FAKTEN

ANZAHL ZIMMER / SUITEN: 492 Zimmer, 18 Suiten
FOKUS: Business/Family/Wellness
KINDERFREUNDLICH: ja

PHILOSOPHIE DES HAUSES

»Ich glaube an ein Hotel in Hamburg, das unseren Gast in eine andere Welt versetzt, eine Welt ohne Schwellenängste, mit pulsierendem Leben und voller Heiterkeit, in der er Freude und Glück empfindet.« Eugen Block

ALLEINSTELLUNGSMERKMALE

Mitten im Herzen Hamburgs liegt Deutschlands größtes inhabergeführtes Fünfsternehotel. Das Business- und Veranstaltungshotel, das 2017 mit dem Location Award ausgezeichnet wurde, ist ein lebendiger Treffpunkt für Gäste aus aller Welt. Neben 510 großzügigen Zimmern, davon 18 Suiten, laden vier verschiedene Restaurants, ein Café und zwei Bars zu einem einmaligen Hotelerlebnis ein.

GASTRONOMIE

ANZAHL DER RESTAURANTS: 5 (+ 2 Bars)
Piazza Romana: feine mediterrane Küche in stilvollem Ambiente
Brasserie Flum: französische Küstlichkeiten
Theo's Prime Beef Restaurant: Dry Aged Beef in bester Qualität und exklusiver Atmosphäre

WELLNESS

GRÖSSE DES SPA: 1.000 m²
AUSSTATTUNG UND BESONDERHEITEN SPA: Gäste genießen Beauty-Treatments, verschiedene Saunen, Massagen, sowie einen 14 x 7 Meter warmen Indoorpool mit Außenterrasse.

VERANSTALTUNGSRÄUME

ANZAHL UND GRÖSSE: 30 (bis 1.200 Personen)
VERANSTALTUNGSTECHNIK: hauseigene modernste Veranstaltungstechnik, Oval Office in der sechsten Etage mit eigener Bar, Küche und Terrasse; der Festsaal ist befahrbar und auch für PKW- Vorstellungen interessant, 16 Millionen Farbnuancen für individuelle Beleuchtungskonzepte, Highspeed-Internetzugang WLAN/LAN, Möglichkeit für hybride Meetings
SPEZIELLE TAGUNGSSERVICES: 4.200 m², Certified Conference Hotel, durchdachtes Sicherheits- und Hygienekonzept, persönliche und kompetente Beratung und Unterstützung

FREIZEITANGEBOT

1.000 m²-Spa-Bereich inkl. Ruhebereich, Sauna, Solarium, Massagen, Beauty-Anwendungen und Fitnessraum, hoteleigene Kunstsammlung und Galerie

© Marc Oeder

BEYOND by Geisel

©privat

GASTGEBER: Nikolai Bloyd seit 2018
Marienplatz 22 | 80331 München | **t** +49 89 700 746 727 | **w** beyond-muc.de
350 € bis 2.000 €

FAKTEN

ANZAHL ZIMMER / SUITEN: 12 Zimmer, 7 Suiten
HOTELGRUPPE: Geisel Privathotels

PHILOSOPHIE DES HAUSES

Das **BEYOND** ist mehr als ein Luxushotel: Es ist ein Zuhause direkt am Marienplatz. Durchdachtes Design, moderner Komfort, exklusive Gesellschaft und ein Gefühl, unter Freunden zu sein. Die Gäste werden von herzlichen Gastgebern, einem Privatkoch sowie dem 24-Stunden-Concierge-Service umsorgt.

ALLEINSTELLUNGSMERKMALE

Unmittelbar am Marienplatz, einziges Hotel mit direktem Blick auf das Rathaus und das Glockenspiel, persönlicher Gastgeber und Privatkoch, exklusivste Residenz Münchens, Zutritt nur für Gäste und deren Gäste

GASTRONOMIE

Ein Privatkoch steht den Gästen rund um die Uhr zur Verfügung und bereitet auf Wunsch auch gerne die Lieblingsgerichte zu. Bei Buchung des Kulinarikpakets sind ausgewählte Speisen und Getränke 24/7 im Zimmerpreis inkludiert.

VERANSTALTUNGSRÄUME

SPEZIELLE TAGUNGSSERVICES: Die ganze Residenz kann exklusiv für Events gebucht werden.

Orania.Berlin

GASTGEBER: Jennifer und Philipp Vogel seit 2017 (Eröffnung)
Oranienstraße 40 | 10999 Berlin | **t** +49 30 695 396 80 | **w** orania.berlin
170 € bis 1.800 €

FAKTEN

ANZAHL ZIMMER / SUITEN: 25 Zimmer, 16 Suiten
HOTELGRUPPE: Schloss Elmau Luxury SPA Retreat & Cultural Hideaway
KINDERFREUNDLICH: ja

PHILOSOPHIE DES HAUSES

Weltoffen und charmant begrüßt sie das **Orania.Berlin** im kreativen Herzen der Stadt. Klassisch legerer Schick und nachhaltig moderner Komfort mit herausragender Gastlichkeit. Brilliante Kochkunst, erstklassige Drinks, mitreißend behagliche Atmosphäre, täglich begleitet von Live-Konzerten großer Berliner Künstler.

ALLEINSTELLUNGSMERKMALE

Das unverwechselbare Design von Dietmar Müller-Elmau gepaart mit dem wilden internationalen Flair Kreuzbergs, die wundervolle Gastfreundschaft der Familie Vogel und die wohltuende Authentizität des gesamten Teams zeichnet die Einzigartigkeit des Hauses aus.

GASTRONOMIE

ANZAHL DER RESTAURANTS: 1
Orania.Restaurant: 15 Gault&Millau-Punkte, 100 Restaurants für jeden Tag (Feinschmecker); kosmopolitische, weltoffene Küche, bekannt für die **»X-Berg Duck«**, welche alleine schon eine Reise wert ist

VERANSTALTUNGSRÄUME

ANZAHL UND GRÖSSE: 1 (bis 120 Personen)
VERANSTALTUNGSTECHNIK: Digital Boardroom, Digital Meeting- und Video Conference, Steinway D-Flügel und B-Flügel, Konzerttechnik
SPEZIELLE TAGUNGSSERVICES: individuelle Tagungen, Meetings, Incentives, Hochzeiten, Geburtstage, Ausstellungen, ausgestattet für Konzerte und Record Releases auf höchstem Niveau

FREIZEITANGEBOT

Jeden Abend Live-Konzerte von großen Künstlern, die in Berlin leben; optimal ausgestatteter Fitnessbereich; Concierge-Service, Empfehlungen und Insider Tipps zu Berlin sowie die Lage mitten im pulsierenden Kreuzberg

Orania.Berlin

BERLIN

© Regent Berlin

Regent Berlin

GASTGEBER: Claus Geißelmann seit August 2019
Charlottenstraße 49 | 10117 Berlin | **t** +49 30 20338 | **w** regenthotels.com/berlin
229 € bis 4.500 €

FAKTEN

ANZAHL ZIMMER / SUITEN: 156 Zimmer, 39 Suiten
HOTELGRUPPE: IHG
KINDERFREUNDLICH: ja

PHILOSOPHIE DES HAUSES

Mit einem Aufenthalt im Hotel **Regent Berlin** erleben Sie Eleganz, Luxus und von Herzen kommende Gastfreundschaft, gepaart mit intimem Service und persönlichen Momenten. Damit kreieren wir Verwöhnmomente sowie individuelle Erlebnisse für unsere Gäste. Das Regent Berlin bietet eine wunderbare Balance zwischen perfekter Lage mit Blick auf den historischen Gendarmenmarkt, Großstadt-Feeling und privatem Rückzugsort.

ALLEINSTELLUNGSMERKMALE

Das **Regent Berlin** bietet die Vorzüge einer zentralen Lage in der historischen Mitte der Hauptstadt und zugleich die Privatsphäre eines Boutiquehotels. Sie sind nur wenige Schritte von den populärsten Attraktionen sowie exklusiven Geschäften entfernt und erfreuen sich dennoch eines erholsamen und luxuriösen Rückzugsortes.

GASTRONOMIE

ANZAHL DER RESTAURANTS: 1 (+1 Bar, +1 Tea & Lobby Lounge)
Charlotte & Fritz: Casual Dining
Regent Bar: klassische Barsnacks, leichte Gerichte
Tea & Lobby Lounge: klassisch britischer Afternoon Tea

WELLNESS

GRÖSSE DES SPA: 300 m²
AUSSTATTUNG UND BESONDERHEITEN SPA: separate Saunen für Frauen und Männer (Bio-Sauna, finnische Sauna), Massagen und Schönheitsbehandlungen auf Anfrage, Fitnessstudio

VERANSTALTUNGSRÄUME

ANZAHL UND GRÖSSE: 10 (bis 120 Personen)
VERANSTALTUNGSTECHNIK: erstklassige Konferenz-, Computer- und Kommunikationstechnik
SPEZIELLE TAGUNGSSERVICES: Konferenzen, Tagungen, Hochzeiten, weitere private Feiern

FREIZEITANGEBOT

Concierge-Service, Limousinen- und Fahrer-Service

SO / Berlin Das Stue

GASTGEBER: Dario Pithard seit März 2021
Drakestraße 1 | 10787 Berlin | **t** +49 30 31 17 220 | **w** so-berlin-das-stue.com
230 € bis 5.200 €

FAKTEN

ANZAHL ZIMMER / SUITEN: 59 Zimmer, 19 Suiten
HOTELGRUPPE: Accor, SO / Hotels & Resorts
KINDERFREUNDLICH: ja

PHILOSOPHIE DES HAUSES

Das klassizistische Gebäude beherbergte einst die königliche dänische Gesandtschaft. »Stue« ist dänisch für Wohnzimmer. Einfühlsam renoviert, bieten die 78 Zimmer und Suiten des **SO/ Berlin Das Stue** traumhafte Blicke über den Tiergarten, den Berliner Zoo und die Skyline Berlins.

ALLEINSTELLUNGSMERKMALE

Eine einzigartige Lage im grünen Herzen Berlins, und hinter der denkmalgeschützten Fassade fühlt man sich dank der offenen Raumgestaltung mit viel Tageslicht wie in einem eleganten Wohnzimmer. Innen beleben und berühren kunstvolles Interior-Design, Sterneküche und Barkultur.

GASTRONOMIE

ANZAHL DER RESTAURANTS: 2
Cinco by Paco Pérez: 1 Michelin-Stern; spanische Avantgardeküche
The Casual: All-Day-Dining-Restaurant, hier wird bei neu interpretierten Tapas Gesellschaft genossen und zelebriert.

WELLNESS

GRÖSSE DES SPA: 260 m^2
AUSSTATTUNG UND BESONDERHEITEN SPA: Unser **SUSANNE KAUFMANN Boutique SPA** überzeugt durch die Heilkraft der Pflanzenwelt mit ihren natürlichen aktiven Inhaltsstoffen.

VERANSTALTUNGSRÄUME

ANZAHL UND GRÖSSE: 2 (bis 200 Personen)
VERANSTALTUNGSTECHNIK: Hybrid Meetings, Zoom-Konferenz mit Audio in und Audio out inklusive Bildschirm und Beschallung
SPEZIELLE TAGUNGSSERVICES: Besondere Tage oder Termine noch besonderer machen: Zur Hochzeit im Luxus schwelgen, dem Abendessen eine Prise Mondänität verleihen. Auch Pressekonferenzen und Besprechungen sind möglich.

FREIZEITANGEBOT

Ein privater Eingang zum Zoo für Hausgäste, E-Bikes zum Ausleihen, Sehenswürdigkeiten und der Ku'damm sind fußläufig erreichbar.

Rocco Forte The Charles Hotel

GASTGEBER: Frank Heller seit 2007 (Eröffnung)
Sophienstraße 28 | 80333 München | **t** +49 89 544 555 1430 |
w roccofortehotels.com/the-charles-hotel
410 € bis 18.000 €

TOP PERFORMER
DIGITALPREIS DER
DEUTSCHEN HOTELLERIE

FAKTEN

ANZAHL ZIMMER / SUITEN: 136 Zimmer, 24 Suiten
HOTELGRUPPE: Rocco Forte Hotels
KINDERFREUNDLICH: ja

PHILOSOPHIE DES HAUSES

Wie jedes **Rocco Forte Hotel** reflektiert auch das The Charles Hotel den authentischen Charakter und die Geschichte seiner Stadt. In einmaliger Lage, zwischen dem Alten Botanischen Garten, dem Karlsplatz sowie dem Königsplatz, ist das Hotel der ideale Ausgangspunkt für Geschäfts- und Privatreisende. 2007 erbaut ist das mehrfach ausgezeichnete The Charles Hotel das neueste Fünfsterne-Superior-Hotel in München. Hier treffen Tradition, Lifestyle und stilvolle Moderne aufeinander.

ALLEINSTELLUNGSMERKMALE

Das **The Charles Hotel** besticht durch seine einmalige, zentrale Lage – nur drei Gehminuten vom Münchner Hauptbahnhof entfernt. Mit einer Mindestgröße von 40 m² beherbergt das preisgekrönte Haus die größten Standardzimmer der Stadt.

GASTRONOMIE

ANZAHL DER RESTAURANTS: 1 (+1 Bar)
Sophia's Restaurant & Bar: »Botanical Bistronomy«, spiegelt die Bedeutung regionaler und saisonaler Produkte wider. Kräuter und Gewürze aus der ganzen Welt sorgen für eine herrliche Symbiose aus regional und global.

WELLNESS

GRÖSSE DES SPA: 800 m²
AUSSTATTUNG UND BESONDERHEITEN SPA: Indoorpool (15 x 8 m), Dampfbad, Sauna, Gym, Anwendungen mit Kosmetiklinie Irene Forte Skincare oder Cellcosmet

VERANSTALTUNGSRÄUME

ANZAHL UND GRÖSSE: 8 (bis 250 Personen)
VERANSTALTUNGSTECHNIK: modernste technische Ausstattung in allen Räumlichkeiten
SPEZIELLE TAGUNGSSERVICES: sieben Konferenzräume, größtenteils mit Tageslicht sowie ein 300 m² großer, teilbarer Ballsaal für Veranstaltungen mit bis zu 250 Personen

FREIZEITANGEBOT

zentrale Lage im Stadtzentrum, nur wenige Gehminuten von Sehenswürdigkeiten, Biergärten und Einkaufsmöglichkeiten entfernt

The Ritz-Carlton Berlin

© Marvin Pelny

GASTGEBER: Torsten Richter seit Juli 2021
Potsdamer Platz 3 | 10785 Berlin | **t** +49 30 33 7777 | **w** ritzcarlton.de/berlin
265 € bis 15.000 €

FAKTEN

ANZAHL ZIMMER / SUITEN: 262 Zimmer, 41 Suiten
HOTELGRUPPE: Marriott International
KINDERFREUNDLICH: ja

PHILOSOPHIE DES HAUSES

»We are Ladies and Gentlemen, serving Ladies and Gentlemen.« – Die Ladies and Gentlemen des **The Ritz-Carlton, Berlin** begrüßen ihre Gäste mit einem Höchstmaß an persönlichem Service in dem liebevoll neu gestalteten Grandhotel am Potsdamer Platz.

ALLEINSTELLUNGSMERKMALE

Das **The Ritz-Carlton, Berlin** bietet modernen Luxus im Herzen der Hauptstadt. Die Gästezimmer und -suiten, die Konferenzetage sowie alle öffentlichen Bereiche erstrahlen in einem neuen, eleganten Look, inspiriert von einer modernen Interpretation der Stilrichtung Art-déco. Neu: Pawfect Stay, das Ritz Carlton Hundebett.

GASTRONOMIE

ANZAHL DER RESTAURANTS: 1 (+2 Bars, +1 Tea Lounge)
POTS by Dieter Müller: Mathias Brandweiner – Gastgeber des Jahres (Berliner Meisterköche), 14 Gault&Millau-Punkte; modern interpretierte deutsche Küche
The Curtain Club: klassische Cocktails und Barsnacks mit Live-Musik
Fragrances: außergewöhnliche Cocktails auf Basis edler Parfums
The Lounge: klassische Lounge mit Afternoon Tea und Live-Musik

WELLNESS

GRÖSSE DES SPA: 390 m²
AUSSTATTUNG UND BESONDERHEITEN SPA: Jetstream-Indoorpool, finnische gemischte Sauna und Dampfsauna, Fitnessbereich, Treatments auf Anfrage

VERANSTALTUNGSRÄUME

ANZAHL UND GRÖSSE: 10 (bis 900 Personen)
VERANSTALTUNGSTECHNIK: Alle Konferenzräume wurden neu renoviert, modernste Tagungstechnik.
SPEZIELLE TAGUNGSSERVICES: Meetings, Konferenzen, Incentives, Pressekonferenzen sowie Social Events wie Hochzeiten und Bälle werden von einem erfahrenen Eventteam liebevoll geplant und betreut.

FREIZEITANGEBOT

Tiergarten vor der Tür für Joggingrunden im Park, neu: Running Concierge: Lernen Sie die Stadt kennen, während Sie fit bleiben! Fahrrad- und E-Bike-Verleih, Ritz Kids Programm, Limousinen-Transfer

Colombi Hotel

GASTGEBER: Dr. Kirsten Moser seit 2018, Michael-Stephan Sänger seit 2003
Am Colombi Park | Rotteckring 16 | 79098 Freiburg | **t** +49 761 2106 0 | **w** colombi.de
215 € bis 1.650 €

FAKTEN

ANZAHL ZIMMER / SUITEN: 47 Zimmer, 55 Suiten
HOTELGRUPPE: The Leading Hotels of the World, Ltd.
KINDERFREUNDLICH: ja

PHILOSOPHIE DES HAUSES

Regional verbunden und der Welt geöffnet – das **Colombi Hotel** bietet seinen Gästen »a home away from home«. Großzügigkeit, luxuriöse Behaglichkeit und exzellenter, freundlicher Service werden in unserem Hotel Ihre ständigen Begleiter sein.

ALLEINSTELLUNGSMERKMALE

Einmalige Lage am Rand der Altstadt von Freiburg im Dreiländereck (Deutschland-Frankreich-Schweiz). Idealer Ausgangspunkt für einen Trip in den Schwarzwald, den Kaiserstuhl, das Markgräflerland und das Elsass.

GASTRONOMIE

ANZAHL DER RESTAURANTS: 4
Zirbelstube und Falkenstube: 16 Gault&Millau-Punkte; Gourmetrestaurant
Hans Thoma Stube: regionale Küche
Graf Anton: Café, Confiserie und Bistro

WELLNESS

GRÖSSE DES SPA: 200 m²
AUSSTATTUNG UND BESONDERHEITEN SPA: Pool, Sauna, Dampfbad, Fitnessraum, Friseur und Beauty-Anwendungen

VERANSTALTUNGSRÄUME

ANZAHL UND GRÖSSE: 6 (bis 250 Personen)
SPEZIELLE TAGUNGSSERVICES: Sekretariats-Service, Event Planner, Incentive Planner

FREIZEITANGEBOT

Fahrrad- und Mietwagenverleih, Stadtführungen und Rundfahrten, Golfplatz und Tennisplatz in der Nähe

VILA VITA Rosenpark

GASTGEBER: Marcus Förtsch seit 2012
Anneliese Pohl Allee 7-17 | 35037 Marburg | **t** +49 6421 6005 0 |
w rosenpark.com | vilavitamarburg.de
195 € bis 410 €

TOP PERFORMER
DIGITALPREIS DER DEUTSCHEN HOTELLERIE

FAKTEN
ANZAHL ZIMMER / SUITEN: 169 Zimmer, 27 Suiten
HOTELGRUPPE: VILA VITA Hotels
KINDERFREUNDLICH: ja

PHILOSOPHIE DES HAUSES
Herzlichkeit ist eine Haltung, die wir leben. Unsere Gäste, ob groß oder klein, sollen bei uns ein temporäres Zuhause finden. Das zeitgemäße Ambiente, liebevolle Details und unser professionelles Team sorgen für einen rundum gelungenen Aufenthalt.

ALLEINSTELLUNGSMERKMALE
Einzigartig, vielfältig! Zentral, dennoch sehr ruhig im Grünen direkt an der Lahn gelegen, bietet den Service-Anspruch eines hochwertigen und urbanen Lebensstils. Kulinarik auf internationalem Niveau. Alleine sechs À-la-carte-Restaurants in direkter Erreichbarkeit. Prämierter SPA.

GASTRONOMIE
ANZAHL DER RESTAURANTS: 6 (+ 1 Bar)
OLIVA: klassische, mediterrane Gerichte
Zirbelstube: regional-ländliche Klassiker in rustikalem Ambiente
Zusätzlich 4 **Vila Vita** À-la-carte-Restaurants in Marburg
36c° Bar: Barkultur im Retro-Ambiente der 70er

WELLNESS
GRÖSSE DES SPA: 1.000 m²
AUSSTATTUNG UND BESONDERHEITEN SPA: Saunen, Pool, Dampfbad, Schneekabine, Gym, Massagen (u. a. Wavebalance), modernste Beauty Treatments inklusive Hydrafacial

VERANSTALTUNGSRÄUME
ANZAHL UND GRÖSSE: 12 (bis 150 Personen); anschließendes Congresszentrum (über 1.000 m², bis 500 Personen)
VERANSTALTUNGSTECHNIK: moderne, hochwertige Audio- und Videotechnik, immer angepasst an die individuellen Bedürfnisse
SPEZIELLE TAGUNGSSERVICES: Perfekte technische Ausstattung zur Ausrichtung einer Hybridveranstaltung. Professionelle Streaming-Equipments ermöglichen reibungslose Übertragung des Events in die ganze Welt.

FREIZEITANGEBOT
Wellness, Rad- und Wanderwege, altehrwürdige Stadthistorie, Sport, vielseitige Kulinarik, Kultur, Wasserpark, Kletterpark, Bootsfahrten

VILA VITA Rosenpark

© Vila Vita Hotels

© TORTUE HAMBURG

Tortue Hamburg

GASTGEBER: Marc Ciunis, Carsten von der Heide seit Juni 2018
Stadthausbrücke 10 | 20355 Hamburg | **t** +49 40 334 414 00 | **w** tortue.de
195 € bis 410 €

TOP PERFORMER
DIGITALPREIS DER DEUTSCHEN HOTELLERIE

FAKTEN

ANZAHL ZIMMER / SUITEN: 114 Zimmer, 14 Suiten
HOTELGRUPPE: Design Hotels

PHILOSOPHIE DES HAUSES

Wohin Sie im **TORTUE** auch kommen, es erwartet Sie die andere Welt. Das andere Refugium, das schönere Séparée, ein Wohnzimmer, womöglich Versteck. Zudem unsere Bars, Restaurants, Salons und unsere Brasserie. Und die Ruhe, all dies für unzählige Gelegenheiten und zählende Überraschungen.

ALLEINSTELLUNGSMERKMALE

Es gehört allen, die all die Welten, die das **TORTUE** beheimatet, lieben. Von der **bar noir** über die **bar bleu** in die **bar privé**, durch die französische **brasserie** ins asiatische Restaurant **JIN GUI** und Private Dining in den vier formidablen **salons**. Das **petite TORTUE**, die Tagesbar am neuen Wall sowie das **atelier TORTUE**, Co-workingspace, Podcast-Studio und Showküche.

GASTRONOMIE

ANZAHL DER RESTAURANTS: 3
brasserie: hanseatisch, weltoffen und dabei stets très français!
JIN GUI: eine moderne und atemberaubende Interpretation der asiatisch-chinesischen Küche
chez l'ami: Schlemmen wie Gott in Frankreich

VERANSTALTUNGSRÄUME

ANZAHL UND GRÖSSE: 4 (bis 70 Personen)
VERANSTALTUNGSTECHNIK: hochwertige und moderne Technik
SPEZIELLE TAGUNGSSERVICES: für Private Dining, Konferenzen, Events; feste Bestuhlung, Bartresen, kostenfreies WLAN, teilweise Balkon

FREIZEITANGEBOT

Shoppingmöglichkeiten (Neuer Wall) sowie der Hafen, die Elbphilharmonie, Speicherstadt, Fahrradtour durch die HafenCity, Rathaus, Jungfernstieg, Stand-Up-Paddling auf der Alster

Grand Hyatt Berlin

GASTGEBER: Jan Peter van der Ree seit 2017
Marlene-Dietrich-Platz 2 | 10785 Berlin | **t** +49 30 255 312 34 | **w** grandhyattberlin.com
180 € bis 4.000 €

FAKTEN

ANZAHL ZIMMER / SUITEN: 321 Zimmer, 21 Suiten
HOTELGRUPPE: Hyatt
KINDERFREUNDLICH: ja

PHILOSOPHIE DES HAUSES

»We care for people so they can be their best.« Wir bieten ein Arbeitsumfeld, in dem unsere Mitarbeiter:innen Freunde werden. Jeden Tag schenken wir unseren Gästen unsere Zuwendung. Diese Zuwendung ist das Herz unseres Geschäfts, und dieses Erlebnis ist für unsere Gäste unverwechselbar.

ALLEINSTELLUNGSMERKMALE

Entdecken Sie Kunst und Design internationaler Künstler in den eleganten Zimmern und Suiten. Mit Blick über Berlin lädt der luxuriöse Rooftop SPA zum Entspannen ein und die facettenreichen Restaurants zu kulinarischen Höhepunkten.

GASTRONOMIE

ANZAHL DER RESTAURANTS: 3 (+1 Bar)
Vox Restaurant: asiatisch inspirierte moderne Küche und authentisches japanisches Sushi-Restaurant im modernen Ambiente und mit einer großzügigen Sommerterrasse
VOX BAR: Kreative Cocktails, klassische Drinks und hochwertige Zigarren aus dem eigenen Humidor in einer exklusiven Atmosphäre. Unter der großen Sammlung von über 300 Spirituosen und Whiskies befinden sich auch besondere Raritäten, die der Barchef von seinen Reisen mitbringt.
Tizian Lounge: Die exklusiven Vorzüge des Grand Clubs werden in der Tizian Lounge angeboten.
Pop Up Restaurant: wechselnde kulinarische Erlebnisse und kreative Restaurantkonzepte

WELLNESS

GRÖSSE DES SPA: 800 m²
AUSSTATTUNG UND BESONDERHEITEN SPA: Pool und Terrasse mit Blick über Berlin, Fitnesscenter, Schönheitsbehandlungen, Massagen, Körper- und Gesichtsbehandlungen

VERANSTALTUNGSRÄUME

ANZAHL UND GRÖSSE: 9 (bis 850 Personen)
VERANSTALTUNGSTECHNIK: Erfüllung aller technischen Anforderungen durch Technikpartner KFP, Tageslicht in allen Räumen
SPEZIELLE TAGUNGSSERVICES: Meetings, Incentives, Konferenzen, Hochzeiten und andere private Veranstaltungen, Hyatt Catering mit individuellem Speisekonzept, Autopräsentationen möglich

FREIZEITANGEBOT

Club Olympus Rooftop Spa & Fitness, offizieller Hotelpartner der Berliner Philharmonie, Kulturforum und Neue Nationalgalerie fußläufig

progros
BORN TO BUY.
PROGROS UNITED
Der Einkaufspool »buy« progros
PROGROS DIGITAL
Die Web:Tools »buy« progros
PROGROS PROJECT
Einrichtung & Ausstattung »buy« progros
PROGROS UNLIMITED
Das Grenzenlos »buy« progros
DEKRA

HOTEL DE ROME
HOTEL DE ROME

Rocco Forte Hotel de Rome

GASTGEBER: Gordon Debus seit August 2017
Behrenstraße 37 | 10117 Berlin | **t** +49 30 460 60 90 | **w** roccofortehotels.com/hotel-de-rome
350 € bis 18.000 €

AUSSTATTUNG

ANZAHL ZIMMER / SUITEN: 108 Zimmer, 37 Suiten
HOTELGRUPPE: Rocco Forte Hotels
KINDERFREUNDLICH: ja

PHILOSOPHIE DES HAUSES

Wie jedes **Rocco Forte Hotel** reflektiert auch das Hotel de Rome den authentischen Charakter und die Geschichte seiner Stadt. Das Hotel befindet sich am historischen Bebelplatz in einem Gebäude aus dem 19. Jahrhundert, einst Sitz der renommierten Dresdner Bank. Hier treffen Tradition, Lifestyle und stilvolle Moderne aufeinander.

ALLEINSTELLUNGSMERKMALE

Das **Hotel de Rome** ist im restaurierten ehemaligen Hauptsitz der Dresdner Bank von 1889 untergebracht – eines der wenigen Luxushotels in einem original historischen Gebäude. Es ist einzigartig in seiner Kombination aus denkmalgeschützter Architektur und zeitgenössischem Design.

GASTRONOMIE

ANZAHL DER RESTAURANTS: 1 (+4 Bars)
CHIARO Restaurant mit Garten: authentische italienische Küche mit japanischen Einflüssen, unter der kulinarischen Leitung von Tim Mälzer
CHIARO Bar: Drinks und italienische Speisen
Rooftop Terrace Bar: mit Blick über Berlins historische Mitte
Hedwig Terrace: exklusive Lounge-Terrassse
Opera Court: Berlins beliebtester Afternoon Tea

WELLNESS

GRÖSSE DES SPA: 800 m²
AUSSTATTUNG UND BESONDERHEITEN SPA: Das **De Rome SPA** liegt im ehemaligen Tresorraum der einstigen Bank, mit Indoorpool (20 m), Gym, Sauna und Dampfbad und wurde komplett renoviert.

VERANSTALTUNGSRÄUME

ANZAHL UND GRÖSSE: 7 (bis 600 Personen)
VERANSTALTUNGSTECHNIK: Standardtechnik, Erfüllung aller technischen Anforderungen durch Technikpartner KFP
SPEZIELLE TAGUNGSSERVICES: Rooftop-BBQ, Hochzeiten im historischen Ballsaal (inklusive Hochzeitsplaner und Bachelorette-Party), Press-Junkets, Meetings, Incentives, Konferenzen

FREIZEITANGEBOT

Zentral gelegen am Bebelplatz gegenüber der Staatsoper, fußläufig zur Museumsinsel und vielen weiteren Attraktionen Berlins

Park Hyatt Hamburg

GASTGEBER: Tashi Takang seit Juni 2010
Bugenhagenstr. 8 | 20095 Hamburg | **t** +49 40 3332 1234 | **w** parkhyatthamburg.com
195 € bis 5.000 €

FAKTEN

ANZAHL ZIMMER / SUITEN: 231 Zimmer, 21 Suiten, 31 Apartments
HOTELGRUPPE: Hyatt Hotels

PHILOSOPHIE DES HAUSES

Luxury is personal.

ALLEINSTELLUNGSMERKMALE

Das Luxushotel befindet sich im Levantehaus, einem traditionellen Kontorhaus, direkt im Herzen von Hamburg. Eleganz und Zeitlosigkeit, kombiniert mit hoher Funktionalität, zeichnen die Gästezimmer aus. Ein 1.000 m^2 großer SPA-Bereich sorgt für Entspannung.

GASTRONOMIE

ANZAHL DER RESTAURANTS: 2
Apples Restaurant: Diners' Choice Award in der Kategorie »Beste Restaurants in Hamburg«; regionale Küche mit innovativen Akzenten, serviert aus einer offenen Showküche, Sommerterrasse mit Urban Garden
Park Lounge: traditioneller Afternoon Tea; Klassiker, wie Club Sandwiches, Burger und Wiener Schnitzel

WELLNESS

GRÖSSE DES SPA: 1.000 m^2
AUSSTATTUNG UND BESONDERHEITEN SPA: luxuriöser SPA-Bereich mit Pool, Sauna, Dampfbad, Meersalz-Sole und Fitnessbereich

VERANSTALTUNGSRÄUME

ANZAHL UND GRÖSSE: 9 (bis 200 Personen)
VERANSTALTUNGSTECHNIK: modernste Veranstaltungstechnik, wie z. B. Videokonferenzen
SPEZIELLE TAGUNGSSERVICES: Safe-Meeting-Konzept, Healthy-Meeting-Angebot, Meeting-to-go-Angebot

FREIZEITANGEBOT

Erlebnistouren: Architektur, Wochenmarkt, Kiez

DIBBERN
FINE BONE CHINA
MADE IN GERMANY
DIBBERN.DE

InterContinental Berlin

GASTGEBER: Aernout de Jong seit September 2015
Budapesterstr. 2 | 10787 Berlin | **t** +49 30 2602 0 | **w** berlin.intercontinental.com
179 € bis 3.800 €

HORNSTEIN
RANKING 2021

FAKTEN

ANZAHL ZIMMER / SUITEN: 558 Zimmer, 60 Suiten
HOTELGRUPPE: IHG
KINDERFREUNDLICH: ja

PHILOSOPHIE DES HAUSES

Wir bei **InterContinental Hotels & Resorts** glauben, dass internationale Reisen immer verlockend sein sollten. Daher stehen wir für Gastfreundschaft in Kombination mit unserem internationalen Know-how und unserer lokalen kulturellen Weisheit.

ALLEINSTELLUNGSMERKMALE

Das **InterContinental Berlin,** ideal im Herzen der Stadt gelegen, ist mit 558 Zimmern und einer Veranstaltungsfläche von knapp 6.000 m² eines der größten und führenden Tagungshotels in Europa.

GASTRONOMIE

ANZAHL DER RESTAURANTS: 2 (+1 Bar)
Hugos Restaurant: 1 Michelin-Stern; Sterneküche, bekannt für seine von der Salumeria geschnittenen Cecina de Lloh; Private Dining
Marlene Restaurant: regionale Spezialitäten, traditionelle Berliner Gerichte
Marlene Bar: Hommage an Marlene Dietrich, Auswahl an Cocktails und lokalen Gerichten

WELLNESS

GRÖSSE DES SPA: 1.000 m²
AUSSTATTUNG UND BESONDERHEITEN SPA: Pool, gemischte Sauna, Damensauna, Whirlpool, Poolbar, Terrasse, Fitnesscenter, Massagen und Schönheitsbehandlungen

VERANSTALTUNGSRÄUME

ANZAHL UND GRÖSSE: 33 (bis 1.500 Personen)
VERANSTALTUNGSTECHNIK: modernste Technologien (Bühnenbeleuchtung, Räume mit verschiebbaren Wänden etc.), Technikpartner Encore
SPEZIELLE TAGUNGSSERVICES: Boardmeetings, Kongresse, Ausstellungen, Bankettveranstaltungen, Konferenzen, Meetings, Incentives, Hochzeiten, weitere private Veranstaltungen

FREIZEITANGEBOT

Clublounge, Concierge-Service, Limousinenservice, Business Center, Einkaufsstraße Ku'damm in unmittelbarer Nähe, Tiergarten

Hyatt Regency Düsseldorf

GASTGEBER: Axel Ziegler seit Juni 2013
Speditionstraße 19 | 40221 Düsseldorf | **t** +49 211 91341234 | **w** hyattregencydusseldorf.com
250 € bis 650 €

AUSSTATTUNG

ANZAHL ZIMMER / SUITEN: 290 Zimmer, 13 Suiten
HOTELGRUPPE: Hyatt Corporation
KINDERFREUNDLICH: ja

PHILOSOPHIE DES HAUSES

Luxushotel mit exklusiver Lage im Düsseldorfer MedienHafen

ALLEINSTELLUNGSMERKMALE

Im Szeneviertel MedienHafen glänzt das moderne Businesshotel mit einzigartigem Blick auf den Rhein und die Skyline der Stadt, nahe kulturellen Attraktionen und Shoppingmöglichkeiten.

GASTRONOMIE

ANZAHL DER RESTAURANTS: 2
DOX Restaurant & Bar: moderne regionale sowie internationale Küche mit frischen Produkten aus der Umgebung sowie Cocktails, Wein und klassischen Barsnacks
Pebble's Terrasse: gegrillte Sommergerichte und erfrischende Getränke

WELLNESS

GRÖSSE DES SPA: 485 m²
AUSSTATTUNG UND BESONDERHEITEN SPA: Das **Rive SPA** bietet 7 private Behandlungsräume, 1 Ruheraum, 1 großen Whirlpool sowie eine Nass- und eine Trockensauna.

VERANSTALTUNGSRÄUME

ANZAHL UND GRÖSSE: 10 (bis 400 Personen)
VERANSTALTUNGSTECHNIK: hydraulische Außentreppe für einen spektakulären separaten Eingang
SPEZIELLE TAGUNGSSERVICES: 7 moderne Tagungsräume mit Tageslicht, Ballsaal mit Wasserdach aus Glas und hydraulischer Außentreppe, Mindful-und-Wellbeing-Meetingkonzept, innovative und gesunde Speisen

FREIZEITANGEBOT

MedienHafen mit moderner Architektur, Shoppingmeile Königsallee und Kö-Bogen, »Little Tokyo«, Düsseldorfer Altstadt mit Hausbrauereien

Waldorf Astoria Berlin

GASTGEBER: Gregor Andréewitch seit Oktober 2013
Hardenbergstrasse 28 | 10623 Berlin | **t** +49 30 814 00 00 | **w** waldorfastoriaberlin.de
300 € bis 10.000 €

FAKTEN

ANZAHL ZIMMER / SUITEN: 152 Zimmer, 80 Suiten
HOTELGRUPPE: Hilton Hotels & Resorts

PHILOSOPHIE DES HAUSES

Wir pflegen ganz stark die Kultur des **True Waldorf Services.** Die Bedürfnisse des Gastes stehen im Vordergrund, und unser Ziel ist es, seine Erwartungen noch zu übertreffen, um ein Luxuserlebnis und bleibende Erinnerungen zu schaffen.

ALLEINSTELLUNGSMERKMALE

Einziges Haus in Deutschland, ausgezeichnete Lage im Herzen der Berliner City West gegenüber dem Tiergarten und Zoo, fußläufig zum Einkaufsboulevard Kurfürstendamm mit Luxuslabels, 80 luxuriöse und geräumige Suiten mit einzigartigem Blick auf Berlin, Balkone und Kitchinettes sind in einigen Suiten verfügbar.

GASTRONOMIE

ANZAHL DER RESTAURANTS: 1 (+1 Bar)
ROCA: Der Name leitet sich ab vom Romanischen Café, der legendären Begegnungsstätte der Berliner Kunst- und Kreativszene der Zwanzigerjahre. Im heutigen ROCA werden nun eine zeitgemäße mediterrane Küche sowie Klassiker des Mutterhauses in New York serviert.
Lang Bar: eineleganter und kultivierter Treffpunkt mit einzigartiger Aussicht auf das geschäftige Treiben rund um die Kaiser-Wilhelm-Gedächtniskirche genießen.

WELLNESS

GRÖSSE DES SPA: 1.000 m²
AUSSTATTUNG UND BESONDERHEITEN SPA: Indoorpool, Sauna, Dampfbad, 8 moderne Behandlungsräume

VERANSTALTUNGSRÄUME

ANZAHL UND GRÖSSE: 8 (bis 250 Personen)
VERANSTALTUNGSTECHNIK: speziell auf den Kunden zugeschnittene Techniklösungen
SPEZIELLE TAGUNGSSERVICES: individuell entwickelte Veranstaltungskonzepte und Menüs; exklusive Veranstaltungsetage

Hotel Palace Berlin

GASTGEBER: Michael Frenzel seit August 2010
Budapester Strasse 45 | 10787 Berlin | **t** +49 30 2502 1190 | **w** palace.de
120 € bis 2.500 €

AUSSTATTUNG
ANZAHL ZIMMER / SUITEN: 238 Zimmer, 40 Suiten
HOTELGRUPPE: The Leading Hotels of the World
KINDERFREUNDLICH: ja

PHILOSOPHIE DES HAUSES
Mitten in der pulsierenden City West, zwischen Ku'damm, KaDeWe, Gedächtniskirche und der Concept Mall Bikini Berlin, bietet das privat geführte Luxushotel allen Komfort, den man von einem »Leading Hotel of the World« erwartet.

ALLEINSTELLUNGSMERKMALE
278 Zimmer und Suiten, ein besonderes Barkonzept im »House of Gin«, das Sous-vide Restaurant »beef 45«, eine Club Etage für mehr Privatsphäre sowie der großzügige **Palace Spa Berlin** mit Pool, Saunalandschaft, Eisgrotte und einem modernen Fitnessraum erwartet den Gast im Herzen der City West.

GASTRONOMIE
ANZAHL DER RESTAURANTS: 2 (plus House of Gin)
beef 45: Casual Fine Dining, Sous-vide Restaurant mit Premiumfleischsorten und abgestimmten Gin-Cocktails aus dem House of Gin
Lobby Lounge: casual, internationale Klassiker und saisonale Spezialitäten aus Küche und Patisserie

WELLNESS
GRÖSSE DES SPA: 800 m²
AUSSTATTUNG UND BESONDERHEITEN SPA: Pool, Massagen, Fitnesscenter, Saunalandschaft mit Eisgrotte

VERANSTALTUNGSRÄUME
ANZAHL UND GRÖSSE: 18 (bis 900 Personen)
VERANSTALTUNGSTECHNIK: Standardtechnik, Erfüllung aller technischen Anforderungen durch Technikpartner KFP
SPEZIELLE TAGUNGSSERVICES: Konferenzen, Meetings, Incentives, Presseveranstaltungen, Präsentationen, Hochzeiten, Privatanlässe

FREIZEITANGEBOT
Am Ku'damm gelegen, unweit vom KaDeWe.
Berliner Zoo und Gedächtniskirche sind fußläufig nur ca. 50 Meter entfernt.

Hyatt Regency Köln

GASTGEBER: Robin Saunders seit Januar 2012
Kennedy-Ufer 2a | 50679 Köln | **t** +49 221 828 1234 | **w** hyattregencycologne.com
150 € bis 650 €

AUSSTATTUNG
ANZAHL ZIMMER / SUITEN: 306 Zimmer, 17 Suiten
HOTELGRUPPE: Hyatt Corporation
KINDERFREUNDLICH: ja

PHILOSOPHIE DES HAUSES
Mit Blick auf den Kölner Dom, den Rhein und die Altstadt ist das **Hyatt Regency Köln** perfekt für Geschäfts- und Freizeitreisende, um zentral in Köln zu übernachten. Erleben Sie unkomplizierten, einzigartigen Service, höchsten Komfort und genießen Sie großzügige Gästezimmer.

ALLEINSTELLUNGSMERKMALE
Meeting Campus Konzept, vielfältiges gastronomisches Angebot, Puls Fitness Club mit Indoorpool

GASTRONOMIE
ANZAHL DER RESTAURANTS: 3
Glashaus Restaurant: Speisen mit lokalem Charakter und fernöstlichem Touch
Grissini Restaurant: authentische italienische Gerichte
Sticky Fingers Restaurant: köstliches Streetfood

WELLNESS
GRÖSSE DES SPA: 350 m^2
AUSSTATTUNG UND BESONDERHEITEN SPA: Pool, Sauna, Dampfbad, Massagen

VERANSTALTUNGSRÄUME
ANZAHL UND GRÖSSE: 21 (bis 650 Personen)
VERANSTALTUNGSTECHNIK: Moderne Tagungstechnik steht zur Verfügung.
SPEZIELLE TAGUNGSSERVICES: Im Meeting Campus können kleine Köstlichkeiten in Büfettform angeboten werden. Soft- und Heißgetränke, eine Candy-Bar und kleine Petit Fours stehen bereit.

FREIZEITANGEBOT
Joggingstrecke am Rhein, Puls Fitness Club mit Pool

SIDE Design Hotel Hamburg

GASTGEBER: Alex Obertop seit 2014
Drehbahn 49 | 20354 Hamburg | **t** +49 40 309 990 | **w** side-hamburg.de
ab 160 €

3. PLATZ
DIGITALPREIS DER DEUTSCHEN HOTELLERIE

AUSSTATTUNG

ANZAHL ZIMMER / SUITEN: 168 Zimmer, 10 Suiten
HOTELGRUPPE: Seaside Hotels, Design Hotels
KINDERFREUNDLICH: ja

PHILOSOPHIE DES HAUSES

Die Seele des **SIDE Hotels** sind seine Mitarbeiter:innen, die jeden Tag mit großer Leidenschaft die Gäste begeistern wollen. Ein herzlicher Service und die natürliche Freundlichkeit, verbunden mit dem hochwertigen Design, machen das **SIDE Hotel** zu einem außergewöhnlichen Erlebnis.

ALLEINSTELLUNGSMERKMALE

Minimalismus pur – eine Fassade aus Naturstein und Glas bildet das Gerüst des **SIDE Design Hotels** im Hamburger Stadtzentrum. Konträr zur cleanen Architektur wurde die Inneneinrichtung warm und harmonisch mit hochwertigen Materialien vom Mailänder Designer Matteo Thun gestaltet.

GASTRONOMIE

ANZAHL DER RESTAURANTS: 1
{m}eatery bar + restaurant: Hier treffen sich Steakliebhaber und feiern gemeinsam den ganz großen Genuss. Denn {m}eatery bar + restaurant steht für faszinierendes Ambiente ebenso wie für die kompromisslose, streng kontrollierte Qualität des Fleisches.

WELLNESS

GRÖSSE DES SPA: 450 m²
AUSSTATTUNG UND BESONDERHEITEN SPA: Pool, Sauna und Dampfbad, Gesichts- und Körperbehandlungen sowie Fitnessbereich

VERANSTALTUNGSRÄUME

ANZAHL UND GRÖSSE: 10 (bis 300 Personen)
VERANSTALTUNGSTECHNIK: Leinwand, Beamer, Flipchart, interaktiver 87-Zoll-Touchscreen, Webcam mit Mikrofon, White Board, Mikrofon
SPEZIELLE TAGUNGSSERVICES: Tagungen, Meetings, Incentives, Events, hybride Veranstaltungen

FREIZEITANGEBOT

Wassersport an der Alster oder Elbe, Shopping, Kultur, Sightseeing, Kulinarik

InterContinental Düsseldorf

GASTGEBER/INNEN: Das Team des InterContinental Hotel Düsseldorf
Königsallee 59 | 40215 Düsseldorf | **t** +49 211 82 85 11 23 | **w** duesseldorf.intercontinental.com
250 € bis 5.000 €

AUSSTATTUNG

ANZAHL ZIMMER / SUITEN: 287 Zimmer, 32 Suiten
HOTELGRUPPE: InterContinental Hotels Group
KINDERFREUNDLICH: ja

PHILOSOPHIE DES HAUSES

Internationales Lifestyle-Hotel in bester Lage mit dem Fokus auf den Gast. Von der An- bis zur Abreise ist es Ziel unseres Teams, dem Gast in einem modernen Ambiente ein »home away from home«-Gefühl zu geben und ihn bestens zu betreuen.

ALLEINSTELLUNGSMERKMALE

Das Hotel hat Bestlage direkt auf der Kö. Idealer Ausgangspunkt für eine ausgiebige Shoppingtour oder um die Stadt zu erkunden. Alle wichtigen Stationen sind fußläufig zu erreichen. 2019/2020 wurden die Bereiche Zimmer, Lobby sowie Restaurant neugestaltet.

GASTRONOMIE

ANZAHL DER RESTAURANTS: 1
Das Kö59 trägt die Handschrift der Königsallee: mondän, exklusiv, gastfreundlich und international. Masterminded by Björn Freitag, dem bekannten TV- und Sternekoch, bietet Ihnen unsere Küche eine delikate Kombination aus rheinischer Küche mit internationalem Flair.

WELLNESS

GRÖSSE DES SPA: 4.000 m²
AUSSTATTUNG UND BESONDERHEITEN SPA: Der direkt mit dem Hotel verbundene Holmes Place Fitness and Health Club bietet neben einem großen Fitnessbereich einen Pool (21 m²), einen Whirlpool sowie verschiedene Saunen und Ruhebereiche.

VERANSTALTUNGSRÄUME

ANZAHL UND GRÖSSE: 14 (bis 1.500 Personen)
SPEZIELLE TAGUNGSSERVICES: Tagungen, Konferenzen, Incentives, Meetings, Hochzeiten sowie weitere Events jeglicher Art

FREIZEITANGEBOT

Unser Concierge-Team ist gerne für unsere Gäste da, um ihnen individuell das perfekte Freizeitprogramm in Düsseldorf zusammenzustellen.

Steigenberger Hotel
Graf Zeppelin
GRAF ZEPPELIN

Steigenberger Graf Zeppelin

GASTGEBER: Holger Flory seit April 2021
Arnulf-Klett-Platz 7 | 70173 Stuttgart | **t** +49 711 204 80 | **w** stuttgart.steigenberger.de
159 € bis 3.500 €

FAKTEN

ANZAHL ZIMMER / SUITEN: 117 Zimmer, 38 Suiten
HOTELGRUPPE: Deutsche Hospitality
KINDERFREUNDLICH: ja

PHILOSOPHIE DES HAUSES

Gastfreundschaft ist unsere Maxime. Im Herzen Stuttgarts begeistern wir anspruchsvolle Business- und Freizeitgäste aus der ganzen Welt mit elegantem Service, luxuriösen Zimmern sowie einer Vielfalt an ausgesuchter Kulinarik.

ALLEINSTELLUNGSMERKMALE

Die Lage direkt gegenüber dem historischen Hauptbahnhof und wenige Meter entfernt von der Einkaufsmeile Königstraße ist optimal. Das Hotel verfügt über eine Zigarrenlounge mit erlesenem Sortiment.

GASTRONOMIE

ANZAHL DER RESTAURANTS: 2
Restaurant Zeppelino'S: Internationale Spezialitäten
Restaurant Zeppelin Stüble: Regionale Spezialitäten.

WELLNESS

GRÖSSE DES SPA: 350 m²
AUSSTATTUNG UND BESONDERHEITEN SPA: Finnische Sauna, Aromadampfbad, Beauty-Anwendungen, Massagen, Fitnessbereich

VERANSTALTUNGSRÄUME

ANZAHL UND GRÖSSE: 11 (bis 500 Personen)
VERANSTALTUNGSTECHNIK: Umweltfreundliche Tagungsmaterialien, CO_2-kompensierte Meetings.
SPEZIELLE TAGUNGSSERVICES: Professionelle Betreuung ab dem Moment der Anfrage. Bei Festen stellt unsere hauseigene Floristin entsprechende Bouquets zusammen.

FREIZEITANGEBOT

50 m vom Hauptbahnhof entfernt liegt das Haus fußläufig zu touristischen Attraktionen, wie der Königstraße (Haupteinkaufsstraße), der Stuttgarter Oper, dem Schlossplatz oder der Staatsgalerie.

7
Bild 2
(7,10 x 1,59)

Dorint Kurfürstendamm Berlin

GASTGEBER: Carsten D. Colmorgen seit 11.2020
Augsburger Straße 41 | 10789 Berlin | **t** +49 30 800 999 0 | **w** dorint.com/berlin-city
169 € bis 969 €

FAKTEN

ANZAHL ZIMMER / SUITEN: 267 Zimmer, 44 Suiten
HOTELGRUPPE: Dorint GmbH
KINDERFREUNDLICH: ja

PHILOSOPHIE DES HAUSES

Inspirationen und Erlebnisse in Berlin City West: Verschmelzung von Kunst, Lebensart und Genuss

ALLEINSTELLUNGSMERKMALE

Die preisgekrönte Architektur von Jan Kleihues, spektakuläre Kunst von Lüpertz, Toscanelli & Kampmann sowie die einzigartig aufstrebende Fassade haben das Hotel zu einem Wahrzeichen am Kurfürstendamm gemacht. Ein Ort voller Leben, an dem sich Savoir-Vivre und Avantgarde, Gastfreundschaft und Komfort treffen.

GASTRONOMIE

ANZAHL DER RESTAURANTS: 3
Le Faubourg: MODERN | FRENCH | CASUAL CHIC – moderne Küche mit französischen Wurzeln in einer ungezwungenen Atmosphäre
Lounge Bar: stilvolle Atmosphäre mit internationaler Küche und innovativen Drinks
St. Germain: Frühstücks- und Event-Restaurant

WELLNESS

GRÖSSE DES SPA: 140 m²
AUSSTATTUNG UND BESONDERHEITEN SPA: Moderner 24h-Fitnessberreich mit Cardio- und Trainingsgeräten sowie Wellnessbereich mit Dampfbad, Sauna und Eisbrunnen

VERANSTALTUNGSRÄUME

ANZAHL UND GRÖSSE: 16 (bis 450 Personen)
VERANSTALTUNGSTECHNIK: Unsere Tagungsräume sind ausgestattet mit Klimatechnologie sowie integrierten Leinwänden, alles weitere wird maßgeschneidert durch unseren Technikspezialisten zur Verfügung gestellt.
SPEZIELLE TAGUNGSSERVICES: Auf zwei Etagen mit einer Gesamtfläche von 2.200 m² bieten wir die perfekten Voraussetzungen für kleine exklusive Events, festliche Empfänge bis hin zu internationalen Konferenzen.

FREIZEITANGEBOT

Direkt am Kurfürstendamm, »Berlins Champs-Elysées«, trifft Shopping der Extraklasse auf Kultur-Highlights der besonderen Art, sowie Erlebnisse für die ganze Familie.

Dorint Kurfürstendamm Berlin

The Wellem

© The Wellem

GASTGEBER: Till Raymond Westheuser seit Juli 2019
Mühlenstrasse 34 | 40213 Düsseldorf | **t** +49 211 547 650 622 | **w** thewellem.com
189 € bis 989 €

FAKTEN

ANZAHL ZIMMER / SUITEN: 102 Studios, 89 Suiten
HOTELGRUPPE: The Unbound Collection by Hyatt

PHILOSOPHIE DES HAUSES

Das Luxus-Boutiquehotel besticht durch seine Historie, zeitlose Kunst und durch sein einzigartiges Design sowie großzügige Suiten. Wie unser Namensgeber Kurfürst Jan Wellem zu seinen Lebzeiten, steht es für Kreativität, Leidenschaft und unkonventionelle Ideen. **The Wellem** ist inspirierend, chic und lässt seine Gäste in eine magische Welt eintauchen, in der nichts unmöglich scheint – »The Art of Being Unique«.

ALLEINSTELLUNGSMERKMALE

Die Rezeption trennt geschickt den Altbau (1923) vom Neubau, in dem sich alle 102 Studios und Suiten des Hotels befinden. Die Kunst ist neben der Architektur ein wichtiger Bestandteil des Luxus-Boutiquehotels. Den Gästen steht die eigene, private Kunstgallerie »Studio 44« und ein Art Concierge zur Verfügung, der die Gäste in die ausgestellten Meisterwerke einführt und abgestimmt auf individuelle Interessen Führungen anbietet. Highlight und Liebling der Gäste sind die Terrace Art Suiten.

GASTRONOMIE

ANZAHL DER RESTAURANTS: 7 F&B Outlets
Frank's Restaurant: Internationale Küche, Fine Dining
Frank's Bistro: Seafood, Casual Dining
Frank's Club: Nightclub
MASH: Modern American Steakhouse
Pitti: italienische Kleinigkeiten mit großer Auswahl an Weinen
THE WELLEM Bar: das Wohnzimmer Düsseldorfs
Mutter-Ey Cafe: Pastries and local dishes

WELLNESS

GRÖSSE DES SPA: –
AUSSTATTUNG UND BESONDERHEITEN:
Fitness Area & Gym

VERANSTALTUNGSRÄUME

ANZAHL UND GRÖSSE: 3 (bis 40 Personen)
VERANSTALTUNGSTECHNIK: Beamer, Leinwand, Flipchart, Whiteboard, TV, Videokonferenz
SPEZIELLE TAGUNGSSERVICES: individuelle Kaffeepausen unter freien Himmel möglich, Healthy Food mit externen Kooperationspartner PREVENTICUM, Kunst und Kulturprogramm, Live Cooking Stations, Koch Workshops und Food & Wine Tastings

FREIZEITANGEBOT

E-Bikes für Hotelgäste stehen zur Verfügung sowie eine hoteleigene Kunstgallerie mit wechselnden Ausstellungskonzepten, wo auf Wunsch personalisierte Führungen für Hotelgäste arrangiert werden können.

The Westin Grand Frankfurt

GASTGEBER: Peter Reischl seit Mai 2017
Konrad-Adenauer-Strasse 7 | 60313 Frankfurt | **t** +49 69 29810
w westingrandfrankfurt.com
ab 150 €

FAKTEN

ANZAHL ZIMMER / SUITEN: 372 Zimmer, 17 Suiten
HOTELGRUPPE: Marriott International
KINDERFREUNDLICH: ja

PHILOSOPHIE DES HAUSES

Für das frisch renovierte Hotel steht das Wohlbefinden der Gäste an erster Stelle: Jeder Gast soll mit einem besseren Gefühl abreisen, als er angereist ist Hierzu tragen die innovativen **Westin**-Programme, das **Heavenly® Bed** und **WestinWORKOUT®**, bei.

ALLEINSTELLUNGSMERKMALE

Das Hotel liegt im Herzen der Stadt, unweit der exklusiven Goethestraße und der berühmten Shoppingmeile Zeil. Alle Zimmer und Suiten werden renoviert und verfügen über das **Heavenly® Bed**, das dank spezieller Matratze einen erholsamen Schlaf garantiert.

GASTRONOMIE

ANZAHL DER RESTAURANTS: 4
Sushimoto: eines der feinsten japanischen Restaurants in Frankfurt
MTLounge: lokale und internationale Tapas-Kreationen gepaart mit Bio-Weinen aus Deutschland in ungezwungener Atmosphäre
Motions: full American Breakfast, Sunday Brunch
San San: gehört zu den beliebtesten chinesischen Restaurants in Frankfurt

WELLNESS

GRÖSSE DES SPA: 750 m²
AUSSTATTUNG UND BESONDERHEITEN SPA: **WestinWORKOUT®**, Pool, Schönheitsbehandlungen, Massagen, Körper- und Gesichtsbehandlungen, Sauna, Dampfbad

VERANSTALTUNGSRÄUME

ANZAHL UND GRÖSSE: 13 (bis 1.000 Personen)
VERANSTALTUNGSTECHNIK: Unser Technikpartner Encore unterstützt Sie mit hochmoderner Ausstattung.
SPEZIELLE TAGUNGSSERVICES: ausgewogene und gesunde Kaffeepausen, persönliche Betreuung Ihres Meetings durch unseren Star-Meeting Concierge, aktive Pausen mit dem Well-Being-Coach (beinhaltet eine kleine Stretchingeinheit)

FREIZEITANGEBOT

Shopping, Konzerte, Kunstgalerien, Ausstellungen, Sport-Events, Museen, Wellness: Schwimmen, Sauna, Massagen, Schifffahrten, Rheingau-Ausflüge, Wandern im Taunus

Hyatt Regency Mainz

GASTGEBER: Malte Budde seit Januar 2020
Templerstraße 6 | 55116 Mainz | **t** +49 6131 731234 | **w** hyattregencymainz.com

AUSSTATTUNG

ANZAHL ZIMMER / SUITEN: 265 Zimmer, 3 Suiten
HOTELGRUPPE: Hyatt Corporation
KINDERFREUNDLICH: ja

PHILOSOPHIE DES HAUSES

Reisen ist immer ein Erlebnis. Egal ob Sie geschäftlich oder privat zu uns kommen, steht Ihr persönliches Wohlbefinden für uns an erster Stelle. Dazu begeistern wir Sie mit unkompliziertem Luxus, innovativer Gastronomie und authentischem Service.

ALLEINSTELLUNGSMERKMALE

Unmittelbar am Rheinufer gelegen, nahe der Mainzer Altstadt und dennoch unweit vom Frankfurter Flughafen, heißen wir unsere Gäste in idealer Lage willkommen. Nutzen Sie Ihren Aufenthalt für einen kulinarischen Kurzurlaub oder für eine Geschäfts- oder Tagungsreise in besonderem Ambiente.

GASTRONOMIE

ANZAHL DER RESTAURANTS: 2 (ganzjährig), 2 (saisonal)
Bellpepper Restaurant: Genießen Sie in modernem Design und bei Rheinblick kulinarische Highlights aus der Region mit internationaler Note.
M-Lounge & Bar: frische Drinks unseres Bartenders und passende Köstlichkeiten
Rheinkanzel: sommerlicher Biergarten am Rheinufer

WELLNESS

GRÖSSE DES SPA: 777 m^2
AUSSTATTUNG UND BESONDERHEITEN SPA: **Club Olympus SPA** and Fitness mit Fitnesscenter, Pool, Dampfbad, Sauna und erfahrenen Therapeuten für Ihr Wohlbefinden

VERANSTALTUNGSRÄUME

ANZAHL UND GRÖSSE: 13 (bis 600 Personen)
VERANSTALTUNGSTECHNIK: erfolgreiche Umsetzung anspruchsvoller Vorhaben durch unseren Technikpartner Encore
SPEZIELLE TAGUNGSSERVICES: Pharma-Kodex-Zertifizierung, 1.500 m^2 Veranstaltungsfläche, Hyatt Catering, Rheinterrasse für Ausstellungen, Hoteleventlocation in einer Festungsanlage von 1843

FREIZEITANGEBOT

Natur(wein)erlebnis Rheinhessen und Rheingau, Altstadt von Mainz, Wassersport am Rheinufer, Koch-Events und Fitnessangebote im Hotel

STEIGENBERGER

Steigenberger Hotel Hamburg

GASTGEBER: Moritz Klein seit Dezember 2017
Heiligengeistbrücke 4 | 20459 Hamburg | **t** +49 40 36806 180
w hamburg.steigenberger.de
199 € bis 4.500 €

FAKTEN

ANZAHL ZIMMER / SUITEN: 220 Zimmer, 15 Suiten
HOTELGRUPPE: Deutsche Hospitality, Steigenberger Hotels AG
KINDERFREUNDLICH: ja

PHILOSOPHIE DES HAUSES

Luxus pur und Gastfreundschaft in Vollendung – dafür steht das **Steigenberger Hotel Hamburg**. Tauchen Sie ein in einen exklusiven Kosmos voller Charakter, Glamour und Eleganz.

ALLEINSTELLUNGSMERKMALE

Das Hotel bietet typisch hanseatische Architektur mit Blick auf das Alsterfleet. In unmittelbarer Nähe des Luxushotels laden Shopping-Passagen zum Bummeln ein. Das historische Rathaus, die Innen- und Speicherstadt und die HafenCity erreichen Sie in nur wenigen Gehminuten.

GASTRONOMIE

ANZAHL DER RESTAURANTS: 2
Bistro am Fleet: Leichte, regionale Küche und wechselndes Angebot an Business Lunches, große Auswahl an hausgemachten Kuchen und Getränke an der Pianobar
Restaurant am Fleet: Frühstücksrestaurant mit Blick über das Alsterfleet

VERANSTALTUNGSRÄUME

ANZAHL UND GRÖSSE: 10 (bis 300 Personen)
VERANSTALTUNGSTECHNIK: kostenfreies WLAN, Klimatisierung, elektrische Verdunklung, Trennwände, Leinwand, Deckenbeamer
SPEZIELLE TAGUNGSSERVICES: Unser Green-Meeting-Konzept leistet über alle (Planungs-)Phasen einer Veranstaltung hinweg einen wichtigen Beitrag zum ökologisch bewussten Handeln.

FREIZEITANGEBOT

Erleben Sie die Hansestadt von ihrer weltoffenen, bunten und multikulturellen Seite. Auf Ihre Wünsche gehen wir individuell ein.

© Frank Heckelmann

Andaz Munich Schwabinger Tor

GASTGEBER: Frank Heckelmann seit Februar 2019
Leopoldstrasse 170 | 80804 München | **t** +49 89 904 219 123 4 | **w** andazmunich.com
199 € bis 5.000 €

AUSSTATTUNG

ANZAHL ZIMMER / SUITEN: 234 Zimmer, 43 Suiten
HOTELGRUPPE: Hyatt International
KINDERFREUNDLICH: ja

PHILOSOPHIE DES HAUSES

Als Treffpunkt für weltoffene Reisende schaffen wir Inspiration für kreative Gedanken und bleibende Erinnerungen nahe dem Englischen Garten. Genießen Sie Alpenblick und frische Perspektiven auf den Olympiapark vom luxuriösen Spa und der Rooftop Bar.

ALLEINSTELLUNGSMERKMALE

Neue Perspektiven für und auf München – das höchste Rooftop der Stadt und atemberaubende Blicke über die Stadt bis hin zu den Alpen. Der größte City Spa Deutschlands lädt zum Verweilen und das elegante Design im Hotel zum kreativen Austausch ein. Kurzum, DAS Lifestyle-Hotel der Stadt.

GASTRONOMIE

ANZAHL DER RESTAURANTS: 4
M'Uniqo: Rooftop Bar über 2 Etagen
The Lonely Broccoli: Modern Meat House
Bicicletta: Cafe
Cafe M: Deli

WELLNESS

GRÖSSE DES SPA: 2000 m²
AUSSTATTUNG UND BESONDERHEITEN SPA: Größter City Spa Deutschlands über 2 Etagen mit großzügiger Sonnenterrasse und Blick über die Dächer Münchens

VERANSTALTUNGSRÄUME

ANZAHL UND GRÖSSE: 8, Ballsaal 500 m² (bis 450 Personen)
VERANSTALTUNGSTECHNIK: LED Wand im Ballsaal, angelehnt an die Allianz Arena erstrahlt in unterschiedlichen Farben.
SPEZIELLE TAGUNGSSERVICES: Lifestyle & Networking Areas, kreative Meetingbereiche, Glaswände statt Flipcharts

FREIZEITANGEBOT

Schwabinger Tor mit verschiedenen Restaurants, Kinderspielplätze

Jumeirah Frankfurt

GASTGEBERIN: Daniela Fette seit September 2019
Thurn-und-Taxis-Platz 2 | 60313 Frankfurt am Main | **t** +49 69 297 237 0 |
w jumeirah.com/frankfurt
249 € bis 8.999 €

AUSSTATTUNG

ANZAHL ZIMMER / SUITEN: 155 Zimmer, 63 Suiten
HOTELGRUPPE: Jumeirah Group
KINDERFREUNDLICH: ja

PHILOSOPHIE DES HAUSES

Getreu dem Motto »Stay different« glauben wir daran, außergewöhnliche Erlebnisse zu erschaffen und Service zu bieten, der Erwartungen übertrifft. Exquisite Architektur, herausragende Gastronomie und unaufdringlicher Luxus definieren die Jumeirah Hotels and Resorts.

ALLEINSTELLUNGSMERKMALE

Das **Jumeirah Frankfurt** liegt im Herzen der Stadt, fußläufig zur Alten Oper, den Bankentürmen und den belebten Einkaufsstraßen. Auf 25 Stockwerken bietet das Hotel einen beeindruckenden Ausblick auf die Frankfurter Skyline sowie ein modernes und gleichermaßen zeitloses Design.

GASTRONOMIE

ANZAHL DER RESTAURANTS: 2 (+1 Bar)
Max on One: Casual Fine Dining, zubereitet in einer offenen Showküche
El Rayyan: authentische und feine Gerichte aus der exzellenten libanesischen Küche
Ember Bar & Lounge: elegante Cocktail- und Champagnerbar im Herzen der Stadt

WELLNESS

GRÖSSE DES SPA: 400 m²
AUSSTATTUNG UND BESONDERHEITEN SPA: holistische Revitalisierung und Entspannung in harmonischem Ambiente; 2 Saunen, Ruhebereiche und 5 Behandlungsräume

VERANSTALTUNGSRÄUME

ANZAHL UND GRÖSSE: 5 (bis 250 Personen)
VERANSTALTUNGSTECHNIK: Moderne Technik, kostenfreies High-Speed-WLAN, Tageslicht in allen Räumen; besondere Anfragen können über spezialisierte Technikpartner umgesetzt werden.
SPEZIELLE TAGUNGSSERVICES: maßgeschneiderte Tagungen, Boardmeetings, Firmenfeiern, Hochzeitsarrangements und andere private Feiern sowie hybride Events

FREIZEITANGEBOT

Privates in-suite-Dinner mit Blick über die Skyline, Flusskreuzfahrten, Stadttouren, Museen, Weintouren im Rheingau, Freizeitprogramme für Kinder und Familien

Hotel am Steinplatz

GASTGEBERIN: Andrea Ludy seit Juli 2020
Am Steinplatz 4 | 10623 Berlin | **t** +49 30 55 44 44 63 00 | **w** hotelsteinplatz.com
220 € bis 450 €

AUSSTATTUNG

ANZAHL ZIMMER / SUITEN: 69 Zimmer, 19 Suiten
HOTELGRUPPE: Autograph Collection, Marriott International
KINDERFREUNDLICH: ja

PHILOSOPHIE DES HAUSES

Ein Juwel der Berliner Hotelgeschichte mit Seele und großer Persönlichkeit. Von den Zwanzigerjahren inspiriert und modern interpretiert – hier trifft Leidenschaft auf Perfektion. Eine private Atmosphäre, kreative Küche, innovative Drinks und ein exklusiver Service stehen für uns.

ALLEINSTELLUNGSMERKMALE

Das Boutiquehotel mit Jugendstil-Charme unweit vom Kurfürstendamm nimmt Sie mit auf eine kulinarische Reise im **Restaurant am Steinplatz** oder zu einem Drink in der vielfach ausgezeichneten Bar am Steinplatz. Verbringen Sie entspannte Stunden im grünen Innenhof oder auf der Barterrasse.

GASTRONOMIE

ANZAHL DER RESTAURANTS: 1
Restaurant am Steinplatz: Gehen Sie mit unserer Sharing-Karte auf eine gemeinsame Geschmacksreise, und freuen Sie sich auf kreative, saisonal-regionale Finessen.

WELLNESS

GRÖSSE DES SPA: 330 m²
AUSSTATTUNG UND BESONDERHEITEN SPA: Fitnesscenter, Sauna, Massagen, Körper- und Gesichtsbehandlungen; Blick über die Dächer der City West

VERANSTALTUNGSRÄUME

ANZAHL UND GRÖSSE: 2 (bis 70 Personen)
VERANSTALTUNGSTECHNIK: Standardtechnik, Hybrid-Meeting-System, Erfüllung weiterer Wünsche durch unsere externen Partner
SPEZIELLE TAGUNGSSERVICES: Ob Meetings, Incentives, Konferenzen oder Hochzeiten und andere private Feiern, bei uns sind Sie richtig. Genießen Sie Ihre Pausen oder ein BBQ-Event in unserem Innenhof.

FREIZEITANGEBOT

Berliner Zoo, Tiergarten und Shopping-Meile Kurfürstendamm sind fußläufig zu erreichen. Im Kiez finden sich zahlreiche Restaurants, Bars, Theater, Galerien und Museen.

DAS KURATORIUM DER 101 BESTEN

Die zweite Runde des Wettbewerbs hat prominente Mitstreiter gewonnen.

Das 101 Kuratorium unterstützt durch die Expertise hochkarätiger Persönlichkeiten das Ranking und bringt die gesamte Hotellerie nach außen noch weiter zur Geltung. Nun steht die Hotellerie vor einer Bewährungsprobe, muss sich neu erfinden und ihre Rolle als Klebstoff der Gesellschaft zukunftsweisend definieren. Das Kuratorium wird einen eigenen Ehrenpreis zum Thema Nachhaltigkeit verleihen.

In dem Gremium vertreten ist etwa der CEO der UFA GmbH und Vielreisender Nico Hofmann, für den Hotels oft eine zweite Heimat sind. »Großartige Häuser beflügeln mich – durch Lage, Atmosphäre, Menschen«, sagt er. »Es gibt in der Tat Hotelerlebnisse, die fast schon spirituell wirken.«

Auch Michael Stich, Unternehmer, Stifter und Wimbledonsieger, ist dabei. Hotels waren und sind für ihn ein wichtiger Bestandteil seines Lebens. »Ein Hotel sollte wie ein Zuhause auf Reisen sein«, betont der ehemalige Tennischampion. »Ich finde es gut, wenn Leistung über eine Rangliste dargestellt wird. Denn es motiviert und ist eine Bestätigung von harter Arbeit, Leidenschaft und Hingabe an die eigene Sache. Und genau das wird im Ranking 101 beste Hotels auch bewertet.«

Dem Gremium gehört auch Puneet Chhatwal an, Managing Director und CEO der Indian Hotels Company mit Sitz in Mumbai, die Bestandteil der bekannten Tata-Gruppe ist. Unter dem Dach finden sich unter anderem auch 91 Hotels, Resorts und Paläste der ikonischen und exklusiven Marke Taj Hotels. Chhatwal arbeitete viele Jahre in Deutschland, darunter auch als CEO der Deutschen Hospitality.

PUNEET CHHATWAL, Managing Director und CEO der Indian Hotels Company mit Sitz in Mumbai, die Bestandteil der bekannten Tata-Gruppe ist. Die Indian Hotels Company ist das größte H otel-Ökosystem in Südasien mit 216 Hotels im Portfolio (mit ~ 91 Hotels, Resorts und Palästen unter der legendären Marke Taj). Chhatwal arbeitete viele Jahre in Europa und auch Deutschland, unter anderem auch als CEO der Deutschen Hospitality.

PROF. DR. STEPHAN GERHARD hat mehr als 40 Jahre Erfahrung im Hospitality-Bereich und ist einer der versiertesten Branchenkenner. Er ist Gründer und Partner des Beratungsunternehmens Treugast, Mitgründer der 25hours Hotel Company sowie der arcona Management GmbH und hat zahlreiche Ehrenämter inne.

PROF. NICO HOFMANN ist CEO der UFA GmbH und zählt zu den bedeutendsten Film- und Fernsehproduzenten Deutschlands, ausgezeichnet mit Preisen wie der Goldenen Kamera, dem BAMBI oder dem International Emmy Award. 1998 gründete Hofmann eine eigene Produktionsfirma. Große Erfolge feierte er mit der historischen Krankenhaus-Serie CHARITÉ oder der Bestseller-Verfilmung DER MEDICUS.

PETRA HEDORFER ist Vorsitzende des Vorstandes der Deutschen Zentrale für Tourismus. Mit Knowhow-Transfer und Relationship-Management unterstützt sie Unternehmen bei der internationalen Vermarktung. Strategische Themen sind die Herausforderungen der digitalen Transformation sowie die Positionierung Deutschlands als nachhaltiges Reiseziel.

DR. CAROLINE VON KRETSCHMANN ist Gesellschafterin des Luxushotels Europäischer Hof in Heidelberg (seit 1865) mit 100 Einzel- und Doppelzimmern, 14 Suiten, 3 Executive Suiten sowie die Penthouse-Suite.

Weiternin ist die Professorin des Bereichs Hospitality, Tourism & Event der IU Internationale Hochschule in München, Annegret Wittmann-Wurzer dabei, die als wissenschaftliche Leiterin des Rankings angesehen werden kann. »Das Ranking stellt eine Anerkennung für die Mitarbeiter:innen und das Management der gelisteten Hotels dar«, betont die Hochschullehrerin. Dr. Caroline von Kretschmann, Geschäftsführende Gesellschafterin des Europäischen Hofs in Heidelberg, hat die Branche in der Vergangenheit engagiert vertreten und dafür viel Anerkennung erhalten.

Auch Beraterlegende Prof. Dr. Stephan Gerhard bringt seine Expertise ein. »Wirklich gerne bin ich dabei, weil das Gremium die Aufgabe hat, sowohl die Sorgen und Nöte als auch die Systemrelevanz der Branche im öffentlichen Bewusstsein bekannter zu machen«, betont er. »Und da sind die 101 besten Hotels definitiv eine ideale Plattform.«

WYBCKE MEIER, CEO, TUI Cruises. Wybcke Meier kann auf einen großen Erfahrungsschatz in der Tourismusbranche zurückgreifen. Bevor sie 2014 das »Ruder« bei der TUI Cruises übernahm, hatte sie Führungspositionen in Reiseunternehmen wie ÖGER TOURS und Windrose Finest Travel.

DR. KERSTIN SMID, ist eine erfahrene Rechtsanwältin, die für verschiedene internationale Kanzleien tätig war und sich 2010 mit eigener Kanzlei in Hamburg niederließ. Zuvor beriet sie zahlreiche Unternehmen der Hotellerie und Tourismusbranche in Personalentscheidungen. Sie ist bestens in den Führungsetagen der deutschen Wirtschaft vernetzt und engagiert sich persönlich in verschiedenen sozialen Stiftungen und Vereinen.

MICHAEL STICH, Gründer und Vorstand der nach ihm benannten Michael Stich Stiftung zur Unterstützung HIV-infizierter, -betroffener und an Aids erkrankter Kinder und Jugendlicher. Michael Stich ist Mitbegründer des Rückenzentrums Am Michel. Darüber hinaus ist er an verschiedenen Unternehmen beteiligt und hält Vorträge zu Themen wie Motivation und Gesundheit, Führung sowie soziale Verantwortung. Während seiner aktiven Zeit als Tennisprofi siegte der vielfache Champion unter anderem in Wimbledon, bei den Olympischen Spielen, im Davis Cup und bei der ATP-Weltmeisterschaft.

PROF. DR. ANNEGRET WITTMANN-WURZER, Professorin, IU Internationale Hochschule. Seit 2014 an der IU Internationale Hochschule Professorin im Fachgebiet Hospitality, Tourism & Event. Nach Abschluss eines Tourismusstudiums mit Schwerpunkt Hotellerie/Tagungswesen Erfahrungen in der Hotel- sowie Consultingbranche.

Von den Partnern gehören neben Prof. Dr. Annegret Wittmann-Wurzer Carsten K. Rath (Vorsitz) und Rolf Westermann (Stellvertreter) dem Kuratorium an.

NACHHALTIGKEIT BEDEUTET DAUERHAFTIGKEIT: NACHHALTIGKEITSPREIS DER DEUTSCHEN HOTELLERIE

DIE 101 BESTEN®

NACHHALTIGKEITSPREIS DER DEUTSCHEN HOTELLERIE

Was mit den Attributen »grün« oder »nachhaltig« etikettiert war, galt nicht als luxuriös. Das ändert sich aktuell mit einer verstärkt bewussten Lebensweise in unserer Gesellschaft. Luxus und Nachhaltigkeit sind keine unüberbrückbaren Gegensätze mehr, sondern Zukunftsthemen, die einander bedingen. Grüne Konzepte sind »en vogue« und immer mehr Hotels zeigen, wie Nachhaltigkeit luxuriös sein kann und gleichzeitig das Gasterlebnis bereichert.

In diesem Jahr wurde der erste Nachhaltigkeitspreis der deutschen Hotellerie vom Kuratorium der »101 besten Hotels Deutschlands« initiiert, in enger Zusammenarbeit mit DER Visionärin und Expertin für nachhaltige Hotellerie – Suzann Heinemann. Bereits vor 20 Jahren gründete sie die GreenLine Hotels und 2014 lancierte sie mit »GreenSign« das erste Gütesiegel zur Kennzeichnung nachhaltig agierender Hotelbetriebe. Der neue Award, dem ein umfangreicher Kriterienkatalog zugrunde liegt, wird erstmals im November 2021 anlässlich der Veröffentlichung der neuen Bestenliste der deutschen Hotellerie verliehen. Ausgezeichnet wird ein Unternehmen innerhalb der deutschen Hospitality Industry, das mit seinem innovativen Konzept eine Benchmark in der Branche setzt. Unter den zehn Nominierten sind Hotels ebenso wie Ausstatter und Zulieferer der Industrie oder auch Architekten. Bewertet werden von der Jury neben einer grundlegenden nachhaltigen Vision auch konkrete operative Maßnahmen, die Einbindung und Sensibilisierung von Mitarbeiter:innen sowie offizielle Zertifizierungen. Übergeben wird dieser erste Nachhaltigkeitspreis der deutschen Hotellerie von Petra Hedorfer in ihrer Funktion als langjährige Vorstandsvorsitzende der Deutschen Zentrale für Tourismus.

In den Interviews ab S. 390 lernen Sie die Nominierten des Nachhaltigkeitspreises der deutschen Hotellerie kennen.

ÜBERSICHT NOMINIERTE

- Altonaer Kaviar Import Haus
- Der Öschberghof
- Dibella
- Gut Steinbach Hotel und Chalets
- HELIOS Kliniken
- Kampmann
- Naturresort Schindelbruch
- **noa**
- Staatl. Fachingen
- TUTAKA

»LUXUS UND NACHHALTIGKEIT BEDINGEN EINANDER.«

CARSTEN K. RATH
PASSION FOR EXCELLENCE AG

»... ALS ARCHITEKTEN HABEN WIR DIE FUNDAMENTALE AUFGABE, DIE NOTWENDIGKEIT DES NACHHALTIGEN BAUENS AUF EINE VISION DES NACHHALTIGEN LEBENS ZU TRANSFERIEREN, ETWA UNSER HOTEL ZALLINGER AUF 2.000 M HÖHE ZELEBRIERT DIES ZUR GÄNZE UND ES ERFÜLLT UNS MIT GROSSER FREUDE, DASS UNSERE PHILOSOPHIE UND SO EIN BEISPIELGEBENDES, HOLISTISCHES GESAMTWERK WIE DAS ZALLINGER MIT DEM NACHHALTIGKEITSPREIS DER DEUTSCHEN HOTELLERIE HONORIERT WIRD ...«

© Mads Mogensen

STEFAN RIER & LUKAS RUNGGER
ARCHITEKTEN NOA* NETWORK OF ARCHITECTURE

»EIN HOTEL OHNE LÜFTUNGSANLAGE KANN NICHT NACHHALTIG SEIN.«

__Udo Scheyk__ ist Geschäftsleiter Customer Communication Management in der KAMPMANN GmbH & Co. KG, einem Unternehmen der Kampmann Group. Im Interview mit den 101 Besten spricht er über das Erfolgsrezept der Marke Kampmann und wirft einen Blick in die nachhaltige Zukunft.

Saubere Luft ist seit jeher Ihr Erfolgsrezept – was hat sich nach der Pandemie für Sie und Ihr Unternehmenskonzept geändert?
Tatsächlich hat sich unser Unternehmenskonzept eher bewährt, als dass sich etwas hätte ändern müssen.

Zum einen hat uns und unseren langjährigen Partnern die gute Beziehung geholfen, schnell individuelle Lösungen in Sachen Lüftung und Luftreinigung zu bieten. Das gilt gerade in der Hotellerie, die so, zumindest so lange sie durfte, ihren Gästen einen sicheren Aufenthalt ermöglichen konnte. Übrigens konnten wir viele dieser Partner auch beruhigen. Denn einige Male genügte eine gründliche Prüfung vorhandener Lüftungsanlagen, um zu bestätigen, dass der Luftwechsel auch in der Pandemie ausreichend hergestellt wird. Sie sehen, es ging uns nicht um den schnellen Euro. Auch das verstehen wir unter Nachhaltigkeit.

Zum anderen bewies sich unsere Innovationskraft unter den besonderen Voraussetzungen der Pandemie. Für die vielen Hotels ohne Lüftungsanlage konnten wir in kürzester Zeit neuentwickelte Luftreiniger zur Verfügung stellen. Dass wir hier einer der ersten Anbieter waren und mit den Geräten wohl so praxisnah wie kein anderer sind, lag wiederum an dem engen Austausch mit Betreibern und Technikern aus der Hotellerie.

Sie unterstützen die »101 besten Hotels« als wichtiger Partner. Warum?
Das einfache Hersteller-Kunde-Verhältnis ist uns zu wenig. Wir schätzen Partnerschaften in der Hotellerie, weil sich für uns ein wichtiger Rückkanal bietet. Dass unsere Systeme immer weiter entwickelt werden und sich ständig den aktuellen Anforderungen der besten Hotels anpassen, ist ja kein Zufall. Außerdem glauben wir, dass ein individuell abgestimmtes Klima- und Lüftungssystem für das gesamte Gebäude immer das Effizienteste und Komfortabelste ist. Wir haben ein breites Angebot und können das bieten. Dabei helfen enge Partnerschaften zu den Betreibern, die ihre Anforderungen am besten kennen.

alle Fotos © Kampmann GmbH & Co. KG

Wie passen Nachhaltigkeit und Ihre Lüftungsanlagen zusammen?
Die kurze Antwort lautet: Ein Hotel ohne Lüftungsanlage kann nicht nachhaltig sein.

Für die Gäste und die eigenen Mitarbeiter ist eine kontrollierte Lüftung komfortabel, denn unabhängig von der Außentemperatur herrscht immer das passende Raumklima: Gäste kommen wieder und Mitarbeiter bleiben. Aus wirtschaftlicher Sicht können im Vergleich zur Lüftung per Fenster erhebliche Betriebskosten gesenkt werden. Denn ständig wird die Raumluft erst geheizt oder gekühlt, um dann zum Fenster hinausgeworfen zu werden. Damit sind wir bei der ökologischen Dimension der Nachhaltigkeit. Laut dem Thinktank Agora Energiewende wird der Gebäudesektor im Jahr 2021 das Energieziel je nach Szenario um 3 bis 11 Millionen Tonnen CO_2-Äquivalent verfehlen. Dabei gibt es riesige Einsparpotenziale, die wir gemeinsam unter anderem mit einer intelligent geregelten Lüftungsanlage mit Wärmerückgewinnung erzielen können.

Was wünschen Sie sich als Gast von einem der 101 besten Hotels?
Ich mag den Komfort, den die Tophotels bieten. Allerdings will ich nicht verschweigen, dass mir als Emsländer eine gewisse Bodenständigkeit wichtig ist. Ich merke als Gast schnell, wenn etwas mehr Schein als Sein ist. Deshalb ist mir ein schlüssiges Konzept, bei dem der Gast im Mittelpunkt steht, lieber als die letzten 5% bei der luxuriösen Ausstattung.

Welches ist Ihr Lieblingshotel und warum?
Ich genieße das Grand Elysée in Hamburg sehr, weil ich hier im Namen der Marke Kampmann bereits viele Partner zu tollen Events einladen konnte. Im Jahr 2018 haben wir als Sponsoring-Partner des German-Open-Tennisturniers am Rothenbaum spannende Tage mit viel wertvollem Austausch verbracht. Und in diesem Jahr haben wir die erste Kampmann-»Mixed Trophy« ausgespielt. Auch dies war ein Tennisturnier, bei dem Partner aus verschiedenen Branchen selbst zum Schläger gegriffen haben. Das Grand Elysée war auch hier unser »Spielerhotel«. Wir kommen immer gerne wieder. Übrigens ist das Hotel gerade in Teilen renoviert worden, wir durften mit nachhaltiger Kampmann-Klimatechnik unterstützen.

»HOTELLERIE UND GESUNDHEITSWESEN KÖNNEN GEMEINSAME STRATEGIEN ENTWICKELN.«

***Enrico Jensch**, COO der Helios Kliniken GmbH, spricht im Interview mit den 101 Besten über Servicequalität im Gesundheitswesen sowie den Megatrend Nachhaltigkeit.*

Auf der 101-Soiree haben Sie gesagt, dass das Gesundheitswesen von der Hotellerie in Sachen Service einiges lernen kann. Wie wichtig ist Ihnen Patientenservice, und wie setzen Sie diesen in den nächsten Jahren noch stärker um?

Servicequalität ist in Hotels eine Währung wie medizinische Qualität in unseren Krankenhäusern. Bester Service in Hotels ist ein Mehrwert, durch den die Gäste sich wohlfühlen und immer wiederkommen und das Hotel weiterempfehlen. In Krankenhäusern wird medizinische Qualität hingegen erwartet, weil sie überall suggeriert wird. Dadurch ist die medizinische Qualität aber eben aus Sicht des/der Patient/in selbstverständlich und weniger ein Mehrwert – anders als der Service für den Hotelgast. Daher sind wir der Überzeugung, dass Service und Qualität künftig Messgrößen im Healthcare-Bereich sein und bei der Wahl des Krankenhauses aus Patientensicht eine entscheidende Rolle spielen werden. Service wird in guten Hotels großgeschrieben und in allen Bereichen gelebt – das wünsche ich mir auch in unseren Kliniken: Service als neue Qualität von morgen.

Nachhaltigkeit ist ein aktueller Megatrend in der Hospitality. Wie nachhaltig ist das Gesundheitswesen aktuell? Wie entwickelt es sich in der nächsten Zeit?

Im Zuge der Nachhaltigkeitsbewegungen der United Nations ist das Thema globale Gesundheit als essenzieller Bestandteil der Ziele nachhaltiger Entwicklung in den Sustainability-Development-Goals verankert. Somit hat das Thema Nachhaltigkeit innerhalb des

Gesundheits- und Krankenhauswesen einen besonders herausragenden Stellenwert.

Gleichzeitig gibt es in der Unternehmenswelt mittlerweile eine sehr intensive Auseinandersetzung mit dem Thema Nachhaltigkeit. In diesem Zusammenhang warnen wir vor Greenwashing, durch welches sich im Zweifel auch wirtschaftliche Risiken ergeben können.

Wir bei Helios setzen uns bei der Entwicklung hin zu mehr Nachhaltigkeit im Krankenhauswesen in verschiedenen Bereichen ein und haben die klare Zielsetzung, Nachhaltigkeit als ganzheitliches Thema zu betrachten. Konkret heißt das, dass wir vor zwei Jahren einen eigenen Nachhaltigkeitsbereich etabliert haben, der unserem CEO direkt unterstellt ist und zu relevanten Themen im Bereich Personal, Compliance und Umwelt im Rahmen des jährlich veröffentlichten CSR-Reports bei Helios berichtet.

Im Bereich des Energiemanagements sind wir in unseren Einrichtungen schon sehr weit und streben hier langfristig eine absolute Minimierung – wenn nicht sogar Neutralität – unserer CO_2-Emissionen an. In den Bereichen der Ernährung und des Personals haben wir bereits Ideen für die nahe Zukunft erarbeitet. Wir setzen das Thema Nachhaltigkeit konzeptionell in allen unseren Einrichtungen um.

Wie können Hotellerie und Gesundheitswesen voneinander profitieren?
Das Gesundheitswesen kann und muss lernen, mehr im Bereich Service zu tun. Hotellerie und Gesundheitswesen können zum Beispiel bei Wellness und Prävention sicher gemeinsame Strategien entwickeln.

Was wünschen Sie sich als Gast von einem der 101 besten Hotels Deutschlands?
Da wünsche ich mir zuvorkommendes, freundliches Personal in einer tollen Umgebung und eine täglich schöne Erfahrung an dem Ort meiner Wahl. Kurz: ein Erlebnis, das in Erinnerung bleibt.

Welches ist Ihr Lieblingshotel und warum?
Für mich müssen Stadt und Hotel passen. In Hamburg ist es das Vier Jahreszeiten, in München das Mandarin Oriental und in Berlin das Adlon – mit allen verknüpfen meine Familie und ich unvergesslich schöne Erlebnisse.

»NACHHALTIGKEIT IST EIN PROZESS, IN DEM ES IMMER WIEDER ETWAS NEUES ZU LERNEN GIBT.«

***Ralf Hellmann** leitet das für den Nachhaltigkeitspreis der deutschen Hotellerie nominierte Unternehmen Dibella, welches seit 1986 europaweit den Textilservice mit Objekttextilien für die Hotellerie beliefert. Im Gespräch mit den 101 Besten erklärt er, wie er mit seinem Unternehmen nachhaltig handelt, und wirft einen Blick in die Zukunft.*

Ihr Unternehmen wurde für den Nachhaltigkeitspreis der deutschen Hotellerie nominiert. Wie wichtig sind Auszeichnungen für Sie und wie nutzen Sie diese?
Erst einmal möchte ich mich im Namen des gesamten Dibella-Teams für die Nominierung zum Nachhaltigkeitspreis der deutschen Hotellerie bedanken. Wir freuen uns sehr, wenn das Thema Nachhaltigkeit in der Hotellerie an Bedeutung gewinnt und durch eine solche Auszeichnung noch mehr Wertschätzung erhält.

Auszeichnungen sind für unser gesamtes Team eine großartige Anerkennung unseres Engagements und unserer Arbeit und sie bestärken uns in unserem Handeln. Wir sind sehr dankbar dafür, wenn unser nachhaltiges Handeln durch Auszeichnungen wertgeschätzt wird. Auszeichnungen im Nachhaltigkeitsbereich bedeuten für uns aber vor allem, dass eines unserer Herzensthemen verstärkt wahrgenommen und diskutiert wird. Sie unterstützen uns zudem in unserer Kommunikation und erhöhen unsere Reputation.

Nachhaltigkeit wird in der Hotellerie immer wichtiger. Wie relevant ist diese Entwicklung aus Ihrer Sicht für den Hotelgast?
Meiner Meinung nach ist die nachhaltige Entwicklung in der Hotellerie für den Hotelgast besonders relevant.

Denn die Hotellerie richtet sich vor allem an den Wünschen des Hotelgasts aus, der Nachhaltigkeit in den vergangenen Jahren verstärkt nachfragt. Der Hotelgast möchte nicht nur seinen Alltag nachhaltiger gestalten, sondern auch seine Reisen. Durch die verantwortungsvolle Entwicklung kommt die Branche also der steigenden Nachfrage nach.

Wird dem Hotelgast die Nachhaltigkeit transparent kommuniziert, kann der Hotelaufenthalt zu einem besonders positiven Erlebnis werden. So kann der Hotelgast bspw. in unserer umweltfreundlichen Bettwäsche von Dibella mit einem guten Gewissen und einem positiven Gefühl einschlafen und muss gleichzeitig keine Abstriche in puncto Komfort und Qualität machen. Sowohl die Hotellerie als auch der Hotelgast bewirken damit etwas Positives für Mensch und Umwelt.

Welche Maßnahmen ergreifen Sie, um weiterhin nachhaltige Themen umsetzen zu können?
Wir bei Dibella haben unsere Nachhaltigkeitsstrategie nun schon vor vielen Jahren erarbeitet. Wir verfolgen dabei einen holistischen Ansatz, bei dem jede Unternehmenstätigkeit bis hin zu unserem Kunden, dem Textilservice, und deren Kunden, der Hotellerie, auf Nachhaltigkeit hin überprüft, optimiert und unterstützt wird. Daraus ergeben sich immer wieder neue Potenziale und neue spannende Themenfelder, an denen wir arbeiten. Nachhaltigkeit ist ein Prozess, in dem es immer wieder etwas Neues zu lernen gibt. Zuletzt haben wir uns z.B. vor allem mit dem Thema Upcycling befasst. Hier können wir unseren Kunden nun spannende Lösungen anbieten.

Was wünschen Sie sich von der Hotellerie in Sachen Nachhaltigkeit?
Ich wünsche mir von der Hotellerie, dass das Thema Nachhaltigkeit weiter an Bedeutung gewinnt und sich langfristig etabliert. In der Branche gibt es bereits viele Möglichkeiten für eine ressourcenschonendere Gestaltung von Prozessen und Lieferketten.

Der Tourismus hat einen großen Einfluss auf die nachhaltige Entwicklung unserer Gesellschaft. Schließen sich mehr Unternehmen dieser Entwicklung an, kann die Branche wirklich viel Positives bewirken.

Wir bei Dibella setzen uns nun schon viele Jahre für Nachhaltigkeit in der Branche ein und hoffen, dass es uns andere Unternehmen gleichtun werden.

Welches ist Ihr Lieblingshotel und warum?
Das Hotel, in dem ich mich wohlfühle. Grundsätzlich versuche ich, in unterschiedlichsten Hotels zu übernachten, da jedes Hotel anders ist und seinen eigenen Charme und Charakter hat. Wenn dann noch die Nachhaltigkeit gelebt wird, fühle ich mich in einem inhabergeführten Hotel pudelwohl.

»WIR HALTEN MIT DER FACHINGER QUELLE EINEN NATURSCHATZ IN HÄNDEN ...«

***Heiner Wolters** Geschäftsführer der Fachingen Heil- und Mineralbrunnen GmbH verrät im Gespräch mit den 101 Besten das Geheimnis von Staatl. Fachingen.*

Ihr Unternehmen wurde für den Nachhaltigkeitspreis der deutschen Hotellerie nominiert. Wie wichtig sind Auszeichnungen für Sie und wie nutzen Sie diese?
Wir freuen uns ungemein über diese Nominierung, denn sie zeigt uns, dass wir mit unseren Bestrebungen in Sachen Nachhaltigkeit auf dem richtigen Weg sind. Mineral- und Heilwässer sind als reine Naturprodukte auf eine intakte Umwelt angewiesen. Nachhaltiges Handeln ist daher von höchster Bedeutung, um diese natürlichen Ressourcen zu schützen. Die Fachingen Heil- und Mineralbrunnen GmbH investiert seit Jahren in aktiven, nachhaltigen Umweltschutz. Dies beginnt mit einer schonenden Förderung von Heil- und Mineralwasser am Quellort und reicht bis hin zur Abfüllung in die optimale Glasverpackung im Mehrwegkreislauf.

Unsere Recycling-Quote liegt schon seit rund 30 Jahren bei nahezu 100 Prozent für Verschlüsse, Etiketten, Glas und Transportkisten. Um die Qualität unseres Wassers zu bewahren, pflegen wir seit jeher einen nachhaltigen und verantwortungsvollen Umgang mit unseren natürlichen Quellvorkommen. Wir entnehmen das Wasser, das eine einzigartige Mineralienzusammensetzung und quelleigene Kohlensäure hat, in bis zu 900 Metern Tiefe. Durch die nachhaltige Wasserentnahme seit 1742 haben wir auch keine Sorge, dass der Brunnen irgendwann einfach versiegen könnte.

Ihr Mineralwasser ist besonders feinperlig auf der Zunge. Was macht es zudem so nachhaltig?
Bereits seit 1742 wird Staatl. Fachingen für seinen Geschmack und seine außergewöhnliche Mineralisierung geschätzt. Mild moussierend oder fein perlend im Geschmack wird unser Wasser aufgrund seines natürlich hohen Hydrogencarbonatgehalts von 1.846 mg/l und seiner einzigartigen Mineralisation seit jeher von Menschen getrunken, die auf ihre Säure-Basen-Balance achten.

Als deutsche Premiummarke für Heil- und Mineralwasser legen wir großen Wert auf einen nachhaltig verantwortungsvollen Umgang mit dem natürlichen Quellvorkommen. Der Fachinger Brunnen liegt ja in einem Heilquellenschutzgebiet, für das extrem strenge Auflagen gelten. Wir halten mit der Fachinger Quelle einen Naturschatz in Händen, der einen verantwortungsvollen Umgang mit dem Wasser bedingt. Um die Reinheit und Qualität des Wassers zu bewahren, betreiben wir aktiven Quellschutz und überprüfen mit einem umfänglichen Quellenmanagement den Zustand und die Qualität des Wasservorkommens.

Ihr Mineralwasser ist eines der Lieblingswässer der Sommeliers, wie wir aus dem Hornstein-Ranking wissen. Ein besonderes Wasser und ein besonderer Wein – wie passt diese Kombination zusammen?
Insbesondere Sommeliers und Weintrinker favorisieren unser Wasser aufgrund seines hohen Hydrogencarbonatgehalts und seiner Mineralisation: Es neutralisiert die Geschmacksknospen von Zunge und Gaumen, bringt die Aromen verschiedener Weine bestens zur Geltung und unterstreicht diese zusätzlich. Eine ideale Basis, um die vielschichtigen Aromen und Geschmacksnuancen des Weines genießen zu können. Durch den hohen Gehalt an Hydrogencarbonat und die besondere Kombination an Mineralstoffen macht Staatl. Fachingen säurebetonte Weine wie Riesling zudem verträglicher. Das Hydrogencarbonat gleicht die Weinsäure aus und trägt damit entscheidend zum Weingenuss bei.

Nachhaltigkeit spielt insbesondere in den Restaurants der Hotels eine zunehmende Rolle. Wie wichtig sind diese Entwicklungen aus Ihrer Sicht für den Gast?
Nachhaltigkeit ist für die Hotellerie und Gastronomie in der Tat ein enorm wichtiges Thema. Wir merken das an mehreren Stellen: Mit unserer an eine Bordeaux-Flasche aus dem 19. Jahrhundert angelehnten Flaschenform setzt Staatl. Fachingen ein optisches Highlight auf jeder Tafel. Das elegante, schlanke Glasgebinde passt hervorragend zu einem stilvollen und edlen Tischarrangement. Gastronomen und Hoteliers – wie auch deren Gäste – honorieren sehr, dass wir unser Markenprodukt bereits seit 2003 bewusst ausschließlich in der individuell gestalteten Glasmehrwegflasche anbieten.

Wir haben außerdem trotz der Pandemie weiter in aktiven Umweltschutz und einen nachhaltigen Umgang mit unseren Ressourcen investiert. Auf diese Weise konnten wir unseren CO_2-Fußabdruck noch weiter verkleinern und sind seit 2020 ein klimaneutrales Unternehmen. Die Inbetriebnahme der modernen Abfüllanlage im Frühjahr 2018 und unserer Reinigungsmaschine für Mehrwegflaschen mit Gasdirektbefeuerung haben enorm zur Schonung der Ressourcen beigetragen. Auf das bisher Erreichte sind wir sehr stolz, und wir bleiben im Sinne der Nachhaltigkeit dran, uns stetig neue Ziele zu setzen. Auch dies wird von unseren Kunden aus der Hotellerie und Gastronomie sehr geschätzt.

»DIGITALES DIREKT-
MARKETING SORGT
KONSEQUENT DAFÜR,
DASS MEHR GELD IM
HOTEL VERBLEIBT.«

PHILIPP INGENILLEM
CO-FOUNDER UND CSO DER AGENTUR
ONLINE BIRDS HOTEL MARKETING SOLUTIONS

DIGITALPREIS DER DEUTSCHEN HOTELLERIE

DIE 101 BESTEN®

DIGITALPREIS DER DEUTSCHEN HOTELLERIE

In unserer zunehmend digitalisierten Welt bezieht sich Exzellenz längst nicht mehr nur auf die physische Erfahrung vor Ort. »Die 101 besten Hotels Deutschlands« sprechen ihre Gäste auf allen digitalen Kanälen an und verbessern so das Gasterlebnis. Eine digitale Präsenz und Onlinemarketing sind damit zu unverzichtbaren Bestandteilen eines modernen Betriebs im Gastgewerbe geworden. Eine Entwicklung, die durch die Pandemie beschleunigt wurde und dadurch nun umso größere Chancen eröffnet, den hoteleigenen Direktvertrieb zu stärken. Um die Fortschrittlichkeit der deutschen Privathotellerie in Bezug auf das Onlinemarketing bewerten zu können, hat das Hotel-Onlinemarketing-Unternehmen Online Birds in diesem Jahr über 14.000 Hotels mit dem Hotel Digital Score automatisiert analysiert.

Auf Basis dieser Technologie wurde in Kooperation mit Online Birds und dem Hotel Digital Score unter den 101 besten Hotels Deutschlands erstmals auch ein Digital Ranking erstellt sowie der Digitalpreis verliehen. So funktioniert das Digital Ranking der 101 besten Hotels Deutschlands: Die Hotel-Onlinemarketing-Experten von Online Birds analysierten mithilfe des Hotel Digital Score und dem Fachurteil einer ausgewählten Expertenjury die Performance der 101 besten Hotels Deutschlands in den Grundlagen des Hotel-Onlinemarketings.

Dabei wurden die folgenden fünf Bereiche bewertet:
- Hotelwebsite
- Suchmaschinenoptimierung (SEO)
- Suchmaschinenwerbung (SEA)
- Social-Media-Marketing
- E-Mail-Marketing

Die umfangreiche Analyse resultierte in einer Einteilung der 101 besten Hotels Deutschlands in die Kategorien »Gold«, »Silber« und »Bronze« hinsichtlich des Qualitätsniveaus der Onlinemarketing-Aktivitäten in Relation zu den dabei getesteten Häusern. Die Kategorie »Gold« beinhaltet ein gesondertes Ranking der 25 performantesten Hotels der 101 Besten, von denen der Gewinner im November 2021 anlässlich der Veröffentlichung der neuen Bestenliste der deutschen Hotellerie ausgezeichnet wurde. Die Hotels dieser Kategorie sind in Bezug auf die Grundlagen des Onlinemarketings sehr gut aufgestellt und zum Teil bereits dabei, die Onlinemarketing-Aktivitäten auf ein nächstes Level zu bringen. Die Hotels in der Kategorie »Silber« verfügen über eine solide Onlinemarketing-Basis. Mithilfe von einigen Optimierungen könnten diese Hotels die Onlinemarketing-Performance noch weiter steigern. Bei den Häusern in der Kategorie »Bronze« konnten im Vergleich zu den anderen 101 besten Hotels die meisten ungenutzten Potenziale im Onlinemarketing identifiziert werden.

Was zeigen die Analyse-Ergebnisse? Die 101 besten Hotels Deutschlands lagen bei der Performance in den Grundlagen des Onlinemarketings im Durchschnitt über dem der allgemeinen deutschen Hotellerie. Jedoch ist zu betonen, dass sich selbst ein Großteil der Topliga noch nicht im oberen Drittel des möglichen Höchstscores bewegt hat. Somit bleibt selbst bei der Crème de la Crème der deutschen Hotellerie noch eine Menge Onlinepotenzial ungenutzt.

DIE 101 BESTEN®

DIGITALPREIS DER DEUTSCHEN HOTELLERIE

KATEGORIE GOLD

PLATZIERUNGEN HOTELS TOP 1–25

1 Grand Elysée Hamburg
2 Hotel Adlon Kempinski
3 SIDE Design Hotel Hamburg
4 Schwarzwald Resort Dollenberg
5 Wald & Schlosshotel Friedrichsruhe
6 Vila Vita Rosenpark
7 Steigenberger Hotel Der Sonnenhof
8 Parkhotel Adler
9 Althoff Hotel Fürstenhof Celle
10 Vier Jahreszeiten Kempinski München
11 Althoff Seehotel Überfahrt
12 Hotel Europäischer Hof Heidelberg
13 Althoff Grandhotel Schloss Bensberg
14 Maison Messmer
15 Kempinski Hotel Berchtesgaden
16 Kempinski Hotel Frankfurt Gravenbruch
17 Hotel Taschenbergpalais Kempinski
18 The Charles Hotel
19 The Mandala Hotel
20 Relais & Chateaux Bülow Palais
21 Travel Charme Kurhaus Binz
22 Schlosshotel Münchhausen
23 Hotel Traube Tonbach
24 Tortue Hamburg
25 Der Öschberghof

HOTELS IN DEN KATEGORIEN SILBER UND BRONZE SIND IN ALPHABETISCHER REIHENFOLGE

KATEGORIE SILBER

- Alpenhof Murnau
- Spa & Resort Bachmair Weissach
- Badhotel Sternhagen
- BEYOND by Geisel
- Brenners Park-Hotel & Spa
- Burghotel Staufeneck
- Das Tegernsee
- Dorint Söl'ring-Hof
- Excelsior Hotel Ernst am Dom
- Grand Hyatt Berlin
- Althoff Hotel am Schlossgarten Stuttgart
- Hotel Deimann
- Hotel Nassauer Hof
- Hyatt Regency Düsseldorf
- Hyatt Regency Köln
- Hyatt Regency Mainz
- Jumeirah Frankfurt
- Mandarin Oriental Munich
- Orania.Berlin
- Park Hyatt Hamburg
- Parkhotel Bremen
- Rocco Forte Hotel De Rome
- Rocco Forte Villa Kennedy
- Schlosshotel Berlin by Patrick Hellmann
- SO/Berlin Das Stue
- Sonnenalp
- The Fontenay
- The Wellem
- The Westin Grand Frankfurt
- Wellnesshotel Jagdhof

KATEGORIE BRONZE

- Andaz Munich Schwabinger Tor
- A-ROSA Sylt
- A-ROSA Travemünde
- Bayerischer Hof
- Breidenbacher Hof
- Budersand Hotel – Golf & Spa – Sylt
- Colombi Hotel
- Dorint Kurfürstendamm Berlin
- Hotel Vier Jahreszeiten
- Falkenstein Grand
- Franks
- Grand Hotel Heiligendamm
- Grand Hotel Seeschlösschen SPA & Golf Resort
- Hotel am Steinplatz
- Hotel Atlantic Hamburg
- Hotel Bareiss. Das Resort im Schwarzwald.
- Hotel Engel Obertal
- Hotel Fährhaus
- Hotel Ketschauer Hof
- Hotel Landhaus Wachtelhof
- Hotel Maximilian
- Hotel Palace Berlin
- Hotel Schloss Neuhardenberg
- Hotel Stadt Hamburg
- InterContinental Berlin
- InterContinental Düsseldorf
- Landhaus Stricker
- Parkhotel Egerner Höfe
- Regent Berlin
- Relais & Chateaux Jagdhof Glashütte
- RIVA – Das Hotel am Bodensee
- Schloss Elmau
- Schlosshotel Burg Schlitz
- Schlosshotel Hugenpoet
- Schlosshotel Kronberg
- Severins Resort & Spa
- Steigenberger Frankfurter Hof
- Steigenberger Graf Zeppelin
- Steigenberger Grandhotel Handelshof
- Steigenberger Hotel Hamburg
- Steigenberger Parkhotel Düsseldorf
- The Ritz-Carlton, Berlin
- The Ritz-Carlton, Wolfsburg
- Victor's Residenz-Hotel Schloss Berg
- Waldorf Astoria Berlin
- Weissenhaus Grand Village

»SERVICE EXCELLENCE KÖNNEN WIR NUR AN UNSERE KUNDEN WEITERGEBEN, WENN WIR SIE INTERN AUCH LEBEN.«

***Philipp Ingenillem** ist Co-Founder und CSO der Agentur Online Birds Hotel Marketing Solutions. Im Interview erklärt er, welche Rolle Service Excellence in seinem Unternehmen spielt, und blickt in die digitale Zukunft der Hotellerie.*

Mit eurer Agentur Online Birds habt ihr euch auf das Onlinemarketing für die Hotellerie spezialisiert. Welche Rolle spielt das Thema Service Excellence in eurem Unternehmen?

Online Birds bündelt als Full Service Provider für Hotel-Onlinemarketing vielschichtige Erfahrungen aus der Hotellerie, akademisches Wissen und internationale Kontakte. Wir machen den Erfolg unserer Kunden nachhaltig und messbar: Profile und Angebote von Hotels werden sichtbar, Gäste finden, was sie suchen. Im Matching der Erwartungen wirtschaften Hotels bedarfsgerecht und wettbewerbsfähig. Wir sind lenkende Kraft im Namen unserer Kunden und genießen das Vertrauen renommiertester Häuser. Dabei haben wir stets den Anspruch an uns selbst, die Besten zu sein. Dazu gehört neben einem fundierten Fachwissen auch eine individuelle Beratung und ein exzellenter Service. Um hierbei so effektiv wie möglich zu sein, müssen wir einerseits unser spezialisiertes Fachwissen kontinuierlich auf dem neuesten Stand halten und andererseits unsere eigenen Mitarbeiter glücklich machen. Denn wir sind überzeugt, dass die Zufriedenheit unserer Mitarbeiter sich direkt auf unsere Kunden auswirkt. Somit leben wir den Service-Gedanken von innen nach außen.

Unter anderem haben wir neben unseren Büros in München und Berlin seit drei Jahren auch ein Büro in Lissabon. Dadurch können wir unseren Mitarbeitern in Form einer Challenge regelmäßig ermöglichen, eine Woche von einem der anderen Standorte aus zu arbeiten. Wir übernehmen hierbei sogar die Flug- und Übernachtungskosten. Den Erfolg dieser und weiterer

Maßnahmen merken wir deutlich: Unsere Mitarbeiter bleiben uns lange erhalten, und auch viele unsere Kunden arbeiten bereits langjährig mit uns zusammen.

Wie, glaubst du, profitiert der Gast von euren Leistungen?
Letztlich helfen wir Hoteliers dabei, zielgruppenrelevanten Content zu erstellen und somit die digitale Interaktion mit den Gästen zu verbessern. Zudem kommen – weitergedacht – die Kommissionsabgaben, die sich der Hotelier durch das Direktmarketing und den direkten Vertrieb spart, indirekt auch dem Gast zugute. Mit diesem Budget können mittel- und langfristig Investitionen im Haus getätigt werden, die das Produkt, den Service und damit die Gästeerfahrung verbessern können. Darüber freuen sich dann sowohl das Team und als natürlich auch die Reisenden.

Warum unterstützt ihr die 101 besten Hotels Deutschlands?
Das ist eine tolle Win-win-Situation für alle. Viele der 101 besten Hotels sind bereits unsere Kunden im digitalen Bereich. Somit kennen wir die Zielgruppe und deren Bedürfnisse aus langjähriger Erfahrung. Die Kombination zwischen Carsten K. Raths Service-Gedanken und unserem digitalen Fokus harmoniert perfekt. Wir sehen hier immenses Potenzial. Uns ist es wichtig, dass diese großartigen Häuser Ihre Vorteile auch auf den digitalen Kanälen transportieren, um so die richtigen Gäste zu erreichen und Direktbuchungen zu steigern.

Wie verortest du das Ranking der 101 Besten generell?
Rankings sind natürlich immer interessant und dienen als Orientierungshilfe für den Endkunden. Ich finde es spannend, dass Carsten dieses Ranking ins Leben gerufen hat, weil im deutschen Hotelmarkt sehr viel Potenzial liegt. Die Hotels hierzulande weisen eine unglaubliche Hardware vor und bieten ihren Gästen ein großartiges Produkt im europäischen Vergleich. Aus eigener Erfahrung weiß ich, dass Hotels in Deutschland einen sehr guten Service zu meiner Meinung nach teilweise sogar zu günstigen Preisen anbieten. Das Ranking »Die 101 Besten« unterstreicht die Exzellenz in der deutschen Hotellerie.

Besonders spannend ist für uns jedoch, wie diese Häuser digital aufgestellt sind. Gerade im Zuge der Pandemie hat das Onlinemarketing weiter an Relevanz gewonnen. Nun zeigt sich, wer dies erkannt und sich gut aufgestellt hat und auch unabhängig von OTAs vom Gast online auffindbar ist.

Um die Hotels dahingehend analysieren und bewerten zu können haben wir bereits vor drei Jahren den Hotel Digital Score entwickelt. Hiermit sehen die Hotels, wie sie im Onlinemarketing performen.

Spannend. Wie funktioniert dieser Score?
Ein eigens entwickelter Algorithmus liest anhand der Hotel-URL relevante Onlinekanäle des Hotels, sei es Website-, Instagram- oder Facebook-Auftritt, aus. Dabei werden harte Fakten überprüft, z.B. ob es eine Bestpreisgarantie gibt, Metadaten hinterlegt sind, oder wie viele Beiträge wöchentlich gepostet werden. Auf diese Weise ist eine schnelle und vollkommen automatische Auswertung möglich – das war uns bei der Entwicklung besonders wichtig. Aktuell werden 19 Parameter in fünf Basisbereichen (Website, SEO, SEA, Social Media und E-Mail-Marketing) ausgelesen und analysiert. Je nach Bewertung der einzelnen Parameter ergibt sich ein Punktewert zwischen 0 und 100. Zusätzlich zum Score erhalten Hotels einen detaillierten Report mit konkreten Tipps und Handlungsempfehlungen, ganz ohne aufwendige Beratungsgespräche, kostenfrei und in nur wenigen Minuten.

Wir arbeiten stetig daran, die Plattform weiter auszubauen und zu verbessern. So haben wir jüngst einen neuen Blog integriert, um das digitale Knowhow in der Branche weiter zu stärken. Diesen Ansatz möchten wir auch gemeinsam mit den 101 besten Hotels weiterverfolgen und küren deshalb – wenn ich das schon ankündigen darf – in diesem Jahr auch die digitalsten Hotels unter den 101 besten.

Wir freuen uns drauf und sind gespannt, welche Hotels in Zukunft den digitalen Raum erobern. Vielen Dank für das spannende Gespräch!

Der Begriff Trouvaillen stammt aus dem Französischen und bedeutet soviel wie Fundstücke (frz. trouver = finden) oder wertvolle Entdeckung. Wertvoll und einzigartig sind auch unsere neun definierten Hotel-Trouvaillen: Einige wenige Häuser, die 2021/22 nicht unter den 101 besten Hotels Deutschlands sind, werden in der zusätzlichen Kategorie »Trouvaillen« subsummiert.

UNSERE TROUVAILLEN

2021/22

»MEHR DENN JE KOMMT ES AUF ECHTE GASTFREUND-SCHAFT SOWIE FREUDE AN DER DIENSTLEISTUNG AN.«

THOMAS MACK

GESCHÄFTSFÜHRENDER GESELLSCHAFTER, EUROPA-PARK GMBH UND CO MACK KG

©Hotel Belle Epoque

Hotel Belle Epoque

©Hotel Belle Epoque

GASTGEBER: Andreas Rademacher und Familie seit 2000
Maria-Viktoria-Str. 2c | 76530 Baden-Baden | **t** +49 7221 300 66 0 | **w** hotel-belle-epoque.de
149 € bis 795 €

FAKTEN

ANZAHL ZIMMER / SUITEN: 28 Zimmer, 6 Suiten
HOTELGRUPPE: Small Luxury Hotels of the World
KINDERFREUNDLICH: ja

PHILOSOPHIE DES HAUSES

Unsere Gäste sollen sich in unserem Hause rundum wohlfühlen, damit sie gerne zurückkommen. Mit individuellem Service in einem einzigartigen Ambiente möchten wir jeden einzelnen Gast begeistern.

ALLEINSTELLUNGSMERKMALE

Das Boutiquehotel, umgeben vom hoteleigenen Park befindet sich in zentraler Lage. Das stille Juwel gleicht einer Oase, in der Ruhe, Natur und Eleganz im Einklag miteinander stehen. Jedes der Zimmer ist einzigartig und führt die Gäste in die Zeit der **Belle Epoque** zurück. Im Winter vor offenem Kamin, und im Sommer lädt der Hotelpark mit Brunnen zum Verweilen ein. Persönlicher Service rundet das Hotelerlebnis ab.

GASTRONOMIE

ANZAHL DER RESTAURANTS: 1
Das vom Guide Michelin empfohlene Restaurant »**Der kleine Prinz**« im gleichnamigen Schwesterhotel liegt 80 m vom Hotel Belle Epoque entfernt. Französisch regionale Saisonküche mit korrespondierenden Weinen nimmt die Gäste auf eine kulinarische Reise mit.

VERANSTALTUNGSRÄUME

ANZAHL UND GRÖSSE: 1 (bis 40 Personen)
BESONDERE VERANSTALTUNGSTECHNIK: Leinwand, Beamer, Moderatorenkoffer, Rednerpult, kostenfreies Wifi, Klimaanlage, viel Tageslicht
SPEZIELLE TAGUNGSSERVICES: Unser Serviceteam begleitet die Tagungsgäste durch ihre Veranstaltung. Wir bieten eine In-House-Veranstaltungsküche sowie Tagungspauschalen an.

FREIZEITANGEBOT

Thermalbäder, Golf, Tennis, Theater, Festspielhaus, Museum Frieder Burda, Casino, Lichtentaler Allee und Gönneranlage, Merkur Bergbahn, Nationalpark Schwarzwald, Shopping

Gut Steinbach

GASTGEBER: Susanne Gräfin und Klaus Graf von Moltke seit 2011
Steinbachweg 10 | 83242 Reit im Winkl | t +49 8640 8070 | w gutsteinbach.de
112 € bis 1.417 €

FAKTEN

ANZAHL ZIMMER / SUITEN: 46 Zimmer, 7 Suiten und 7 Chalets
HOTELGRUPPE: Relais & Châteaux
KINDERFREUNDLICH: ja

PHILOSOPHIE DES HAUSES

Gelebte Nachhaltigkeit und Zeitgeist laden in Ihrem Heimatrefugium **Gut Steinbach** dazu ein, bayerische Natur zu erleben, sie auf unvergleichliche Weise zu schmecken und mit allen Sinnen zu fühlen.

ALLEINSTELLUNGSMERKMALE

Unser familiengeführtes **Gut Steinbach** präsentiert sich auf einem 51 Hektar großen Hochplateau. Mit seinem Stammhaus, dem Steinbacher Hof, sieben Chalets jeweils mit Private-SPA, Schwimmteich, dem spektakulären Heimat & Natur SPA und mehrfach ausgezeichneter Küche versprechen wir Entschleunigung auf höchstem Niveau.

GASTRONOMIE

ANZAHL DER RESTAURANTS: 1 Restaurant, 3 Stuben, 1 Terrasse, 1 Bar mit Salettl; Küchenchef Achim Hack verfolgt eine einfache Maxime: 80 Prozent unserer Lebensmittel stammen aus maximal 80 Kilometern Entfernung. Das Restaurant **HEIMAT** überzeugt durch bayerisch zeitgeistige Gerichte. Seit 2021 stolzer Träger des Grünen Sterns des Guide Michelin.

WELLNESS

GRÖSSE DES SPA: 2.000 m²
AUSSTATTUNG UND BESONDERHEITEN SPA: 18 m Indoorpool, Saunen, Dampfbad, Ruheoasen, Kamin, Bibliothek auf zwei Etagen mit spektakulärem Blick in die Alpen, Fitnessraum mit Peloton & Precor, Beauty & SPA Center

VERANSTALTUNGSRÄUME

ANZAHL UND GRÖSSE: 3 (bis 30 Personen)
SPEZIELLE TAGUNGSSERVICES: Exklusiv tagen in den Chalets und im Wald

FREIZEITANGEBOT

Was das Herz begehrt und das zu jeder Jahreszeit: Wandern, Radfahren, Golfen, Schwimmen, Klettern, Kultur (München, Salzburg, Kitzbühel), Familienausflüge, Skifahren, Langlauf, Schneeschuhwandern, eigener Fitnesspfad, Fütterung des hoteleigenen Rotwilds, Weintastings, kulinarische Themenabende

Maximilian Munich

GASTGEBERIN: Eva Kubon seit 2006
Hochbrückenstraße 18 | 80331 München | **t** +49 89 24 25 80 | **w** maximilian-munich.com
199 € bis 1.500 €

FAKTEN

ANZAHL ZIMMER / SUITEN: 32 Zimmer, 27 Suiten
KINDERFREUNDLICH: ja

PHILOSOPHIE DES HAUSES

Die Idee, unseren Gästen ein Zuhause auf Zeit zu bieten, leitet uns, täglich einen bestmöglichen und individuellen Service anzubieten. Unkompliziert, überraschend und dabei erstklassig die Erwartungen zu erfüllen – in der entspannten, zurückgelehnten Atmosphäre unseres City-Hideaways im Herzen Münchens.

ALLEINSTELLUNGSMERKMALE

Das Hotel ist ein Geheimtipp im Herzen Münchens. Unser Rosengarten dient als Rückzugsort ebenso wie die großzügigen, voll ausgestatteten renovierten Apartments. Wir bieten Ihnen das Wohlgefühl von zu Hause mit einer luxuriösen Ausstattung in zeitlos elegantem Design. Die Maximilianstraße und die Staatsoper sind Ihre neuen Nachbarn.

GASTRONOMIE

ANZAHL DER RESTAURANTS: 1
Frühstücksrestaurant »**kleines Max**« mit lichtdurchflutetem Wintergarten und Terrasse im idyllischen Rosengarten

WELLNESS

GRÖSSE DES SPA: 170 m²
AUSSTATTUNG UND BESONDERHEITEN SPA: Finnische Sauna, Dampfbad, Erlebnisdusche, Massageraum, Ruheraum mit Kamin, neu ausgestatteter Fitnessbereich

VERANSTALTUNGSRÄUME

ANZAHL UND GRÖSSE: 1 (bis 8 Personen)

FREIZEITANGEBOT

Nähe zum Englischen Garten, der Isar, der Bayerischen Staatsoper, der Philharmonie, zahlreichen Museen und Galerien, Shoppingboulevard Maximilianstrasse

KRØNASÅR – The Museum-Hotel

GASTGEBER: Thomas Mack seit 2019
Roland-Mack-Ring 3 | 77977 Rust | **t** +49 7822 8600 | **w** europapark.de/kronasar
ab 251 € bis 1.021 €

FAKTEN

ANZAHL ZIMMER / SUITEN: 276 Zimmer, 28 Suiten
KINDERFREUNDLICH: ja

PHILOSOPHIE DES HAUSES

Hotel oder Museum? Beides! Das besondere Naturkundemuseum wurde erschaffen aus viel gelobter Liebe zum Detail und einer Skandinavien-Leidenschaft. Mitarbeiter:innen mit viel Herz(blut) hauchen der sagenhaften Ausstellung Leben ein und schaffen skandinavische Genussmomente.

ALLEINSTELLUNGSMERKMALE

Schon der Empfang ist fulminant: Das riesige Skelett der Meeresschlange Svalgur hängt über alle Stockwerke hinweg in der Lobby. Hier beginnt ein Hotel-Museums-Besuch mit echtem Hygge-Feeling. Dazu gehören gutes Essen und Trinken, Zimmer im schicken nordischen Design sowie ein Fitness- und Saunabereich.

GASTRONOMIE

ANZAHL DER RESTAURANTS: 2 (+1 Bar und 1 Café)
Fine-Dining-Restaurant Tre Krønen: Nordic Cuisine, separater »Chefs Table« mit exklusivem Blick auf das Küchengeschehen
Boathouse Restaurant Bubba Svens: beliebte Familiengerichte aus dem hohen Norden
Bubba Svens SportsBar: Pfiffige Snacks und Drinks an der Schiffsbar zu Billard, Darts und Tischkicker
Bar Erikssøn: Smørrebrød-Kreationen
Café Konditori: Angebot an hausgemachten Kuchen und Patisserie

WELLNESS

GRÖSSE DES SPA: 430m²
AUSSTATTUNG UND BESONDERHEITEN SPA: Finnische Sauna, Sanarium, Dampfbad, Ruheraum, Kaminlounge, Außenterasse und Fitness-Bereich; Eröffnung im Jahr 2022: Infinity-Pool

VERANSTALTUNGSRÄUME

ANZAHL UND GRÖSSE: 2 (bis 260 Personen)
VERANSTALTUNGSTECHNIK: Lichttechnik Fronttruss, Tontechnik Beschallungsanlage (D&B Audiotechnik), Rigging, Videotechnik
SPEZIELLE TAGUNGSSERVICES: Konferenzen, Meetings, Incentives, Hochzeiten und andere private Feierlichkeiten

FREIZEITANGEBOT

Wasserwelt Rulantica (direkter Zugang), Europa-Park-Deutschlands größter Freizeitpark, 5 weitere Europa-Park-Hotels, kostenfreier Hotel-Shuttle Resort, YULLBE

Lanserhof Sylt

©Carsten Dammann

GASTGEBER: Dr. Christian Harisch
Am Lanserhof 1 | 25992 List auf Sylt | t +49 8022 1880-0 | w lanserhof.com

FAKTEN
ANZAHL ZIMMER / SUITEN: 26 Zimmer, 29 Suiten
HOTELGRUPPE: Lanserhof Gruppe

PHILOSOPHIE DES HAUSES
In jahrelanger Forschungsarbeit erarbeitete das Team des Lanserhof ein weltweit einmaliges Gesundheitskonzept: Das Lanserhof Concept ist eine Symbiose aus modernster Spitzenmedizin, traditioneller Naturheilkunde und wissenschaftlichem Know-how.

ALLEINSTELLUNGSMERKMALE
Die **Lanserhof Resorts** sind die führendsten Health Resorts weltweit. Mehrfach ausgezeichnet, stehen sie seit über 35 Jahren für innovative Vitalmedizin und modernste Konzepte für Prävention und gesundheitliche Regeneration. Diese Kombination hilft dem Gast, sich körperlich, geistig und seelisch nachhaltig zu regenerieren.

GASTRONOMIE
ANZAHL DER RESTAURANTS: 1
Die Lanserhof Energy Cuisine ist das Ernährungskonzept des Lanserhof: Nahrungsmittel höchster Qualität, optimale Bekömmlichkeit und maximaler Geschmack. Es beinhaltet alle Erkenntnisse der Nahrungsmittelforschung und sämtliche Erfahrungen der globalen Ernährungsphilosophie.

WELLNESS
GRÖSSE DES SPA: 5.000 m²
AUSSTATTUNG UND BESONDERHEITEN SPA:
Minus-110-Grad-Kältekammer, Gym, EMS, Yogaraum, Ruhebereich, Sauna, Dampfbad, Salzwasser Außen- und Innenpool mit Gegenstromanlage

FREIZEITANGEBOT
Wattspaziergänge, E-Bike-Touren, Yoga, Pilates, Vorträge, Kochkurse, kulturelles Angebot (Lesungen, Konzerte etc.), Morgenerwachen in der Natur, Meditationen, Atemworkshops

Lanserhof Sylt

©Lanserhof Sylt

Hotel Sportalm Gipfelglück

GASTGEBER: Peter Stahnke seit 2015
Kalver Straße 36 | 58511 Lüdenscheid | t +49 2351 661880 | w sportalm-gipfelglueck.de
95,90 € bis 219,90 €

FAKTEN

ANZAHL ZIMMER / SUITEN: 34 Zimmer, 4 Suiten
KINDERFREUNDLICH: ja

PHILOSOPHIE DES HAUSES

Es ist unser Ziel, original alpenländisches Design und Ambiente, verbunden mit einer sehr schmackhaften und ambitionierten Küchenleistung, nach Südwestfalen zu bringen und den Gästen mit einer besonderen Wohlfühlatmosphäre ein außergewöhnliches Erlebnis bieten zu können.

ALLEINSTELLUNGSMERKMALE

Wir sind ein familiengeführtes Unternehmen, das mit leidenschaftlicher Hingabe Hochzeiten, Familienfeiern und Firmenevents durchführt, sowohl im eleganten Ballsaal als auch in der urtypischen, bayerischen »Gaudistube« (Bild). Genießen Sie das Lebensgefühl der Alpen in einer einzigartigen Location.

GASTRONOMIE

ANZAHL DER RESTAURANTS: 1
Restaurant Herzhaft: alpin-international

VERANSTALTUNGSRÄUME

ANZAHL UND GRÖSSE: 5 (bis 250 Personen)
VERANSTALTUNGSTECHNIK: Standardausstattung, alles andere kann durch Kooperationspartner erbracht werden
SPEZIELLE TAGUNGSSERVICES: Indoor-Kletterwand-Teambuilding (18 m Höhe), Tennis, Indoor Tennis-Fußball (3 Ascheplätze), Baumstammsägen, Holzklotznageln, Hufeisen- und Lassowerfen

FREIZEITANGEBOT

Indoortennis, Indoor-Kletterwand, Schwarzlichtkegeln, Billiard, Kickern, Airhockey, Sauerländer Talsperren- Schnitzeljagd

Steigenberger Grandhotel & Spa

GASTGEBER: Carsten Willenbockel seit Juni 2015
Liehrstr. 11 | 17424 Ostseebad Heringsdorf | t +49 38378 495 0 | w heringsdorf.steigenberger.com
140 € bis 1.070 €

FAKTEN

ANZAHL ZIMMER / SUITEN: 120 Zimmer, 49 Suiten
HOTELGRUPPE: Steigenberger Hotels AG
KINDERFREUNDLICH: ja

PHILOSOPHIE DES HAUSES

Feinster Sandstrand, die frische Meeresbrise, die Ostsee, Küstenwälder, idyllische Seen, unsere Liebe zum Detail und gelebte Gastfreundschaft sind für uns im **Steigenberger Grandhotel & Spa** nur einige der Zutaten aus denen wir das perfekte »Vitamine Sea« für unsere Gäste gewinnen.

ALLEINSTELLUNGSMERKMALE

Unser Resort liegt direkt am feinen Sandstrand von Usedom auf einem parkähnlichen Grundstück umgeben von schönen Bäderarchitekturvillen. Aufgeteilt auf sieben Gebäude bietet es Zimmer, Suiten und Studios, ein großzügiges Spa, die Krabbenvilla für Kinder und mit drei Restaurants, Bar und Spa-Lounge eine spannende kulinarische Vielfalt.

GASTRONOMIE

ANZAHL DER RESTAURANTS: 3
Lilienthal Usedom mit Sonnenterrasse zum Frühstück und feiner À-la-carte-Küche am Abend; **Waterfront** an der Promenade mit Terrasse und Lounge, maritimer Bistrostyle, Klassiker und saisonale Gerichte; **Seaside** THAI CUISINE für die Liebhaber der Aromen authentischer thailändischer Küche

WELLNESS

GRÖSSE DES SPA: 2.200 m²
AUSSTATTUNG UND BESONDERHEITEN SPA:
Heller, großzügiger Baltic Sea Grand Spa Usedom mit beheiztem 20 m Außen- und Hydro-Vitalpool, Saunen, hervorragende Anwendungen und Private-Spa

VERANSTALTUNGSRÄUME

ANZAHL UND GRÖSSE: 2 (bis 150 Personen)
BESONDERE VERANSTALTUNGSTECHNIK: Umfangreiche, moderne Ausstattung, technische Sonderanforderungen werden mit unserem Partnerunternehmen AEN erfüllt.
SPEZIELLE TAGUNGSSERVICES: Green Meetings, Teambuildings, maritime Incentives, private oder exklusive Feierlichkeiten, Hochzeiten bis hin zur Trauung am Strand, Friseur, Make-up, Dekoration, hausgemachte Torte

FREIZEITANGEBOT

Strandleben, Wassersport, SUP, Radfahren, Wandern, Joggen, Natur erleben, Ausflüge und private Touren über die Insel, Bootstouren, Historie und Bäderarchitektur, drei 18-Loch-Golfplätze

© Steigenberger Hotels AG

Steigenberger Grandhotel & Spa Petersberg

GASTGEBER: Raoul Hölzle seit August 2020
Petersberg in 53639 Königswinter | t +49 2223 74442 | w grandhotel-petersberg.steigenberger.de
199 € bis 4.000 €

FAKTEN

ANZAHL ZIMMER / SUITEN: 102 Zimmer, 9 Suiten
HOTELGRUPPE: Steigenberger Hotels AG
KINDERFREUNDLICH: ja

PHILOSOPHIE DES HAUSES

In dem umfangreich renovierten Hotel trifft Wohlfühlatmosphäre auf Luxus! Wir sind Gastgeber aus der Leidenschaft heraus, Alltag zu kreieren, der von Vielseitigkeit und Exklusivität geprägt ist.

ALLEINSTELLUNGSMERKMALE

Inmitten des Naturparks Siebengebirge, gelegen auf dem 336 Meter hohen Petersberg, thront unser Hotel und bietet einen sagenumwobenen Panoramablick. In dem ehemaligen Gästehaus des Bundes residierten bereits unzählige Persönlichkeiten der Weltgeschichte. Die mit liebevoller Hand zum Detail eingerichteten Zimmer und Suiten sind wahlweise mit Rhein- oder Parkblick buchbar. Wahrhaft königlich nächtigen Sie in der Präsidentensuite.

GASTRONOMIE

ANZAHL DER RESTAURANTS: 5
Biergarten mit Rheinisch-Bayrischen Speisen, das **Charles Bistro & Café** mit französischer und regionaler Küche sowie Kaffee und Kuchen, die **Nelsons Pianobar** mit angeschlossener Smokers Lounge, unsere beiden Abendrestaurants sind das **Bill's Restaurant & Grill** sowie das **Ferdinand Wine & Dine**.

WELLNESS

GRÖSSE DES SPA: 550 m²
AUSSTATTUNG UND BESONDERHEITEN SPA:
Wellness- und Fitnessbereich mit modernen Geräten, Indoorpool, Türkisch Hamam, drei Saunen und einer Beautyfarm mit individuellen Massagen und Anwendungen

VERANSTALTUNGSRÄUME

ANZAHL UND GRÖSSE: 15 (bis 800 Personen)
BESONDERE VERANSTALTUNGSTECHNIK: moderne Tagungstechnik sowie innovative Ausstattung durch unseren Technikpartner Kuchem
SPEZIELLE TAGUNGSSERVICES: Von Meetings im kleinen Kreis bis hin zu Großevents oder Hochzeiten – wir bieten die perfekte Räumlichkeit! In der angeschlossenen Bergkapelle gaben sich bereits Michael Schumacher und seine Corinna sowie Daniela Katzenberger und ihr Lukas das Ja-Wort. Unser Green-Meeting-Konzept punktet mit ökologisch bewusstem Handeln.

FREIZEITANGEBOT

Ob ein Besuch im Spa, eine Wanderung durch die umliegenden Wälder oder ein Ausflug in das benachbarte Bonn – das Rheintal bietet unbegrenzte Möglichkeiten der Freizeitgestaltung.

SISTERS OF
PARADISE
WWW.SISTERS-OF-PARADISE.COM
RIVERSIDE COUNTY
CALIFORNIA

WHERE IS PARADISE?
JOIN THE FAMILY AND
FOLLOW THE SISTERS
ANNA AND SOPHIA
SEARCH PARADISE!
WWW.SISTERS-OF-PARADISE.COM

O'NEILL
CALIFORNIA

SlowDown Travemünde

GASTGEBER: Martin Aye und Sven Hollesen seit 2020
Priwallpromenade 20 | 23570 Travemünde | t +49 4502 780 1000 |
w slowdown-travemuende.de
119 € bis 329 €

FAKTEN

ANZAHL ZIMMER / SUITEN: 108 Zimmer, 2 Suiten

PHILOSOPHIE DES HAUSES

Am Strand sagen wir DU! Lasst uns zusammen den Augenblick im **SlowDown** nutzen und glücklich sein. Wir haben zwar keine Sterne, aber wir holen sie für euch vom Himmel.

ALLEINSTELLUNGSMERKMALE

Der Alltag hat seine hektische Seite, für die andere Seite gibt's das **SlowDown Travemünde**. Coole Lobby, Weinbar und Kaminlounge erwarten euch. Euer Zimmer ist etwas für sich: mit eigenem Dampfbad und zwei Regenduschen als eure private Wellnessoase, großem Balkon und Bio-Kamin.

GASTRONOMIE

ANZAHL DER RESTAURANTS: 2
Tapas Olé: Auf der 12-Gänge-Tapas-Reise werden jeden Abend köstliche Tapas aus der spanischen Spitzenküche serviert.
Baykery: Unsere hauseigene Baykery lockt den ganzen Tag mit knackigen Brötchen, frischen Snacks, lauwarmem Kuchen und selbst geröstetem Kaffee.

WELLNESS

GRÖSSE DES SPA: 300 m²
AUSSTATTUNG UND BESONDERHEITEN SPA:
Das Bay SPA macht rundum glücklich: mit intensiven Massagen, wunderbaren Beauty-Behandlungen, einer erholsamen Saunawelt.

VERANSTALTUNGSRÄUME

ANZAHL UND GRÖSSE: 10 (bis 400 Personen)
VERANSTALTUNGSTECHNIK: Helle Tagungsräume im Penthouse und mit Wasserblick, modernste Tagungstechnik (LED und Video Walls)
SPEZIELLE TAGUNGSSERVICES: Mietet das ganze Hotel für euer Unternehmen und eure Mitarbeiter – für volle Flexibilität und besonders intensive Atmosphäre. Macht das **SlowDown** zu eurem Event-Hotel!

FREIZEITANGEBOT

Das **SlowDown Travemünde** liegt direkt in der spannenden Freizeitlocation Beach Bay an der Ostsee.

Slowdown Travemünde

76

ROBINSON CALA SERENA

Das 120.000 qm große Clubgelände mit kleiner, feinsandiger Bucht befindet sich auf einer Halbinsel, direkt am Meer im Südosten Mallorcas. Der Club mit seiner Gartenanlage gilt unter Kennern als eine Oase der Sinnlichkeit und bietet alles, was sportbegeisterte Urlauber besonders schätzen. Der Hafenort Cala d'Or ist nur 2 km und der Flughafen 60 km entfernt.

Der ROBINSON CALA SERENA verfügt über 306 Zimmer inklusive 25 Suiten und besticht durch seine weiträumige und gepflegte Anlage im landestypischen Stil mit sehr schönem Garten und ganzjährig mediterranen Temperaturen. Auf dem Clubgelände erstreckt sich ein großer Sportpark mit Angeboten wie Fußball, Beach-Volleyball, 12 Tennisplätzen und Padel-Tennis. Der WellFit Bereich bietet eine einzigartige Kombination aus Wellness und Fitness: Auspowern in den GroupFitness-Kursen oder im Fitnessstudio steht hier auf dem Tagesprogramm. In der CANYON. BASE steht eine Auswahl von rund 100 verschiedenen hochwertigen CANYON-Bike-Rädern: schnelle Rennräder und Mountainbikes für anspruchsvolle Steigungen, zur Verfügung. Beim Reiten, im Sattel einer Harley-Davidson oder auf einem gebuchten Ausflug wird Mallorca zu einem Erlebnis.

WORKATION@Robinson bietet die Möglichkeit Urlaub und Arbeit miteinander zu verbinden. Die Vorteile hierbei liegen auf der Hand. Gesundheit fördern, Kraft tanken und Meerblick genießen, Stress reduzieren und einen Ausgleich schaffen sowie Networking unter Gleichgesinnten.

ROBINSON

WellFit-SPA
2.000 qm großes WellFit-Spa mit verschiedenen Saunen sowie In- und Outdoor-Ruhepool mit Blick auf die Meeresbucht. Zeit und Ruhe genießen und sich nach allen Regeln der Kunst verwöhnen lassen. Ob bei einer Massage, einer Beautybehandlung oder exklusiven Medical Beauty und Naturkosmetika Angeboten wird der Aufenthalt zu einem ganzheitlichen Urlaubserlebnis.

Golf
Driving Range, Putting und Chipping Green auf dem Clubgelände. 10 weitere Golfanlagen in der Nähe von 30 Min. (entgeltlich).

Tennis
Spiel, Satz & Sieg – auf der größten Tennisanlage von ROBINSON. Der Club verfügt über 12 Tennisplätze (davon 2 Hallenplätze mit Licht und 6 mit Flutlicht), einer Sportsbar und einem Padel-Tennis Court.

KULINARIK
Vollpension made by ROBINSON

WellFood:
trendorientierte und gesunde Gerichte zum Frühstück, Mittag- (Balance) und Abendessen (Felicity Food)

WINE & DINE:
Möglichkeit der Tischreservierung zum Abendessen im Hauptrestaurant in Verbindung mit einer Flasche Wein (gegen Gebühr)

ROB carpet:
ein glanzvoller Abend mit kulinarischen Köstlichkeiten, prickelndem Entertainment und ausgewählten Cocktails. (1x wöchentlich)

taste JAM:
14-tägig Streetfoodfeeling mit mobilen Ständen für Essen & Getränke bei musikalischer Atmosphäre (wetterabhängig)
Kulinarische Vielfalt im spanischen Spezialitätenrestaurant mit ausgewählten Tapas und im Genießerrestaurant (jeweils tageweise geöffnet, entgeltlich)

VistaMar:
Chillout-Terrasse mit Daybeds (entgeltlich)

Harley-Davidson

Was gibt es Lässigeres, als Mallorca auf einer Harley-Davidson zu entdecken? Der Club verfügt über eine eigene Harley-Davidson-Station, geführte oder individuelle Touren möglich (entgeltlich).

WORKATION@ROBINSON

Das Hotelzimmer in ruhiger Lage wird zum Homeoffice. Work-Life-Balance mit zahlreichen Angeboten zum Ausgleich.

07660 Cala d'Or, Mallorca, Balearen
reservations@robinson-ep.com
+34 971 169 100 I www.robinson.com

Mit dieser Rubrik zollen das Institute for Service Excellence und die Partner den Lieblingsreisezielen unserer deutschen Gäste Respekt: Die besten Hotels Österreichs, der Schweiz, Südtirols und Spaniens sind Aushängeschilder für die europäische Hotellerie und somit auch eine Benchmark für Deutschland.

LUXURIÖSE NACHBARN
UND FREUNDE
2021/22

»DIE BESTEN
HOTELS SIND WUNDER-
SCHÖNE HÄUSER
MIT DEN BESTEN
MITARBEITERINNEN
UND MITARBEITERN.«

MAG. MATTHIAS WINKLER
CEO SACHER HOTELS

Hotel Sacher Salzburg

© Jakob Gsöllpointner

GASTGEBERIN: Angélique Weinberger seit 2014
Schwarzstraße 5-7, | 5020 Salzburg, Österreich
t +43 662 889770 | **w** sacher.com/de/salzburg
370 € bis 6.745 €

FAKTEN

ANZAHL ZIMMER / SUITEN: 72 Zimmer, 38 Suiten
HOTELGRUPPE: Leading Hotels of the World

PHILOSOPHIE DES HAUSES

Bei **Sacher** verzaubern Menschen Menschen. Wir lieben unsere Gäste und wollen sie täglich aufs Neue begeistern. Luxus, kulinarischer Genuss und gelebte Familientradition sorgen dabei für einzigartige Erlebnisse in einem der weltweit besten Luxushotels in Salzburg.

ALLEINSTELLUNGSMERKMALE

Das einzige historische Grandhotel mit der Lage im Herzen der Stadt, direkt am Ufer der Salzach, mit traumhaftem Blick auf die Festung Hohensalzburg. Tradition und Moderene in perfekter Kombination – atemberaubendes, historisches Ambiente ergänzt durch modernste, digitale Ausstattung.

GASTRONOMIE

ANZAHL DER RESTAURANTS: 4
Gourmet-Restaurant Zirbelzimmer: 11 Gault&Millau-Punkte; österreichische, saisonale Küche.
Restaurant Sacher Grill: traditionelle Küche und Spezialitäten vom Grill
Sacher Bar: Cocktail / Hotel-Bar
Café Sacher Salzburg: Kaffeehauskultur vom Feinsten

WELLNESS

GRÖSSE DES SPA: 100 m²
AUSSTATTUNG UND BESONDERHEITEN SPA: Sauna, Dampfbad, Massagen, Ruhebereich und Fitnesscenter

VERANSTALTUNGSRÄUME

ANZAHL UND GRÖSSE: 1 (3) (bis 140 Personen)
VERANSTALTUNGSTECHNIK: Von Beamer über Leinwände bis hin zu Multimedia Anschlüssen – bei Sacher ist alles möglich.
SPEZIELLE TAGUNGSSERVICES: In unseren Veranstaltungsräumen genießen Sie Ihr Event mit ganz persönlichem Sacher-Service. Saisonale Pakete, Gruppenangebote, technisches Equipment verfügbar.

FREIZEITANGEBOT

Sightseeing, Kulturangebote, Festspiele, Wandern, Spa, Genuss, spezielles Kinderprogramm »Petit Sacher«, Schloss und Zoo Hellbrunn, Schloss Mirabell, 25 km zu Skiregionen und Seen

Hotel Sacher Salzburg

© Stefan Ringgenberg

Schloss Fuschl

A LUXURY COLLECTION RESORT & SPA

GASTGEBER: Stefan Ringgenberg seit November 2019
Schloss-Straße 19 | 5322 Hof bei Salzburg | **t** +43 6229 2253-0 | **w** schlossfuschlsalzburg.com
299 € bis 899 €

FAKTEN

ANZAHL ZIMMER / SUITEN: 104 Zimmer gesamt, 36 Suiten + 6 See-Chalets
HOTELGRUPPE: Marriott International, Selektion Deutscher Luxushotels
KINDERFREUNDLICH: ja

PHILOSOPHIE DES HAUSES

Schloss Fuschl zählt zu einem der begehrtesten Hideaways in Österreich und eignet sich perfekt, um die Seele baumeln zu lassen und eine unvergessliche (Aus-)Zeit zu verbringen. Auch bietet die luxuriöse Wohlfühlatmosphäre das perfekte Setting für exklusive Feiern und Meetings – stets verbunden mit höchster Servicequalität.

ALLEINSTELLUNGSMERKMALE

Auf einer pittoresken Halbinsel des türkisblauen Fuschlsees liegt das 1450 erbaute **Schloss Fuschl**. Umgeben von den Bergen und Wäldern des Salzkammerguts ist es der perfekte Ort zum Träumen und Genießen. Die einzigartige Lage mit hoteleigenem Badesteg lockt Besucher aus der ganzen Welt.

GASTRONOMIE

ANZAHL DER RESTAURANTS: 5
Schlossrestaurant: französische/österreichische Küche, gekrönt mit 3 Hauben und ausgezeichnet mit 15,5 Punkten von Gault&Millau und 95 von Falstaff
Schloss Bar: österreichische Kaffeehauskultur und regionale Küche
Vinothek: (inter-)nationale Weinklassiker, regionale Speisen mit mediterranem Touch
See-Club: leichte Gerichte, Cocktailbar
Fischerei: fangfrischer Fisch, Brotzeit/Jause

WELLNESS

GRÖSSE DES SPAS: 1.100 m^2
AUSSTATTUNG UND BESONDERHEITEN SPA: Poollandschaft und Fitnessbereich mit Ausblick auf den See, Saunen, Dampfbad, Outdoorwhirlpool, Ruheraum, umfangreiches Treatment-Programm mit hochwertigen Pflegeprodukten

VERANSTALTUNGSRÄUME

ANZAHL UND GRÖSSE: 13 (inkl. diverser Terrassen mit insg. 1325 qm^2 Veranstaltungsfläche)
VERANSTALTUNGSTECHNIK: 6 individuelle Veranstaltungsräume mit Tageslicht und erstklassiger technischer Ausstattung für bis zu 120 Personen
SPEZIELLE TAGUNGSSERVICES: verschiedene Packages im Bausteinmodell buchbar, Halb- oder Ganztagespauschalen, auch als Hybridmeeting möglich, Helikopterlandeplatz / E-Tankstellen, kostenfreies W-Lan

FREIZEITANGEBOT

Schwimmen, Tauchen, SUP, Yoga, Wandern, E-Biken, Golfen usw.

© Patrick Langwallner

Naturresort Puradies

GASTGEBER: Michael Madreiter und Philipp Madreiter seit Beginn und Dez. 2016
Rain 9 | 5771 Leogang, Österreich
t +43 6583 8275 | **w** puradies.com
150 € bis 425 €

FAKTEN

ANZAHL ZIMMER / SUITEN: 19 Zimmer, 57 Suiten, 14 Chalets
HOTELGRUPPE: Lifestylehotels
KINDERFREUNDLICH: ja

PHILOSOPHIE DES HAUSES

Das **Naturresort PURADIES** ist ein pures Paradies in idyllischer Alleinlage in Leogang im Salzburger Land. Regionalität, Nachhaltigkeit – pur & fair – sowie ein authentisches Urlaubserlebnis sind unser Versprechen an den Gast. Der purste Lebensstil in den Alpen für den smarten Genießer.

ALLEINSTELLUNGSMERKMALE

Die absolute Alleinlage auf dem sonnigsten Plateau in Leogang, mit über 300.000 m² Wohlfühlareal zeichnen das **PURADIES** aus. 14 exklusive Private SPA Chalets und ein Designhotel mit 76 Zimmern und Suiten sorgen für absolutes Wohlfühlen. Das Designhighlight: die mehrfach prämierte Bar **FREIRAUM**.

GASTRONOMIE

ANZAHL DER RESTAURANTS: 2
Neben der Naturküche im Hauptrestaurant des **Hotel PURADIES** erleben die Gäste unverwechselbare Genussmomente im **Erlebnisrestaurant Ess:enz**
13 Gault&Millau-Punkte, 91 Fallstaff-Punkte und 3 Fallstaff-Gabeln Deutscher Schlemmeratlas, 3,5 Kochlöffel (sehr gute Küche). From »nose to tale« wird vieles vom eigenen Bio-Bauernhof und Kräutergarten verkocht, gepaart mit heimischen Produkten von regionalen Partnern und Lieferanten.

WELLNESS

GRÖSSE DES SPA: 400 m²
AUSSTATTUNG UND BESONDERHEITEN SPA: Das Badhaus »INNERE MITTE« verfügt über vier Themensaunen. Im HEAVEN SPA warten 5 Behandlungsräume mit wohltuenden Beauty- und Massageanwendungen.

VERANSTALTUNGSRÄUME

ANZAHL UND GRÖSSE: 1 (bis 35 Personen)
VERANSTALTUNGSTECHNIK: MICE Seminartechnik
SPEZIELLE TAGUNGSSERVICES: eigene Küche und offenes Feuer mit Kamin im Eventchalet z. B. für Kochkurse

FREIZEITANGEBOT

Im Skicirkus Saalbach-Hinterglemm-Leogang Fieberbrunn gibt es Sommer wie Winter ein umfangfreiches Freizeitangebot mit Europas größtem Bike-Park und dem größten zusammenhängenden Skigebiet Österreichs.

THE WATCH BOOK ROLEX
OLD HOUSES MADE NEW
CLASSIC CARS REVIEW
CLASSIC CARS REVIEW
THE GRAND CABRIOS • COUPÉS

Grand Resort Bad Ragaz

©David Diebert

GASTGEBER: Marco R. Zanolari seit November 2016
Bernhard-Simon-Strasse 1 | 7310 Bad Ragaz, Schweiz | **t** +4181 303 30 30 | **w** resortragaz.ch
285 € bis 1.600 €

HORNSTEIN RANKING 2021

FAKTEN
ANZAHL ZIMMER / SUITEN: 115 Zimmer, 118 Suiten
HOTELGRUPPE: Leading Hotels of the World, Swiss Deluxe Hotels
KINDERFREUNDLICH: ja

PHILOSOPHIE DES HAUSES
»The true source of health & vitality. Since 1242.« Unsere Entstehung beruht auf einer jahrhundertelangen Bade- und Heiltradition. Wir schaffen Ihnen einen Rückzugsort der Ruhe, Entspannung und tiefgreifenden Regeneration. Für neue Kraft und Vitalität. Für ein gesundes Leben.

ALLEINSTELLUNGSMERKMALE
Hier finden Sie eine einzigartige Kombination aus eigener Thermalquelle, ganzheitlicher medizinischer Expertise und der Vielfalt eines Fünfsterneluxusresorts, das eines der besten Gesundheits- und Ernährungszentren Europas und ein einzigartiges Health- und Wellnessangebot bietet.

GASTRONOMIE
ANZAHL DER RESTAURANTS: 7
Memories: Neue Schweizer Alpine Küche | **IGNIV by Andreas Caminada:** Fine-Dining-Sharing-Experience | **verve by sven:** Health- und Lifestyle-Küche | **Olives d'Or:** mediterran | **Namun:** asiatisch | **Zollstube:** schweizerisch | **gladys:** saisonale Clubhaus-Klassiker
Insgesamt 5 Michelin-Sterne und 76 Gault&Millau-Punkte (Michelin-Sterne: 2 Memories, 2 IGNIV, 1 verve) (Gault&Millau-Punkte: 18 Memories, 18 IGNIV, 14 verve, 13 Namun, 13 gladys)

WELLNESS
GRÖSSE DES SPA: 14.650 m²
AUSSTATTUNG UND BESONDERHEITEN SPA: Alle Indoor- und Outdoorpools sind mit dem heilenden Thermalwasser aus der Taminaschlucht gefüllt; evidenz- und erfahrungsbasierte NEWYOU Method®, die Körper und Geist in Einklang bringt.

VERANSTALTUNGSRÄUME
ANZAHL UND GRÖSSE: 7 (bis 400 Personen)
VERANSTALTUNGSTECHNIK: multifunktionelle Ausstattung
SPEZIELLE TAGUNGSSERVICES: Ob Meetings, Incentives oder Kongresse – wir bieten Ihnen Raum für alle Arten von Events. Wir bieten erstklassige Kulinarik, stilvolle Übernachtungsmöglichkeiten und vielfältige Erlebnisse in der Region.

FREIZEITANGEBOT
Unser Resort bietet Ihnen ein komplettes Rundumprogramm. Ob Sport, Shopping oder Sightseeing. Unser Kulturangebot glänzt mit zahlreichen Konzerten, Kunstausstellungen und spannenden Kamingesprächen – und zwar das ganze Jahr hindurch.

Grand Resort
Bad Ragaz

alle Fotos © Claus Brechenmacher & Reiner Baumann Photography

»Unsere Gastronomie ist das Herzstück. Sie gibt den Puls an.«

Marco Zanolari ist General Manager im Grand Resort Bad Ragaz. Im Interview mit Carsten K. Rath verrät er, wie er die Balance zwischen Familie und Karriere findet. Außerdem spricht er über das Erfolgsrezept des großzügig angelegten und eines der erfolgreichsten Resorts im Herzen der Schweizer Voralpen.

Wir beide haben vor langer Zeit zusammengearbeitet. Erzähl doch unseren Lesern kurz deine Erinnerungen dazu (bitte nur die guten).
Ich durfte das Castell son Vida auf Mallorca mit dir eröffnen. Ich habe damals den Bereich Food & Beverage unterstützen dürfen. Es war eine sehr herausfordernde Eröffnung, doch die viele Arbeit hat sich mehr als gelohnt. Das Son Vida erstrahlt seitdem wieder frisch, es war außerdem ein einprägsames Event.

Du hast international eine großartige Karriere gemacht und in einem der schönsten internationalen Resorts, dem Four Seasons Resort Maui gearbeitet. Warum die Rückkehr in die Ostschweiz, Bad Ragaz?
Es gibt verschiedene Treiber für so eine Entscheidung. Einer war meine Familie. Meine Frau ist Schweizerin, wir haben zwei Kinder, denen wir mehr als nur die Schweizer Wurzeln mitgeben wollten, sie sollten ihre Herkunft kennenlernen. Für meine Karriere war das Grand Resort Bad Ragaz sehr reizvoll, da es so viele wunderbare Facetten präsentiert. Die visionären Hauptaktionäre begleiten das Haus seit vier Generationen und behalten bis heute die Zukunft fest im Blick. In so jungen Jahren als General Manager ein Weltklassehotel in der Schweiz führen zu dürfen ist schon speziell und eine schöne Herausforderung.

Grand Resort Bad Ragaz – das klang in meinen Ohren nach klassischem, etwas altbackenem Heilfasten. Doch die Realität sieht zum Glück ganz anders aus. Du hast alles umgekrempelt, erzähl uns davon.
Das Haus war schon immer zukunftsorientiert ausgerichtet, auch wenn für die Außenwahrnehmung unser Marketing immer wieder sehr viel kommunikative Arbeit leisten musste. Unser Schlüssel sind die unterschiedlichen Zielgruppen, die wir ansprechen. Wir sind ein vielfältiges Dreigenerationenresort. Kinder sind sehr wichtig in unserem Konzept. In diesen Bereich haben wir stark investiert: Heute freuen sich die Kleinen über ein exzellentes Kinder-Spa und eine ausgebaute Kindervilla mit speziell ausgebildeten Angestellten. Langweilig wird ihnen sicher nicht mit Kletterwand, Schwimmbecken und Spielräumen. Während sich die Kinder auspowern, relaxen die Eltern in unserem Spa. Mit einer Vielzahl unterschiedlicher Pools, die allesamt mit Thermalwasser gefüllt sind, sind wir das größte Hotelspa der Schweiz. Überhaupt ist es das Thermalwasser, was uns so einzigartig macht. Mehr als 1.000 Liter des heilenden Wassers sprudeln mit 36.5 Grad pro Minute aus der Quelle ganz hinten in der Taminaschlucht. Hier erlebt der Gast unsere Ursprünge: Das Wasser fließt zuvor rund elf Jahre durch verschiedene Gesteinsschichten, bevor es zutage tritt.

Zwei Zweisternerestaurants, insgesamt fünf Michelin-Sterne komplettieren euer großartiges Angebot. Erzähl unseren Lesern bitte mehr über eure Kulinarik.
Vor drei Jahren begannen wir, das Resort in ein moderneres Kleid zu stecken. Ein guter Ansatzpunkt für eine Modernisierung ist dabei immer die Gastronomie, denn sie fasziniert Menschen auf unterschiedliche Weise. Wir möchten, dass unsere Gäste im Resort mit unseren insgesamt sieben Restaurants kulinarisch etwas erleben. Damals wussten wir natürlich noch nicht, dass wir gleich zwei Zweisternerestaurants betreiben dürfen. Das hat sich so entwickelt. Der Plan war und ist es, dass wir mit unseren Restaurants alle Generationen ansprechen wollen. Das »verve by sven« ist heute das Herzstück des Grand Hotel Quellenhof, das wir für 45 Millionen Franken komplett umgebaut haben. Die Gastronomie ist gleichzeitig Herzstück und Pulsgeber dieser Planung. Das **verve by sven** ersetzt heute ein französisches Restaurant und präsentiert Health- und Lifestyle-Gerichte. Unsere Küche ist gesund und schmeckt. Gesund sind Zutaten, die uns etwas über die Region erzählen und uns lehren, wieder zu genießen, ganz ohne schlechtes Gewissen.

Wie definiert ihr denn Gesundheit in einem Restaurant?
Natürlich mit lokaler Küche und regionalen Produkten. Ein weiterer Aspekt, der vielleicht etwas ungewöhnlicher ist: Wir kochen ganz bewusst kleinere Portionen. Wir nehmen nicht 180 oder 220 Gramm Fleisch oder Fisch, sondern bei uns kommen nur ca. 120 Gramm auf den Teller. Das wirkt sich auf alle Seiten positiv aus, nicht zuletzt aber vor allem auf die Gesundheit der Gäste. Unsere Gäste sind begeistert, denn ein weiterer wichtiger Punkt ist es, den Gästen zu erklären, warum die Portionen kleiner gehalten sind.

Noch bis vor Kurzem schlossen sich Nachhaltigkeit und Luxus aus. Jetzt bedingen sie einander. Auch hier hast du ein entsprechendes Food-Konzept entwickelt.
Wir initiierten das »LeftLovers«, ein Pop-Up-Restaurant, in dem nicht genutzte Speisen und Zutaten aus dem Grand Resort zu Fingerfood verarbeitet werden. Gemeinsam locker im Park sitzen – sei es auf der Wiese oder im Liegestuhl – und dabei in Gemeinschaft Spaß haben und genießen. Das ist unser Ziel. Damit haben wir ein Food-Konzept geschaffen, das dem Grand Resort aber auch den Menschen im Ort nahekommt. Zusammen mit einer Gruppe Studenten der Hotelfachschule EHL Passugg entwickelten wir die Gerichte, die in der warmen Jahreszeit täglich zu ansprechenden Preisen angeboten werden. Die Studenten haben das Pop Up dann auch direkt übernommen und führen dies als Managementpraktikum. Tolle Zusammenarbeit.

Wie bekommst du alle Mitarbeiter:innen – und es arbeiten viele Charaktere bei dir – unter einen Hut?
Authentizität ist der Schlüssel. Für mich steht das Erlebnis des Gastes in Bad Ragaz im Zentrum. Die Authentizität der Mitarbeiter muss spürbar sein, dazu gehört auch, dass die Mitarbeiter eigenständig Entscheidungen treffen. Wir ermutigen sie sogar dazu. Natürlich werden dann auch Entscheidungen getroffen, die wir vielleicht weniger gut finden. Dann thematisieren wir dies und lernen davon. Grundsätzlich findest du bei uns eine sehr freie Kultur. Die Mitarbeiter fühlen sich wohl und transportieren das auch nach außen, zum Gast. Wir sind ein Haus mit sehr traditionellen Wurzeln. Wir möchten auch weiterhin unsere Stammgäste glücklich machen und haben gelernt, dass der Mensch, also unser Team, am meisten überzeugt. Im Grunde kann man umbauen, was man möchte, solange wir die gleichen Mitarbeiter haben, können wir ein Produkt verändern, und die Gäste bleiben zufrieden. Wir haben einen schönen Mix zwischen Mitarbeitern, die schon sehr lange hier sind, und Mitarbeitern, die neu dazugekommen sind. Unsere Unternehmenskultur ist sehr familiär, das macht den Unterschied. Jeder Mitarbeiter kann eigene Geschichten erzählen und Empfehlungen weitergeben, das erwarten die Gäste heute mehr denn je.

Nun ist Bad Ragaz weltweit als Marke bekannt. Wie wichtig sind für dich Rankings? Wie wichtig ist es für deine Mitarbeiter:innen und vielleicht auch für deine Gäste?
Rankings sind eine sehr schöne und wichtige Bestätigung unserer täglichen Arbeit. Wir zelebrieren das auch. Es erfüllt uns mit Stolz, wenn wir in einem Ranking erwähnt werden. Es fördert den Teamgeist und zeigt uns auf, was wir zusammen erreichen können. Natürlich helfen Auszeichnungen auch bei der Vermarktung und öffnen neue Märkte. Jeder träumt gerne: In der letzten Zeit haben wir verstärkt vom Reisen geträumt. Wünsche müssen stimuliert, die Ideen und Ansätze dahinter möglichst breit präsentiert werden. Dementsprechend sind Ehrungen für uns sehr, sehr wichtig und wertvoll.

Eine persönliche Frage zum Abschluss. Du siehst für einen General Manager eines großen Hauses sehr entspannt aus. Was ist dein Geheimnis?
Ich arbeite in einem Wellnessresort, da habe ich selbst die Erwartung, dass die Mitarbeiter dementsprechend in Balance sind und das auch ausstrahlen. Wir vermitteln die Geheimnisse eines gesunden Lebens und halten sie auch selbst ein: guter Schlaf, eine ausgewogene Ernährung und natürlich ausreichend Bewegung. Die drei Aspekte gehören in unser Resort und sollten sich auch in den Alltag der Gäste integrieren. Ein Arztbesuch ist manchmal notwendig, sicher. Aber das Ziel ist es dann, möglichst gut weiterleben zu können mit möglichst viel Energie. Genau diese Energie möchten wir vermitteln. Für mich fühlt sich das nicht nach Arbeit an, es bringt mir Freude, ich bin sehr zufrieden hier. Wir dienen gerne dem Gast. Jeder Gast soll spüren, dass wir mit Freude an die Arbeit gehen.

Guarda Val Maiensäss-Hotel

GASTGEBERIN: Bettina Arpagaus und Philip Arnold
Voa Sporz 85 | 7078 Vaz/Obervaz | **t** +41 81 385 85 85 | **w** guardaval.ch
285 € bis 1.600 €

FAKTEN
ANZAHL ZIMMER / SUITEN: 50 Zimmer

PHILOSOPHIE DES HAUSES
Dezenter Luxus, Entspannung | Genießen und Erleben
Das **Guarda Val** ist Ihr einzigartiges Maiensässhotel, das sich auf elf bis zu 300 Jahre alte Hütten und Ställe verteilt.

ALLEINSTELLUNGSMERKMALE
Limitless Erlebnisse, Einzigartigkeit des Hauses, 50 Zimmer in 11 Ställen verteilt. Traditionell, aber trotzdem modern. Platziert direkt in die Natur, unglaubliche Aussicht, Bergpanorama. Die Unterkunft umfasst 11 verschiedene Gebäude, von denen einige um die 300 Jahre alt sind.

GASTRONOMIE
ANZAHL DER RESTAURANTS: 2
Gourmetrestaurant Guarda Val: 16 Gault&Millau-Punkte, 1* Michelin-Stern
Bündnerstube Crap Naros: Im Restaurant Crap Naros am Hotel Guarda Val genießen Sie traditionelle Spezialitäten aus Graubünden.

WELLNESS
AUSSTATTUNG UND BESONDERHEITEN SPA: Heubetten, Krafthütte, natürliche Produkte

VERANSTALTUNGSRÄUME
ANZAHL UND GRÖSSE: 4 (bis 80 Personen)
VERANSTALTUNGSTECHNIK: Standard Konferenztechnik inkl. Videotechnik
SPEZIELLE TAGUNGSSERVICES: Ansprechperson, individuelle Anpassung

FREIZEITANGEBOT
Unzählige Angebote, naturnahe Erlebnisse, Wildbeobachtung, Sternebeobachtung, Sonnenaufgangserlebnis, Kochen auf dem offenen Feuer, Kräuterwanderung. Die Unterkunft liegt in der Lenzerheide, die im Sommer mit 250 km Wander- und Radwegen zu Aktivitäten in der Natur einlädt. Der 18-Loch-Golfplatz Lenzerheide ist 5 km entfernt.

The Dolder Grand

© Jakob Gsöllpointner

GASTGEBER: Markus Granelli seit 2021
Kurhausstrasse 65 | 8032 Zürich | **t** +41 44 456 60 00 | **w** thedoldergrand.com

HORNSTEIN
RANKING 2021

FAKTEN

ANZAHL ZIMMER / SUITEN: 115 Zimmer, 60 Suiten
HOTELGRUPPE: Swiss Deluxe Hotels, Leading Hotels of the World
KINDERFREUNDLICH: ja

PHILOSOPHIE DES HAUSES

Das **Dolder Grand** bietet den richtigen Rahmen für Menschen mit Sinn für Genuss, Exklusivität und Erholung. Erhöht gelegen, zwischen pulsierender City und belebender Natur, bildet das Dolder Grand für seine Gäste den idealen Ort, um fernab des Alltags Zeit für sich selbst zu finden.

ALLEINSTELLUNGSMERKMALE

175 luxuriöse Zimmer und Suiten, Spitzengastronomie, ein 4.000 m² großes SPA, großzügige Eventräumlichkeiten und eine Kunstsammlung mit über 100 Werken von Andy Warhol bis Salvador Dalí: Das **Dolder Grand**, im Jahr 1899 eröffnet, ist ein City Resort der Luxusklasse.

GASTRONOMIE

ANZAHL DER RESTAURANTS: 2 Restaurants (+ 1 Lobby, Bar und 1 SPA Café)
The Restaurant: 2 Michelin-Sterne, 19 Gault&Millau-Punkte; Fine Dining by Heiko Nieder
Restaurant Saltz: 14 Gault&Millau-Punkte; All-Day Dining
Lobby und Bar: mit Patisserie von Christian Hümbs
wechselnde Pop-Up-Restaurants

WELLNESS

GRÖSSE DES SPA: 4.000 m²
AUSSTATTUNG UND BESONDERHEITEN SPA: Ladies' and Gentlemen's SPA, Aqua Zone mit Pool, Whirlpool-Terrasse, gemischter Saunabereich, SPA-Suiten, Fitness

VERANSTALTUNGSRÄUME

ANZAHL UND GRÖSSE: 15 Räume (bis 900 Personen)
VERANSTALTUNGSTECHNIK: professionelle Meeting- und Veranstaltungstechnik sowie Videokonferenzen
SPEZIELLE TAGUNGSSERVICES: offizielles Traulokal der Stadt Zürich, hauseigene Floristik und Patisserie, Produkt- und Fahrzeugpräsentationen

FREIZEITANGEBOT

Shuttleservice, kostenfreie E-Bikes und Guestcars, **Dolder Sports** mit Freibad, Minigolf und Kunsteisbahn, Golfplatz, Tennis

The Dolder Grand

Eden Roc Ascona

GASTGEBEN: Simon Spiller seit 2019
Via Albarelle 16 | 6612 Ascona, Schweiz | **t** +41 91 785 71 71 | **w** edenroc.ch
329 CHF bis 2678 CHF

FAKTEN

ANZAHL ZIMMER / SUITEN: 58 Zimmer, 37 Suiten
HOTELGRUPPE: Tschuggen Hotel Group
KINDERFREUNDLICH: ja

PHILOSOPHIE DES HAUSES

Ein kleines Paradies mit mediterranem Charme direkt am Ufer des Lago Maggiore gelegen. Ein privater Badestrand sowie der Panorama-Bootssteg mit eigenem Yachthafen laden zum Entschleunigen im Tessin ein.

ALLEINSTELLUNGSMERKMALE

Das **Eden Roc** ist durch die Kooperation mit der Schweizer Organisation myclimate seit 2019 komplett klimaneutral. Diverse Maßnahmen um den ökologischen Fußabdruck zu reduzieren, werden durch die Unterstützung von verschiedenen Klimaschutzprojekten abgerundet.

GASTRONOMIE

ANZAHL DER RESTAURANTS: 4
La Brezza: 1 Michelin-Stern, 17 Gault&Millau-Punkte, Gourmetrestaurant
La Casetta: direkt am Seeufer, Grillspezialitäten
Restaurant Eden Roc: Französische Küche
Marina: Lifestylerestaurant

WELLNESS

GRÖSSE DES SPA: 2.000 m²
AUSSTATTUNG UND BESONDERHEITEN SPA: Zwei Innen- und Außenpools, ein Hydropool mit diversen Sprudel-Liegen sowie dem Kneipp-Weg zur Belebung des Kreislaufs.

VERANSTALTUNGSRÄUME

ANZAHL UND GRÖSSE: 8 (bis 120 Personen)
VERANSTALTUNGSTECHNIK: Modernste Technik in exklusivem Rahmen mit Blick auf den Lago Maggiore.
SPEZIELLE TAGUNGSSERVICES: Eine Ergänzung zum Tagungsprogramm sind die hausinternen Wassersportmöglichkeiten.

FREIZEITANGEBOT

Die eigene Wassersportschule bietet diverse Sportmöglichkeiten an. Weitere Freizeitaktivitäten inkludieren Biketouren, Wanderungen und Golf. Inspiriert von der faszinierenden Landschaft rund um das Hotel wurde mit Moving Mountains darüber hinaus ein ganzheitliches Ferienerlebnis geschaffen – mit dem Ziel, Vitalität zu stärken, die Natur neu zu entdecken und das Leben zu feiern.

©FORESTIS

FORESTIS

GASTGEBER: Stefan Hinteregger, Teresa Unterthiner seit Juli 2020
Palmschoß 292 | 39042 Brixen, Dolomites, Italy | **t** +39 0472 521 008 | **w** forestis.it
600 € bis 3.000 €

FAKTEN
ANZAHL ZIMMER / SUITEN: 62 Suiten
HOTELGRUPPE: Small Luxury Hotels of the World

PHILOSOPHIE DES HAUSES
FORESTIS ist ein Refugium, um Einfachheit, Natürlichkeit und Zeit zu erleben.

ALLEINSTELLUNGSMERKMALE
Die hervorragenden Naturgegebenheiten in Palmschloß und der einzigartige Blick auf die Dolomiten sind der Kern des Konzeptes, auf welches unser Hideaway aufgebaut wurde. Durch die Konzentration auf die vier Naturvorkommnisse Klima – Sonne – Wasser – Luft unterstützen wir unsere Gäste dabei, sich innerhalb kürzester Zeit zu regenerieren.

GASTRONOMIE
ANZAHL DER RESTAURANTS: 2
Regionale und natürliche Zutaten bilden den Kern unserer Waldküche und werden nach traditioneller Art – verbunden mit einer kreativen, modernen Küche – vollendet. Hervorgehoben wird hier Vielfalt, Authentität und Natürlichkeit als Grundstein unserer Küchenphilosophie.

WELLNESS
GRÖSSE DES SPA: 2.000 m^2
AUSSTATTUNG UND BESONDERHEITEN SPA: Signature Treatments, 3 Saunen, Dampfbad, Textilsauna, Ruheräume, Kneipp-Bad, Wyda Room, Dark Room, Innen- und Außenpool, Fitnessraum.

FREIZEITANGEBOT
Unser Programm enthält Aktivitäten, wie Meditation, Wyda-Einheiten, Fitnesseinheiten, Saunaaufgüsse, Wyda-Wanderungen, Bergwanderungen, Weinverkostungen und Einblicke in unsere Waldküche.

FORESTIS

HI-SO
GRANDE

Sotogrande

GENERAL MANAGER: Robert Kmita since October 2020
Av. Almenara, s/n | 11310 Sotogrande, Cádiz
t +34 956 582 000 | **w** so-sotogrande.com
Price Range 299 € – 2.000 €

FACTS

AMOUNT ROOMS/SUITES: 152 rooms, 36 suites
HOTEL GROUP: Accor Hotels
CHILD FRIENDLY: yes

PHILOSOPHY OF THE HOTEL

Blended between the destination's vibe and the soul of SO/ hotels, we created a unique resort experience in a revolutionized Andalusian cortijo. **SO/sotogrande** is the most idyllic place, with a healthy and contemporary lifestyle, where families and friends savour together.

UNIQUE SETTING FEATURES

An exclusive home where the elite enjoys the Costa del Sol in total discretion. With an impressive marina, world-renowned golf courses, famous polo clubs and nature reserves with magnificent views, the area is ideal for excursions.

GASTRONOMY

NUMBER OF RESTAURANTS: 6
MIXO is the hotels jungle with wild cocktails and roaring beats. Inspired by traditional cuisine, **CORTIJO** focuses on the best Andalusian products and the freshest ingredients. Savour the Pata Negra corner and its delights. **HI-SO** is, where delicious recipes from the open-air wood fired grill meet vibrant and audacious pool parties. **SOCIAL-CLUB** is the favourite spot for golfers and non-golfers alike to meet and enjoy panoramic views. **Society:** Fine-dining pop-up concept, opening summer 2022.

WELLNESS

SIZE SPA: 2.800 m²
SPA EQUIPMENT, SPECIAL FEATURES, TREATMENTS:
Set in an oasis of serenity and surrounded by lush landscapes, the gentle Mediterranean breeze calms the soul. SO/ SPA & Health Club boasts an exceptional collection of unique treatments inspired by science, fashion and lifestyle for body and mind. The hotels spacious gym SO/ FIT features state-of-the-art fitness facilities and a wide variety of guided classes.

EVENT LOCATIONS

AMOUNT, SIZE & PERSONS: 5 (from 50 to 410 m²)
SPECIAL EVENT-TECHNOLOGY: fully equipped with screen, LCD projector and sound system
SPECIAL EVENT SERVICES: Unique venues to host memorable events from product launches to stunning social events.

LEISURE ACTVITIES

A world where each day starts like a blank canvas for you to paint with the colours and emotions of your choice. Choose to explore the surrounding tapestry of verdant hills and valleys by foot, bike or horseback. Dive into the aquamarine waters of the Alboran Sea, then sail across them on a majestic yacht. Practice your swing on one of the many world-renowned golf greens that surround the hotel. Or simply spend indulgent days within its white walls, shady arcades and idyllic grounds.

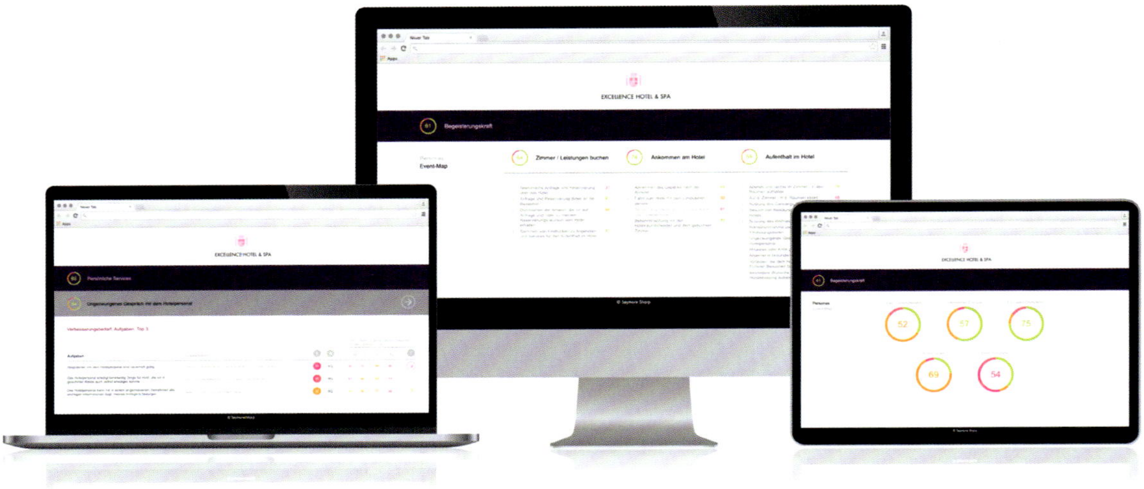

Zimmer / Leistungen buchen
Ankommen am Hotel
Aufenthalt im Hotel
52
57
75
69
54

Nur in gepflegten Häusern fühlen sich Ihre Gäste wie zu Hause. Die Auswahl des richtigen Anbieters für professionelle Hoteldienstleistungen und Hotelreinigung sollte somit keine Nebensache sein. Mit dem Service der H&H Gruppe können Sie sich auf Ihr Kerngeschäft konzertieren, denn wir schaffen effiziente Arbeitsabläufe und bieten attraktive Komplettlösungen für die unterschiedlichsten Servicebereiche an. Außerdem ist unser Netz an Niederlassungen ideal in allen Ballungsräumen positioniert.

Die Leistungen im Überblick:

HOUSEKEEPING

- Housekeeping Management
- Zimmerreinigung
- Checken und Freimelden
- Bereitstellen von Hausdamen / Floorsupervisor
- Minibar Service
- Abdeckservice / Turndown
- Betten und Wäschedienste
- Matratzenreinigung
- Vorarbeiter zur Einarbeitung und Kontrolle der Mitarbeiter
- Pflege von Public Areas und Außenanlagen
- Bankett- und Konferenzservice
- Teppichreinigung, Teppichpflege
- Personalservice

STEWARDING

- Betreiben der Spülküche
- Küchenreinigung
- Spüldienste

GEBÄUDEREINIGUNG

- Unterhaltsreinigung
- Büroreinigung
- Wellness- und Spa- Bereiche
- Glasreinigung
- Teppichreinigung / Shampoonierarbeiten
- Fassadenreinigung
- Glasreinigung
- Baureinigung

Ihr direkter Ansprechpartner:

Herr Sebastian Wiegand, Geschäftsführer
Tel.: +49 (0) 89-35726-157
Handy: +49 (0) 176-13572610
Mail: vertrieb@h-und-h.de
Internet: www.h-und-h.de

SONNIGER INSEL-TIPP: DAS HISTORISCHE LUXUSANWESEN CASTELL SON CLARET, MALLORCA

GASTGEBER: Björn Spaude

Am westlichen Ende der Sierra de Tramuntana empfängt das Castell Son Claret auf weitläufigen 132 Hektar seine Gäste. Dieses luxuriöse Kleinod ist so besonders, dass es als Special Tipp vom Reiseexperten Carsten K. Rath unter den luxuriösen Nachbarn der 101 Besten aufgeführt wird.

Das Castell Son Claret liegt nur 20 Minuten von Palma und Port dÁndratx in unmittelbarer Nachbarschaft des Dorfes Es Capdellà im Südosten Mallorcas und stammt in seinen Ursprüngen aus dem 15. Jahrhundert. Es wurde originalgetreu und mit großer Liebe zum Detail restauriert und erweitert – bei seiner Umwandlung in eines der besten Luxushotels Mallorcas bewahrte es seine natürliche Schönheit und Harmonie.

Das historische Anwesen wurde mitten in die Natur hineingebaut, ohne extrem in die natürlichen Gegebenheiten einzugreifen. Alte Wege wurden nicht begradigt, ursprüngliche Mandel- und Zitronenplantagen belassen, der gestaltete Garten schmiegt sich wunderschön in die Umgebung ein. Die fantastischen Blumenarrangements, die überall auf dem Anwesen zu bewundern sind, werden zu 80% aus diesem Garten bestückt. »Das nenne ich Nachhaltigkeit zu Ende gedacht«, kommentiert Carsten K. Rath.

Verantwortlich für die respektvolle Umgestaltung dieses historischen Schatzes ist das bekannte Unternehmerpaar, Christine und Klaus-Michael Kühne, die mit dem Hamburger »The Fontenay« ein weiteres außergewöhnliches Luxushotel erschaffen haben. »The Fontenay« belegt im Ranking der »101 besten Hotels Deutschlands« übrigens eine Top-Platzierung. Gäbe es für Spanien eine Rangliste, das »Castell Son Claret« würde ebenfalls einen Spitzenplatz belegen.

Die Geschicke des luxuriösen Castell Son Claret leitet seit sieben Jahren und überaus erfolgreich der geschäftsführende Direktor Björn Spaude, der auf eine lange Karriere in der klassischen Hotellerie und Beratung zurückblickt.

Das Finish der lichtdurchfluteten Zimmer ist auf allerhöchstem Niveau, der Service exzellent und extrem gut ausgebildet. Obwohl das Castell Son Claret nur über 41 Suiten – davon fünf mit privatem Pool – und Zimmer in 10 verschiedenen Gebäuden verfügt, leistet es sich den Luxus zweier Restaurants und des feinen Wellnessbereichs Bellesa de Claret. Und eine Wanderung durch die Natur des traumhaften, 132 ha großen Grundstücks lässt den Alltag in weite Ferne rücken.

»Egal, ob in einem der beiden Restaurants oder auf der Terrasse: Hier muss man auf jeden Fall das Ceviche probieren. Ich habe in ganz Südamerika kein Besseres gegessen. Der Lobster ist einfach perfekt ausgesucht, die Aromen von Basilikum und Koriander sind fein balanciert. Für mich ist das Castell Son Claret ganz klar die Nummer eins unter den mallorquinischen Luxus-Hotels«, schwärmt Carsten K. Rath.

Taj Exotica Maldives

GASTGEBER: Mr. Samrat Datta, seit 2019
P.O. Box 2117, | South Malé Atoll, Republic of Maldives
t +960 400 60 00 | **w** tajhotels.com/en-in/taj/taj-exotica-maldives/
1.000 €

FACTS

AMOUNT ROOMS/SUITES: 58 villas, 6 suites
HOTEL GROUP: Leading Hotels of the World
CHILD FRIENDLY: yes

PHILOSOPHY OF THE HOTEL

Escape the frenetic pace of everyday life, in to luxury's very own lap at Taj Exotica Resort & Spa, Maldives. Away from the sparkling lights of Malé, our 5 star hotel in Maldives is spread across the Emboodhu Finolhu island near of one of the largest lagoons in Maldives.

UNIQUE SETTING FEATURES:

The resort is surrounded by a natural lagoon that is 200 acres big which is ideal for all water sport activities and swimming. The resort offers 8 different room categories to cater towards a wide range of accommodation choices from beach rooms, over-water rooms, suites and two-bedroom suites.

GASTRONOMY

NUMBER OF RESTAURANTS: 3 restaurants & 1 bar
Deep End Restaurant: Walk into Deep End, which oozes elegance and romance with a Mediterranean
Equator Bar: Wines, traditional vintages, cocktails, cigars and shishas
24 Degrees Restaurant: Pan-Asian cuisine to international favourites

WELLNESS

SIZE SPA: 900 sq.m.
SPA EQUIPMENT, SPECAIL FEATURES, TREATMENTS: Spa Equipment, Specail Features, Treatments (max. 120 signs): Jiva Spa, Taj Hotel Groups own branded Spa is the picture perfect destination rich in blue ocean waves and pristine sands.

EVENTLOCATIONS

SPECIAL EVENT-SERVICES: Muraka Boardroom: Max Capacity : Muraka Boardroom offers 74 sq.m. space, state-of-the-art technology and spectacular views of the lagoon, guaranteed to inspire new ideas and creative solutions.

LEISURE ACTVITIES

Scuba diving, snorkelling, excursions and parasailing many other water sport activities

Taj Exotica Maldives

©FORESTIS

Fotograf Iris Veighe + Design LUMA

HORNSTEIN
RANKING 2021

THOMAS SCHREINER
VICE PRESIDENT CHAMPAGNE LAURENT-PERRIER

Das Hornstein-Ranking und die 101 besten Hotels Deutschlands

Das Hornstein-Ranking fasst seit nunmehr 40 Jahren die Bewertungen der besten Restaurants in Deutschland, Österreich, Südtirol und der Schweiz zusammen. Die subjektiven Bewertungen der unterschiedlichen Guides werden im Ranking wiederum anhand eines Schlüssels objektiv zusammengefasst. Aufgrund der unterschiedlichen Verfügbarkeiten der Guides in den jeweiligen Ländern variiert die Anzahl der in die Bewertung einbezogenen Führer von Land zu Land. Im vorliegenden Hornstein-Ranking werden alle Bewertungen – ob Sterne, Hauben, Kochlöffel oder Punkte – ausführlich analysiert. Unser Anspruch, wichtige Informationen und eine Übersicht sowohl für Küchen- als auch für die Restaurantbewertungen gleichermaßen zu bieten, machen das Hornstein-Ranking zum wohl arriviertesten aller Restaurant-Rankings.

Ergänzt wird das Ranking in diesem Jahr durch die Hitliste der besten Hotels aus Deutschland. Hier haben wir beginnend mit dieser Ausgabe eine langfristige Kooperation mit der Liste der 101 besten Hotels geschlossen und führen die Liste im Ranking auf. Gleichzeitig gehen die Bewertungen der Küchen- und Restaurantleistungen durch das Hornstein-Ranking in die Liste der 101 besten Hotels ein. Somit entsteht ein perfektes Zusammenwirken der beiden wichtigsten Bereiche in dieser Branche: Hotellerie und Spitzengastronomie. Der Stellenwert der gehobenen Gastronomie im Bereich der Spitzenhotellerie wird durch dieses Zusammenwirken nachhaltig gefördert, und es werden die Hotels belohnt, die eine hochwertige Gastronomie betreiben.

Abgerundet wird das Hornstein-Ranking auch dieses Jahr wieder durch eine Auswahl der wichtigsten Ehrungen und Auszeichnungen der Branche.

Sowohl das Hornstein-Ranking als auch die Liste der 101 besten Hotels setzen sich intensiv für die Belange unserer Branche ein. Gerade in schwierigen Zeiten wie dieser, ist es wichtig, die Kräfte zu bündeln, um der Branche den Rückhalt und die Kraft zu geben, die sie benötigt, damit sie endlich in unserem Land die Anerkennung und die Lobby bekommt, die sie mit ihrer Faszination und all ihren Anstrengungen auch verdient.

Thomas Schreiner

DAS

HORNSTEIN RANKING 2021

Restaurants und Küchenleistungen zu bewerten, hat in vielen europäischen Ländern Tradition. Das »Hornstein-Ranking«, das von dem früheren Sternekoch und Hotelier Wolf von Hornstein (1918–2008) im Jahre 1981 erstmals publiziert wurde, erstellt aus der Vielzahl der unterschiedlichen Bewertungen, die neben der eigentlichen Küchenleistung auch Ambiente, Service und Innovationen des Angebotes unter die kritische Lupe nehmen, ein Ranking der besten Restaurants im deutschsprachigen Raum.

Viele der »101 besten Hotels Deutschlands« sind ebenfalls im Hornstein-Ranking aufgeführt.

RANG	HOTEL | RESTAURANT | **DEUTSCHLAND**	M	MB	GM	GMS	F	V	R+H	SCH	G	GS	MW	GMW	GS	=
1	**Aqua – Hotel The Ritz-Carlton**	3	4	19,5	1	5	5	5	5	10,5	5	1	1		99.9
2	**Schwarzwaldstube – Hotel Traube Tonbach**	3	3	19,5	1	5	5	5	5	10,5	5	1	1		99.8
3	**Vendôme – Althoff Grandh. Schloss Bensberg**	3	4	19,5	0	5	5	5	5	10,5	5	1	1		99.4
3	Victor's Fine Dining by Christian Bau	3	4	19,5	0	5	5	5	5	10,5	5	1	1		99.4
5	Restaurant Bareiss – Hotel Bareiss	3	4	19	0	5	5	5	5	9,5	5	1	1		98.9
6	Waldhotel Sonnora	3	4	19,5	0	5	4	5	5	10	5	1	1		98.6
7	Atelier – Hotel Bayerischer Hof	3	3	19	0	5	4	5	5	10,5	5	1	0		98.3
8	Restaurant Überfahrt – Christian Jürgens	3	4	19	0	5	5	5	5	10	4	1	0		98.2
9	Gästehaus Klaus Erfort	2	3	19	1	5	5	5	5	10	4	1	1		97.5
10	The Table Kevin Fehling	3	3	19	0	4,5	4	5	5	10,5	4	1	0		97.3
11	Rutz	3	2	18	0	4,5	4	5	5	10	3	1	0	0,5	95.8
12	FALCO – Hotel The Westin	2	3	19	0	4,5	5	5	4	10	5	1	1		95.6
13	Haerlin – Hotel Vier Jahreszeiten	2	4	19	0	4,5	5	5	4,5	10	5	1	0		95.2
13	Lorenz Adlon Esszimmer – Hotel Adlon	2	4	19	0	4	5	5	4	10,5	5	1	0		95.2

RANG	HOTEL | RESTAURANT | DEUTSCHLAND	M	MB	GM	GMS	F	V	R+H	SCH	G	GS	MW	GMW	GS	=
15	Courtier – H. Weissenhaus Grand Village Resort & Spa	2	4	18	0	4,5	4	5	5	10	4	1	0		94.1
16	Residenz Heinz Winkler	2	4	17	0	4	5	5	5	8,5	5	1	1		93.9
17	Tim Raue	2	3	19,5	1	4,5	4	5	4	9,5	3	1	1		93.8
18	schanz. restaurant.	2	3	19	1	4,5	3	5	4,5	9,5	3	0	1		93.7
19	Horváth	2	2	18	0	4,5	4	5	4,5	10	3	1	0	0,5	93.4
19	Luce d'Oro – Hotel Schloss Elmau	2	3	18	1	4,5	4	5	4,5	9,5	4	1	1		93.4
19	Steinheuers Restaurant Zur Alten Post	2	3	18	1	5	4	5	4	9,5	4	1	1		93.4
22	FACIL – The Mandala	2	3	19	1	4,5	4	4,5	4	10	4	1	0		93
23	Le Pavillon – Hotel Dollenberg	2	3	18	0	4	4	5	5	9	4	1	1		92.9
23	Söl'ring Hof – Hotel Söl'ring Hof	2	3	18	0	5	4	5	4	9,5	4	1	0	0,5	92.9
25	EssZimmer in der BMW-Welt	2	3	18	1	4	3	5	5	9	4	1	1		92.7
25	Ophelia – Hotel Riva	2	3	18	0	4,5	4	5	4,5	10	4	0	0		92.7
27	Meierei Dirk Luther – Vitalh. Alter Meierhof	2	3	18	0	4,5	4	5	4	10	4	1	0		92.4
28	Lafleur	2	3	19	0	4	4	5	4	9,5	4	1	1		92.2
29	Obendorfers Eisvogel – Landh. Birkenhof	2	3	17	0	4,5	4	5	5	8	3	1	0		92
30	PURS – Hotel PURS	2	3	18	0	4	4	5	4	9	4	1	1		91.2
31	Le Cerf – Wald- und Schlossh. Friedrichsruhe	2	3	17	1	4	4	5	4	8	4	1	1		90.8
32	ammolite – Hotel Bell Rock	2	4	18	0	4	4	5	4	9	4	0	0		90.3
33	bianc	2	3	18	1	4	3	4,5	4	9	4	1	1		90.2
34	Essigbrätlein	2	2	18	0	4	4	4,5	4	9	3	1	0	0,5	90.1
35	Alois	2	3	18	1	3,5	4	4,5	4	9	3	1	1		90
36	Bodendorf's – Hotel Landhaus Stricker	1	3	18	0	4	4	5	4	8	3	1	1		89.4
37	Hirschen	2	2	18	0	3,5	4	4,5	4	9	3	1	0		88.9
38	Le Moissonnier	2	1	18	1	4	3	4	4	9	3	0	1		88.5
38	Schlossberg – Hotel Sackmann	1	3	17	0	4,5	4	4,5	4,5	8,5	4	0	0		88.5
38	Sosein.	2	2	17	0	4	3	4,5	4	9	3	1	0	0,5	88.5
41	Dichterstub'n – Parkhotel Egerner Höfe	1	3	17	0	4	4	5	4,5	9	3	0	0		88.3
42	L.A. Jordan – Ketschauer Hof	1	3	18	0	4	3	5	4	9	3	1	0		88.2
43	Rosin	2	2	16	0	4	4	4	4	7,5	3	1	1		87.5
44	August	2	2	17	0	3,5	4	4,5	4	8,5	3	0	0		87.4
44	Rüssels Restaurant – Rüssels Landhaus	1	3	17	1	4,5	4	4	3,5	8	3	1	1		87.4
46	Alexander Herrmann – Herrmann's Romantik Posth.	2	3	17	0	4	3	4,5	4	8,5	3	0	0		86.9
47	Friedrich Franz – Grand H. Heiligendamm	1	4	18	0	3	4	4,5	3,5	8,5	4	1	1		86.7
48	BECKERS Restaurant – BECKERS Hotel	1	3	17	0	3,5	4	4,5	4	8	3	0	1		86.4
49	Stadtpfeiffer	1	3	17	0	3	3	5	4	9,5	4	0	0		86.2
50	Gourmetrestaurant fine dining RS	1	3	17	0	3	4	4	4,5	8	3	1	1		86.1
51	Ösch Noir – Der Öschberghof	2	4	17	0	3,5	3	4,5	3,5	8,5	4	1	0		86
52	Jante	2	2	17	0	3,5	3	4,5	3,5	9	3	0	0		85.9
53	Die Zirbelstube – Althoff Hotel am Schlossgarten	1	3	0	1	3,5	3	5	4	8,5	4	1	0		85.5
53	Ess Atelier Strauss – Hotel Löwen & Strauss	1	2	17	1	3	4	5	3,5	7,5	3	0	0		85.5
53	Gut Lärchenhof	1	3	18	0	3,5	3	4	3,5	9	3	1	1		85.5
56	Esplanade	2	2	17	1	3,5	3	4	3,5	8,5	2	0	1		85.1
56	Les Deux	2	2	17	1	0	3	5	4	7	3	1	1		85.1
58	Der Butt – H. Yachthafenresidenz Hohe Düne	1	3	18	1	3	3	4	3,5	9	4	0	1		84.9
59	Balthasar	1	3	17	1	3	4	4	4	7,5	3	0	0		84.8
59	Gustav	2	2	17	0	3,5	3	4	3,5	8,5	3	0	0	0,5	84.8
61	Casala – Romantik Hotel Residenz am See	1	2	17	0	4	3	4	4	7,5	3	1	0		84.7

RANG	HOTEL | RESTAURANT | **DEUTSCHLAND**	M	MB	GM	GMS	F	V	R+H	SCH	G	GS	MW	GMW	GS	=
61	Christians Restaurant – Gasthof Grainer	1	2	16	1	3	3	5	4	7	3	1	1		84.7
61	Schwarzer Adler	1	3	17	0	3,5	3	4	4	8	4	1	1		84.7
64	Haus Stemberg	1	2	17	1	3,5	3	4	4	8	3	1	0		84.4
65	Français – H. Steigenberger Frankfurter Hof	1	4	0	0	4	4	4	3,5	8	4	1	0		84.3
66	Gourmetrestaurant im Schlossh. Münchhausen	1	3	16	1	3,5	3	4	4	8	4	1	1		84.2
66	Lamm Rosswag	1	2	17	1	3	3	3,5	4	9	3	1	1		84.2
66	Ox & Klee	2	2	17	0	3	3	4	4	8	3	0	0		84.2
66	Restaurant Brogsitter – Historisches Gasthaus Sanct Peter	1	3	16	0	0	4	4,5	4	8	4	1	0		84.2
70	Gourmetrestaurant Nico Burkhardt – Boutiquehotel Pfauen	1	2	16	0	3	4	4	4,5	7,5	3	0	0		84.1
70	Nagaya	1	3	17	0	3,5	3	4	3,5	9	3	1	0		84.1
72	Opus V	2	3	17	1	0	3	3	4	8,5	4	1	0		84
73	La Vallée Verte – Hotel Schloss Hohenhaus	1	3	16	0	3	4	4,5	3,5	7,5	3	1	0		83.8
73	Ostseelounge – Strandhotel Fischland	1	3	17	1	2,5	3	5	3,5	8	3	1	0		83.8
75	Halbedel's Gasthaus	1	3	17	0	4	3	3,5	3,5	8	3	1	1		83.7
76	Wielandshöhe	1	3	16	0	3,5	4	3	4	7	3	1	1		83.5
77	Yunico – Hotel Kameha Grand Bonn	1	2	17	0	4	3	4	3,5	7,5	3	0	0		83.4
78	Kabinett F.W. – Hotel Bayrisches Haus	1	3	16	0	3,5	4	4	3,5	8	3	0	0		83.3
78	Orangerie – Maritim Seehotel	1	3	17	0	3,5	3	4	3,5	8,5	3	1	0		83.3
80	Caroussel Nouvelle – Hotel Bülow Palais	1	3	0	0	3,5	4	4,5	3,5	7	4	1	1		83.2
80	Goldberg	2	2	16	0	3	3	4,5	3,5	8	3	0	0		83.2
80	Le Gourmet – Hotel Die Hirschgasse	1	3	17	1	3	4	3,5	3,5	8	3	0	0		83.2
83	Sterneck – Badhotel Sternhagen	1	3	16	0	3	3	4,5	4	8	3	0	1		83
84	storstad	1	2	16	0	3	3	4,5	4	8	3	1	0		82.9
85	360°	1	2	17	0	3	3	4,5	3,5	8,5	3	0	0		82.7
86	LOUIS – Hotel LA MAISON	1	3	17	0	3	3	4	3,5	8	4	1	0		82.5
87	Piment	1	2	17	1	3	3	4	3,5	8,5	3	0	0		82.4
88	Frühsammers Restaurant	1	3	17	0	3	3	4	3,5	8	3	1	0		82.3
89	Bembergs Häuschen	1	2	17	1	3	3	4	3,5	8	3	0	0		82.2
89	Lakeside – The Fontenay	1	3	17	0	3	3	3	4	8	4	1	1		82.2
89	Philipp Soldan – Hotel Die Sonne Frankenberg	1	2	17	0	3,5	3	3,5	3,5	8	3	1	0		82.2
92	Gourmetrest. Berlins Krone – H. Berlins KroneLamm	1	2	16	0	3	3	4,5	3,5	7	3	1	0		82.1
93	Palmgarden	1	3	17	0	3,5	3	3,5	3,5	8,5	3	0	0		82
94	Adler	1	2	17	1	3	3	3,5	3,5	8	3	1	0		81.9
94	Intense	1	2	17	0	4	0	3	3,5	8,5	3	0	0		81.9
94	Maximilian Lorenz	1	2	17	0	3,5	3	3	3,5	7,5	3	1	1		81.9
97	Erbprinz – Hotel Erbprinz	1	3	17	0	3	3	4	3,5	7,5	3	0	0		81.8
97	Jungborn – Hotel BollAnts	1	3	17	0	3	3	4	3,5	7	3	0	0		81.8
99	Maerz-Das Restaurant – Hotel Rose	1	2	17	0	3	3	4	3,5	8	3	0	0		81.7
99	Maître – Landhaus Kuckuck	1	3	16	0	3	3	4	4	7	3	0	0		81.7
101	5	1	2	16	0	3,5	3	4	3,5	7,5	3	0	0		81.6
101	Gourmetrestaurant avui – Hotel Zum Hirschen	1	2	16	0	2,5	4	4	3,5	7,5	3	0	0		81.6
101	ZweiSinn Meiers | Fine Dining	1	2	17	0	3,5	2	3,5	3,5	8	3	1	0		81.6
104	Le Jardin de France	1	3	17	0	3	3	3,5	3,5	7	3	1	0		81.5
105	Falconera	1	2	17	0	3	3	4	3	7	3	1	0		81.4
105	Villino	1	3	16	0	3,5	3	4	3	8	3	1	0		81.4
107	Oswald's Gourmetstube	1	3	16	0	2,5	3	4,5	3,5	8	3	0	0		81.1
107	Werners Restaurant – Hotel Schloss Eberstein	1	3	16	1	3	3	4	3	8	3	1	0		81.1
109	Apicius – Hotel Jagdhaus Eiden am See	1	3	0	0	2,5	3	4	3,5	8,5	4	1	0		81
109	Schwingshackl ESSKULTUR Gourmet	1	2	16	0	2,5	3	4,5	3,5	8	3	0	0		81
111	Gourmetrestaurant Dirk Maus	1	2	17	0	3	2	4,5	3,5	7	3	0	0		80.9
111	Johanns	1	3	16	0	3	3	4	3,5	7,5	3	0	0		80.9
111	Landhaus Köpp	1	3	16	0	3	3	4	3,5	6	3	0	0		80.9
111	Schwitzer's – Schwitzer's Hotel am Park	1	3	17	0	2,5	3	3,5	3,5	8	3	1	0		80.9

RANG	HOTEL | RESTAURANT | **DEUTSCHLAND**	M	MB	GM	GMS	F	V	R+H	SCH	G	GS	MW	GMW	GS	=
111	Waidwerk – Gasthaus Rottner	1	2	17	0	3	3	3,5	3,5	7,5	3	0	0		80.9
111	Wein- und Tafelhaus	1	3	17	1	2,5	3	3,5	3	7	3	1	1		80.9
111	Zur Post – Hotel zur Post	1	3	16	0	3,5	3	3,5	3,5	7,5	3	0	0		80.9
118	Landhaus Scherrer	1	3	16	0	3	3	3	3,5	7	3	1	1	0,5	80.8
118	Restaurant Philipp	1	2	16	0	3	3	4	3,5	8	3	0	0		80.8
120	Marly	1	3	17	1	2,5	3	4	3	6,5	3	0	0		80.7
121	Eisenbahn – Landhaus Wolf	1	3	16	0	3	3	3,5	3,5	7,5	3	1	0		80.6
121	Gourmetrestaurant JUWEL – Hotel BEI SCHUMANN	1	2	17	0	2,5	3	3	4	7	3	1	0		80.6
121	Raubs Landgasthof	1	2	17	0	3,5	2	3,5	3	8	2	1	0		80.6
124	Silberdistel – Hotel Sonnenalp	1	3	16	1	2,5	3	3,5	3,5	7,5	4	0	1		80.5
124	tulus lotrek	1	1	17	0	3	2	3,5	3,5	8	2	1	0		80.5
126	Merkles Restaurant	1	2	17	0	2,5	3	3,5	3,5	8	3	0	0		80.3
126	Skykitchen	1	2	17	0	2,5	3	3,5	3,5	8	3	0	0		80.3
128	Le Temple	1	3	17	0	2,5	3	3,5	3,5	7	3	0	0		80.2
128	Nobelhart und Schmutzig	1	1	17	0	3	2	3,5	3	8	2	1	0	0,5	80.2
128	Tafelspitz 1876	1	2	16	0	3	2	4	3,5	8	3	0	0		80.2
131	Coda Dessert Dining & Bar	2	1	16	0	3	2	3	3,5	8	3	0	0		80.1
131	Storchen	1	2	17	0	3	3	3,5	3	8	3	0	0		80.1
133	Berens am Kai	1	2	16	0	4	3	3	3	7	3	0	0		80
133	Camers Schlossrestaurant	1	2	15	0	2,5	4	3,5	3,5	7,5	3	0	0		80
133	Hannappel	1	2	16	0	3	3	4	3	7,5	3	0	0		80
133	La Bécasse	1	2	16	0	3	3	3,5	3,5	7	3	0	0		80
133	PAVO – Burghotel Falkenstein	1	2	16	0	3	3	3,5	3,5	7	3	0	0		80
133	Petit Amour	1	2	16	0	2,5	3	4	3,5	7,5	3	0	0		80
139	100/200	1	2	16	0	3	2	3,5	3,5	8	3	0	0	0,5	79.9
139	Mural	1	1	16	0	3	3	3	3,5	7,5	2	1	1		79.9
141	Köhlerstube in der Traube Tonbach	1	2	17	0	3	3	3	3	7,5	3	1	0		79.8
141	Pauly Saal	1	2	17	0	3	2	3,5	3,5	7	3	1	0		79.8
141	Schwabenstube – Hotel Adler	1	3	16	0	2,5	3	3,5	3,5	6,5	3	1	0		79.8
144	Anima	1	2	16	1	3	3	3,5	3	7,5	3	0	0		79.7
144	Der Zauberlehrling	1	2	16	0	2,5	3	4	3	7,5	3	1	0		79.7
144	Genuss-Apotheke	1	1	16	0	3	3	3,5	3,5	6,5	2	0	0		79.7
144	Seestern – Lago Hotel	1	2	17	0	2	3	3	3,5	8	4	0	0		79.7
144	Showroom	1	1	16	0	3,5	3	3	3,5	7,5	2	0	0		79.7
149	Malathounis	1	2	16	0	3	3	3,5	3	7,5	2	1	0		79.5
150	Laudensacks Gourmet Rest. – Laudensacks Parkhotel	1	2	15	1	3	3	3,5	3	7	3	1	0		79.4
150	Schote	1	2	16	0	3	2	3,5	3,5	8	3	0	0		79.4
150	Wolfshöhle	1	1	17	0	3	2	3	3,5	8	3	0	0		79.4
153	astrein	1	2	17	0	2,5	3	3,5	3	7	3	0	0		79.3
153	FAVORITE restaurant – FAVORITE parkhotel	1	3	16	0	3	3	3	3,5	7,5	3	0	0		79.3
153	Hugos – Hotel InterContinental	1	2	0	0	2,5	3	3,5	4	7,5	4	1	0		79.3
153	Schloss Filseck	1	3	16	0	2,5	3	3,5	3,5	7,5	3	0	0		79.3
153	Zehner's Stube	1	2	17	0	2,5	3	3,5	3	7	3	0	0		79.3

M = MICHELIN | **MB** = M BESTECKE | **GM** = GAULT&MILLAU | **GMS** = GM SERVICE | **F** = FEINSCHMECKER | **V** = VARTA | **R+H** = GROSSE R+H GUIDE | **SCH** = SCHLEMMERATLAS | **G** = GUSTO | **GS** = GUSTO SERVICE | **MW** = M WEIN | **GMW** = GM WEIN | **GS** = GRÜNER STERN

RANG	HOTEL | RESTAURANT | **ÖSTERREICH**	GM	ALC	R+H	SCH	=
1	**Obauer**	19	0	5	5	98.7
1	**Silvio Nickol Gourmetrestaurant – Palais Coburg**	19	0	5	5	98.7
1	**Steirereck im Stadtpark**	19	0	5	5	98.7
4	Amador Restaurant	18,5	0	5	4	97.4
4	Döllerer	18,5	0	4,5	5	97.4
4	Ikarus – Hangar 7	18,5	0	5	5	97.4
4	Landhaus Bacher	18,5	0	5	5	97.4
4	SENNS.Restaurant	18,5	0	5	4,5	97.4
4	Stüva – Genießerhotel Yscla	18,5	0	5	5	97.4
4	Taubenkobel	18,5	0	4,5	5	97.4
11	Konstantin Filippou	19	0	4	4,5	96.2
11	Paznaunerstube – Trofana Royal	18	0	4,5	5	96.2
11	See Restaurant Saag (seit 04.01.2021 geschlossen)	18	0	0	5	96.2
14	Mraz & Sohn	18,5	0	4,5	4	94.9
14	Rote Wand Chef's Table im Schualhus – Genießerhotel Alpen Sport Resort Rote Wand	18,5	0	0	4,5	94.9
16	Geschwister Rauch vulgo Steira Wirt	18	0	0	4,5	93.7
16	Griggeler Stuba – Burg Vital Resort	18	0	4,5	4,5	93.7
16	Mühltalhof	18	0	0	4,5	93.7
19	Mayer's Restaurant – Schloss Prielau	16,5	0	5	4	92.3
19	Pfefferschiff zu Söllheim	16,5	0	5	4	92.3
21	Am Pfarrhof	18	0	0	4	91.2
22	Caramé	17	0	4,5	4	91.1
23	Aurelio's – Hotel Aurelio	17,5	0	4	4	89.9
23	Die Forelle – Genießer-Landhotel Die Forelle	17,5	0	0	4	89.9
23	Die Weinbank Restaurant	17,5	0	0	4	89.9
23	Glass Garden – Hotel Schloss Mönchstein	17,5	0	4	3	89.9
23	Interalpen-Hotel Tyrol	17,5	0	0	4	89.9
23	Kilian Stuba – Ifen Hotel	17,5	0	4	3,5	89.9
23	Kräuterreich by Vitus Winkler – Verwöhnhotel Sonnhof	17,5	0	0	4	89.9
23	Stiar – Sporthotel Silvretta	17,5	0	4	4	89.9
23	Tanglberg	17,5	0	0	4	89.9
32	Bootshaus – Genießer-Seehotel Das Traunsee	18	0	0	3,5	88.7
33	Gut Purbach	17	0	0	4	88.6
33	Mesnerhaus	17	0	0	4	88.6
33	Mörwald Toni M.	17	0	4	4	88.6
33	TIAN Restaurant Wien	17	0	0	4	88.6
37	Aend	17,5	0	3,5	3,5	87.4
38	Esszimmer	16,5	0	4	3,5	87.3
38	Saziani Stub'n	16,5	0	0	4	87.3
40	Apron	17	0	0	3,5	86.1
40	Edvard – Palais Hansen Kempinski	17	0	0	3,5	86.1
40	Pramerl & the Wolf	17	0	0	3,5	86.1
43	Sicher Restaurant	17,5	0	3	3	84.9
44	Didi Dorner im Magnolia	16,5	0	0	3,5	84.8
44	Dolce Vita	16,5	0	3	3,5	84.8
44	Frierss Feines Eck	16,5	0	0	3,5	84.8
44	Restaurant im Steirerschlössl	16,5	0	0	3,5	84.8
44	Sigwarts' Tiroler Weinstuben	16,5	0	0	3,5	84.8
44	Weyringer Wallersee	16,5	0	0	3,5	84.8
50	Floh	16	0	3	3,5	83.5
50	Gründler's Gourmetstüberl - Kulinarik- & Genießerhotel Alpin	16	0	0	3,5	83.5
50	Lukas Restaurant	16	0	3,5	3,5	83.5
50	Sonnenhof's Gourmetstube – Hotel Sonnenhof	16	0	0	3,5	83.5

GM = GAULT & MILLAU
ALS = A LA CARTE
R+H = GROSSE R+H GUIDE
SCH = SCHLEMMERATLAS

RANG	HOTEL | RESTAURANT | SCHWEIZ	M	MS	GM	R+H	SCH	=
1	**Schauenstein**	3	3	19	5	5	99.6
2	**Cheval Blanc by Peter Knogl – Grand Hotel Les Trois Rois**	3	4	19	5	4,5	98.9
2	**Restaurant de l'Hôtel de Ville**	3	4	19	5	4,5	98.9
4	Domaine de Châteauvieux	2	4	19	5	4	95.6
4	The Restaurant – The Dolder Grand	2	4	19	5	4,5	95.6
6	Stucki	2	3	19	5	4	95.4
7	Pavillon – Baur au Lac	2	4	18	5	4	93.7
8	Maison Wenger	2	3	18	5	4	93.5
9	focus – Park Hotel Vitznau	2	4	18	4,5	0	92
10	IGNIV by Andreas Caminada – Grand Resort Bad Ragaz	2	3	18	4,5	0	91.8

M = MICHELIN
MS = MICHELIN SERVICE
GM = GAULT&MILLAU
R+H = GROSSE R+H GUIDE
SCH = SCHLEMMERATLAS

RANG	HOTEL | RESTAURANT | SÜDTIROL	M	GM	R+H	SCH	=
1	**St. Hubertus – Hotel Rosa Alpina**	3	19	5	5	99
2	**Castel fine dining (ehemals Trenkerstube) – Hotel Castel**	2	19	5	5	95.7
3	**Gourmetstube Einhorn – Hotel Stafler**	2	18	4,5	4	91.2
4	Terra by Auener Hof	2	16,5	4,5	4	90.8
5	Kuppelrain	1	17	4,5	3,5	86
6	Jasmin – Hotel Bischofhof	1	17,5	4	4	85.8
7	Zum Löwen	1	17,5	3,5	4	85.3
8	Anna Stuben – Hotel Gardena Grödnerhof	1	16,5	4	3,5	84.1
9	Alpenroyal Gourmetrestaurant – Alpenroyal Grand Hotel	1	17	3,5	3	82.7
9	La Stüa de Michil – La Perla	1	17	3,5	3,5	82.7
11	Apostelstube – Hotel Elephant	1	16,5	3,5	3,5	82.5
11	Astra	1	15,5	3,5	3,5	82.5
11	Schöneck	1	16	3,5	3,5	82.5
11	Sissi	1	16,5	3,5	3,5	82.5
11	Zur Rose	1	16,5	3,5	3,5	82.5
16	Prezioso – Castel Fragsburg	1	16,5	3	3,5	81.8
17	Tilia	1	17	0	3	81.1
18	Johannesstube – Spa & Gourmet-Resort Engel	1	16	3,5	3	80.9
19	Culinaria im Farmerkreuz	1	0	2,5	3,5	79.2
20	Quellenhof Gourmetstube 1897	0	15,5	4	4	59.4
21	Luisl Stube – Schlosswirt Forst	0	16,5	4	3,5	57.8
22	Restaurant 1908 – Parkhotel Holzner	0	17	3,5	3	56.3
23	Artifex – Feuerstein Nature Family Resort	0	15	3,5	3,5	56.1
24	Gourmetrestaurant Alpes – Genießerhotel Bad Schörgau	0	16	3,5	3	54.5
24	La Passion	0	0	3,5	3	54.5
24	Lunaris 1964	0	15,5	3	3,5	54.5
27	Dolce Vita Stuben	0	16,5	0	3	53.7
28	Ansitz zum Steinbock – Castle Steinbock	0	14,5	3	3	52.8
28	In Viaggio	1	16	0	0	52.8
28	Kleine Flamme	0	15,5	3	3	52.8
28	La Fleur	0	14,5	2,5	3,5	52.8
28	Oberwirt – Romantik Hotel Oberwirt	0	13,5	2,5	3,5	52.8
28	Restaurant Laurin – Parkhotel Laurin	0	15,5	3	3	52.8

M = MICHELIN
GM = GAULT&MILLAU
R+H = GROSSE R+H GUIDE
SCH = SCHLEMMERATLAS

Ronnefeldt gratuliert den 101 besten Hotels Deutschlands
DUNG TI OOLONG
FINEST SHIZUOKA SENCHA
DARJEELING SUMMER
JASMINE PEARLS
MOONLIGHT DONGZHAI
KAKEGAWA BENIFUKI
WHITE YIN LONG
SHINCHA ASANOKA
COLOMBIA ESPECIAL & CACAO
NEW ZEALAND OOLONG
GOLDEN ASSAM
SUPERIOR GYOKURO
TEASTAR
Ronnefeldt
Ihr Partner für außergewöhnliche Tee-Erlebnisse

»Die 101 Besten und Hornstein: Die perfekte Kooperation«

Ein neuer Partner stellt sich vor: Das Hornstein-Ranking ist eine bedeutende Rangliste der besten gastronomischen Betriebe in Deutschland, Österreich, Südtirol und der Schweiz. Sie fasst die Bewertungen der etablierten Führer wie Guide Michelin und Gault&Millau zusammen. Der Macher dahinter ist **Thomas Schreiner**, der im Hauptjob als Vice President von Champagne Laurent-Perrier für Communication und Top-Gastronomie in der DACH-Region verantwortlich zeichnet. Er erklärt, wie sich Hotel- und Gastronomielisten ergänzen.

Thomas Schreiner, welche Gründe geben den Ausschlag für die Kooperation mit dem Ranking »Die 101 besten Hotels Deutschlands«?

Das Hornstein-Ranking gibt es seit genau 40 Jahren. Es beinhaltet eine Hitliste der besten Restaurants unter anderem in Deutschland. Die Liste der 101 besten Hotels bietet seit vergangenem Jahr das Gleiche für die besten Hotels mit einer seriösen Urteilsfindung. Es ist die perfekte Kooperation.

Wie sieht die Zusammenarbeit genau aus?

Das Hornstein-Ranking geht mit seinen Ergebnissen in die Bewertung der 101 Besten Hotels ein. Das Hornstein-Ranking ist für Hotels mit Gourmetrestaurant ein Kriterium in der Urteilsfindung. Gleichzeitig übernimmt das Hornstein-Ranking die Wertungen der 101 Besten Hotels und ermittelt keine eigene Hotelrangliste mehr.

Was ist das Ziel?

Wir profitieren voneinander und bilden Synergien. Mit dieser Kraft setzen sich beide für die Topgastronomie und Spitzenhotellerie in Deutschland ein.

Warum gibt es so viele Ranglisten in der Gastronomie?

Das war einmal so, ist in den vergangenen Jahren aber deutlich weniger geworden. Viele Ranglisten gibt es gar nicht mehr, etwa von S.Pellegrino, Gerolsteiner, Capital, Focus. Das Hornstein-Ranking ist praktisch das einzige Ranking, das noch in gedruckter Form erscheint – und das für den gesamten Bereich Deutschland, Österreich, Schweiz und Südtirol. Der redaktionelle Aufwand und die Kosten waren anscheinend zu hoch. Im Internet gibt es noch einige internationale Listen. Rankings unterstützen die gesamte Branche und bringen die Leistungen voran.

Der Verleger und Landhotelier Wolf von Hornstein hat das Ranking erstmals 1981 aufgelegt. Nach seinem Tod 2008 hast du die Aufgabe übernommen. Wie kam es dazu?
Ich hatte schon immer einen sehr guten Kontakt zu Wolf von Hornstein und habe ihn auch damals, als ich noch für S.Pellegrino tätig war, beim Ranking unterstützt. Als er mich dann fragte, ob ich seine Idee weiterführen wolle, habe ich spontan zugesagt, weil mir die damit verbundene Förderung dieser herrlichen Branche immer am Herzen lag.

Welches Renommée hat das Hornstein-Ranking inzwischen erlangt?
Es ist der Klassiker unter den Rankings und feierte dieses Jahr sein 40-jähriges Bestehen. Es ist eine Ikone für die Topgastronomie.

Früher sind die wichtigsten Gourmetführer im Herbst erschienen. Dann kam im darauffolgenden Frühjahr das Hornstein-Ranking. Wie ist die Lage jetzt?
Inzwischen erscheinen die Gourmetführer später. Das ist natürlich ein Problem bei der Erstellung des Rankings. Der Michelin in Deutschland wird erst im März herausgegeben. Bis das Ranking dann fertiggestellt ist, Ende April, sind bereits einige Monate des Jahres vorbei, und die ersten Führer für das nächste Jahr kommen bereits wieder im Sommer auf den Markt. In Österreich erscheinen zwei Führer erst im Mai. Die können nicht mehr berücksichtigt werden.

Welche Bewertungen fließen ein?
In Deutschland sind dies: Michelin, Gault&Millau, Feinschmecker, Gusto, Schlemmer, Großer Guide und Varta. In den anderen Ländern sind es weniger.

Da gab es in den vergangenen Jahren ja Verschiebungen.
Ja, neben den späten Erscheinungsterminen der Führer sind es sowohl Wechsel der Herausgeber, als auch Sparmaßnahmen in Form von weniger durchgeführten Tests oder gar Einstellungen der gebundenen Ausgaben, wie etwa des Michelin in der Schweiz.

Was ist derzeit die größte Herausforderung?
Es gilt, sich auf die späten Erscheinungstermine einzustellen und weiterhin aussagefähige Ergebnisse zu liefern, obwohl weniger Restauranttests durchgeführt wurden.

Können die Bewertungen überhaupt so zuverlässig sein wie früher?
Das Hornstein-Ranking liefert ja eine objektive Zusammenstellung subjektiver Meinungen der Führer. Hierzu benötigen wir viele aussagefähige Bewertungen von möglichst vielen Führern. Das Hornstein-Ranking streicht immer die schlechteste Bewertung, wenn es sich nicht um den führenden Guide eines Landes handelt. In Deutschland, Südtirol und der Schweiz sind dies der Michelin und in Österreich der Gault&Millau.

In den Gourmetrestaurants wird viel Champagner verkauft. Allerdings war der Konsum weltweit und auch in Deutschland in den vergangenen Jahren leicht rückläufig. 2020 gab es einen scharfen Einbruch. Wie siehst du die Entwicklung?
In Deutschland gab es in den letzten Jahren einen leichten Rückgang. Während der Pandemie im Jahr 2020 lag das Minus bei 13 Prozent. Diese relativ kleine Delle ist umso erstaunlicher, da die Gastronomie bis auf den Sommer praktisch nicht aufsperren durfte. Es zeigt also, dass der Konsument Champagner schätzt, vielleicht auch gerade in diesen schweren Zeiten. Anscheinend trägt das Gläschen Champagner auch zu Hause dazu bei, die schwierigen Zeiten besser zu überstehen.

Du hast im Jahr 2008 die Niederlassung von Champagne Laurent-Perrier in Deutschland gegründet. Wie hat sich der Champagner seither verändert? Gibt es Trends und Moden?
Das Trinken von Champagner ist unkonventioneller geworden. Es werden nicht mehr nur spezielle Anlässe ausgewählt, man kreiert sich eigene Gründe, Champagner zu genießen. Rosé ist weiterhin voll im Trend. Auch der Anteil der Prestige-Cuvées steigt, zumindest bei Laurent-Perrier. Der Trend geht auch hin zu Champagner

ohne Dosage, also ohne Zusetzung von Zucker. Laurent-Perrier sieht sich dabei als Innovator etwa mit Blanc de Blancs Brut Natur, und unser Ultra Brut feiert sein 40. Jubiläum. Das sind also keine Neulinge, sondern echte Dauerbrenner mit einem in die Zeit passenden Hintergrund.

Du hast 1998 den Sterne-Cup der Köche in Ischgl erfunden und jedes Jahr rund 60 Spitzenköche auf die Pisten gelockt. 2020 war dann alles anders.
Der Sterne-Cup der Köche ist zu einer legendären Veranstaltung für Spitzenköche geworden. Dass ich mir bei der Vorbereitung des Events das Coronavirus eingefangen habe, ist wohl eine Ironie des Schicksals. Denn ich bin dort auf den Pisten seit 60 Jahren wie zu Hause gewesen.

Gottseidank bist du gut durchgekommen. Was hat dir Kraft gegeben und wie geht es dir heute?
Zwischenzeitlich stand ja alles mal in Frage, aber meine positive Lebenseinstellung (Champagner halt) und meine Familie haben mir geholfen, die schwere Zeit, gerade nach dem Koma, zu überstehen. Heute geht es mir wieder gut, ich genieße den Alltag, habe aber ich immer noch mit den Nachwirkungen dieser schweren Krankheit zu kämpfen. Aber ich denke, dass ich jetzt wieder bei 85 Prozent meiner Leistungsfähigkeit bin.

Der Sterne-Cup wird vermutlich so nicht wiederkommen. Wie werden die neuen Champagner-Events aussehen?
»Schauen wir mal«, wie Franz Beckenbauer immer zu sagen pflegt. Es wird sicherlich derzeit nicht mehr diese ausschweifende Partystimmung geben, aber ein Dankeschön an die Köche für ihre genialen Leistungen in Form einer Veranstaltung, wie dem Sterne-Cup, wird es vielleicht weiter geben. In welcher Form, darüber werden wir nachdenken.

HORNSTEIN
RANKING 2021

© Gary Schmid

Aqua

The Ritz-Carlton, Wolfsburg

KÜCHENCHEF: Sven Elverfeld
Parkstraße 1 | 38440 Wolfsburg | **t** +49 5361 606056 | **w** www.restaurant-aqua.com
ö Mi.–Sa., 18 Uhr
5-Gang-Menü 195 €; 7-Gang-Menü 255 €

PHILOSOPHIE DER KÜCHE

Chef de Cuisine Sven Elverfeld präsentiert im mehrfach ausgezeichneten Gourmetrestaurant Aqua eine moderne europäische Küche auf höchstem Niveau. Ästhetische Optik und ausnahmslose Qualität zeichnen seine ideenreichen Kreationen ebenso aus wie seine zahlreichen Ehrungen.

LIEBLINGSGERICHT DES KÜCHENCHEFS

Bodenständige deutsche Küche, die gut gekocht ist, Bratwurst mit Sauerkraut oder, als gebürtiger Hesse, gerne auch Grüne Sauce mit Kartoffeln und Ei.

Schwarzwaldstube

Traube Tonbach

KÜCHENCHEF: Torsten Michel
Tonbachstraße 237 | 72270 Baiersbronn | **t** +49 7442 492 665 | **w** traube-tonbach.de
ö Mi.–So., Mittag- und Abendessen
5-Gang-Menü 215 €; 7-Gang-Menü 265 €; vegetarisches 6-Gang-Menü 215 €

PHILOSOPHIE DER KÜCHE

Freuen Sie sich auf vollendete Leichtigkeit: Herzliche Gastgeberkultur trifft auf eine französisch-inspirierte Grand Cuisine, die stets dem Besten der Saison einen großen Auftritt beschert.

LIEBLINGSGERICHT DES KÜCHENCHEFS

Zweierlei vom Färöer-Lachs »Kishu«. Ein feines, frisches Ensemble von Lachs mit kleinen Enten- und Stabmuscheln, Wasabi, eingelegten Gartengurken, Algenspitzen und einer aromatischen Shoyumarinade.

© Katherina Wagner

Vendôme

Althoff Grandhotel Schloss Bensberg

KÜCHENCHEF: Joachim Wissler
Kadettenstraße | 51429 Bergisch Gladbach | **t** +49 2204 420 | **w** schlossbensberg.com
ö Mi.–So., 19:00–23:00 Uhr
5-Gang-Menü 240 €; 8 Gang Menü 285 €

PHILOSOPHIE DER KÜCHE

Fantasievoll, raffiniert, bisweilen gewagt – dabei zugleich puristisch und auf das Wesentliche reduziert: Die Küche von Joachim Wissler verbindet hochwertigste Zutaten und klare Aromen zu kulinarischen Kompositionen, die man so schnell nicht vergisst.

LIEBLINGSGERICHT DES KÜCHENCHEFS

Felsen Rotbarbe & Tarbouriech Auster in Liebstöckl-Bouillabaisse

Obauer

KÜCHENCHEFS: Karl und Rudolf Obauer
Markt 46 | 5450 Werfen | **t** +43 6468 5212 | **w** obauer.com/de
ö Mi., 18:00–21:00 Uhr; Do.–So., 12:00–13:30 Uhr, 18:00–21:00 Uhr
4-Gang-Menü 98 €; 6-Gang-Menü 145 €

PHILOSOPHIE DER KÜCHE

Die Zutaten und die Kultur der regionalen Küche sind uns wichtig, aber wir wissen, dass die kulinarische Welt hinter dem Horizont des Salzburger Lands weitergeht. Wir nennen unsere Art zu kochen eine integrative Küche, weil wir alles integrieren, was das kulinarische Erlebnis speziell und einzigartig machen kann.

LIEBLINGSGERICHT DES KÜCHENCHEFS

Geschmorte Kalbsstelze mit Brennnessel-Spinatlasagne

Silvio Nickol Gourmetrestaurant

Palais Coburg

KÜCHENCHEF: Silvio Nickol
Coburgbastei 4 | 1010 Wien | **t** +43 01 51818 130 | **w** palais-coburg.com
ö Di.–Sa., 18:30–20:00 Uhr
7-Gang-Menü 160 €; 9-Gang-Menü 180 €

PHILOSOPHIE DER KÜCHE

Genusskultur auf höchstem Niveau für kulinarische Abenteurer

LIEBLINGSGERICHT DES KÜCHENCHEFS

Leber-Wald! Unser Signature Dish ist bei Gästen und Team gleichermaßen beliebt. Für mich als Chefkoch ist das Gericht ein Favorit, weil ich meine Freizeit gerne in der Natur verbringe, um mich dort inspirieren zu lassen.

Steirereck im Stadtpark

KÜCHENCHEF: Heinz Reitbauer
Am Heumarkt 2A | 1030 Wien | **t** +43 01 7133 168 |
w steirereck.at | **ö** Mo.–Fr., 11.30–14.30 Uhr und ab 18.30 Uhr
6-Gang-Menü 155 €; 7-Gang-Menü 169 €

PHILOSOPHIE DER KÜCHE

Im Steirereck sind wir stets auf der Suche nach den Aromen und Geschmäckern Österreichs. Begleiten Sie uns in die Steirereck-Welt, teilen Sie unsere Leidenschaft, und lassen Sie uns die Ernte unseres Landes in das genussvollste Licht stellen.

LIEBLINGSGERICHT DES KÜCHENCHEFS

Saibling in Bienenwachs mit gelber Rübe, Pollen und Rahm

Schloss Schauenstein

KÜCHENCHEF: Andreas Caminada
Schlossgass 77 | 7414 Fürstenau | **t** +41 081 632 1080 | **w** schauenstein.ch
ö Do.–So. ab 12:00 Uhr, Mi.–So. ab 19:00 Uhr
3-Gang-Menü 238 CHF; 4-Gang-Menü 256 CHF; 5-Gang-Menü 272 CHF

PHILOSOPHIE DER KÜCHE

Fürstenau ist für uns mehr als nur ein märchenhafter Ort. In der kleinsten Stadt der Welt dreht sich alles um große Gastlichkeit und eine Küche, die mit allseits bekannten, saisonalen Zutaten von lokalen Erzeugern und aus dem Schlossgarten das Besondere im vermeintlich einfachen zelebriert, um immer wieder aufs Neue zu überraschen.

LIEBLINGSGERICHT DES KÜCHENCHEFS

Signature Dishes sind nicht mein Ziel, doch es gibt geliebte Klassiker aus der Schlossküche, die je nach Saison ihren festen Platz in unseren Menüs haben. Dazu zählt unser Saibling mit Karotte und Rauchfischmousse. Eine Vorspeise, die hervorragend unsere regionale Philosophie widerspiegelt und die ich in zehn Jahren bestimmt noch genauso gerne mag wie heute.

© Grand Hotel Les Trois Rois

Cheval Blanc

Grand Hotel Les Trois Rois

KÜCHENCHEF: Peter Knogl
Blumenrain 8 | 4001 Basel | **t** +41 061 2605 007 | **w** chevalblancbasel.com |
ö Di.–Sa., 12:00–14:00 Uhr, Di.–Sa., 19:00–22:00 Uhr
5-Gang-Menü 240 CHF; 6-Gang-Menü 270 CHF

PHILOSOPHIE DER KÜCHE

Mit einer Symphonie der Aromen, Farben und des harmonischen Geschmacks erwartet Sie unser Chef de Cuisine Peter Knogl im Cheval Blanc. Raffiniert zubereitet aus dem Besten, was die Natur uns schenkt. Das Team des Cheval Blanc hat sich mit seinen ausgezeichneten Kreationen, die französische Haute Cuisine mit mediterranen und asiatischen Einflüssen bereichern, unter die ersten 100 Restaurants der Welt eingereiht – ausgezeichnet mit 3 Sternen im Guide Michelin und 19 Gault&Millau-Punkten.

LIEBLINGSGERICHT DES KÜCHENCHEFS

Kalbsbries / Yuzu / Pfeffer / Pilzcreme

© Tiberio Sorvillo

Restaurant de l'Hôtel de Ville

KÜCHENCHEF: Franck Giovannini
Rue d'Yverdon 1 | 1023 Crissier | **t** +41 021 634 0505 |
w restaurantcrissier.com | **ö** Di.–Sa., 09:30–23:30 Uhr
8-Gang-Menü 315 CHF; 10-Gang-Menü 390 CHF

PHILOSOPHIE DER KÜCHE

Das unermüdliche Bestreben unseres Küchenchefs Franck Giovannini ist eine kreative, saisonale sowie gesunde Küche. Gleichzeitig ist es die ständige Entwicklung der Küche, welche einerseits herausfordert, aber auch ganz und gar die Philosophie unseres Spitzenrestaurants widerspiegelt.

LIEBLINGSGERICHT DES KÜCHENCHEFS

Gebratenes Hühnchen mit Morcheln

© Alex Filz

St. Hubertus

Hotel Rosa Alpina

KÜCHENCHEF: Norbert Niederkofler
Strada Micurá de Rü 20 | 39036 St. Kassian | **t** +39 0471 849 500 |
w st-hubertus.it | **ö** Immer abends von Mi.–So.
10-Gang-Menü 310 €

PHILOSOPHIE DER KÜCHE

Domäne von Norbert Niederkofler und seinem Team, das St. Hubertus, erhielt den dritten Stern vor allem aufgrund seiner Philosophie »Cook The Mountain«: Es kommen ausschließlich lokale und saisonale Produkte zum Einsatz, die klar die Einzigartigkeit und auch Kargheit der Bergregion widerspiegeln.

LIEBLINGSGERICHT DES KÜCHENCHEFS

Da es das Konzept von ›No Waste‹ bestens interpretiert: TARTARE VON DER RENKE: die Renke stammt vom Iseo See in der Provinz Brescia. Sie wird in Salz, Zucker und Dill mariniert. Darüber werden in Essig eingelegte Holunderbeeren, frittierte Fischschuppen und getoastete Karkassen gegeben. Das Ganze wird mit einer Terlaner Weinsauce und Liebstöckelöl serviert.

© Hotel Castel

Castel fine*dining*

Hotel Castel

KÜCHENCHEF: Gerhard Wieser
Keschtngasse 18 | 39019 Dorf Tirol | **t** +39 0473 923 693 | **w** castelfinedining.com
ö Di.–Sa., Beginn jeweils um 19:00 und 19:30 Uhr
5-Gang-Menü 178 €; 7-Gang-Menü 208 €

PHILOSOPHIE DER KÜCHE

Ein behaglicher Aperitif-Bereich und insgesamt nur fünf Tische schaffen eine sehr private Atmosphäre. Die von jedem Sitzplatz aus gleichermaßen atemberaubende Aussicht auf das Meraner Lichtermeer spiegelt die bewusst große Exklusivität wider. Die sich öffnende Fassade lässt einen den Sommer riechen und spüren.

LIEBLINGSGERICHT DES KÜCHENCHEFS

Tortellini Amatriciana

Speck, rote Zwiebel: ein sehr leichtes und mediterranes Gericht, mit alpiner Note durch den Speck. Eine Geschmacksexplosion im Mund!

© Hannes Niederkofler Photography

Gourmetstube Einhorn

Romantik Hotel Stafler

KÜCHENCHEF: Peter Girtler
Mauls Nr. 10 | 39040 Freienfeld bei Sterzing | **t** +39 0472-771136 |
w stafler.com | **ö** Do.–Mo., 19:00–20:30 Uhr
4-Gang-Menü 134 €; 6-Gang-Menü 157 €; Degustationsmenü 169 €

PHILOSOPHIE DER KÜCHE

Das Geheimnis des Geschmacks der Einhornstubenküche liegt in den Produkten: am liebsten regional aus Südtirol, am besten vom eigenen Gutshof. Damit zelebriert Zweisternekoch Peter Girtler internationale Haute Cuisine mit dem gewissen Etwas. Er kombiniert Tradition mit Moderne, lokale Besonderheiten mit weltweiten Inspirationen, verbindet Bewährtes mit immer Neuem zum einmaligen Geschmackserlebnis.

LIEBLINGSGERICHT DES KÜCHENCHEFS

Ist die Vatiation aus der Valrhona Schokolade aus der Gourmetstube Einhorn.

Übrigens: Exzellente Vermögensverwaltung agiert vergleichsweise unauffällig.

VERZEICHNIS

in alphabetischer Reihenfolge

HOTELS

RESTAURANTS

IMPRESSUM

Herausgeber: Institute for Service- and Leadership Excellence AG

INSTITUTE FOR SERVICE-
AND LEADERSHIP EXCELLENCE

ISBN 978-3-033-08871-9

1. Auflage 2021: 15.000 Exemplare
Redaktionsschluss: 20. September 2021

Industriestrasse 25 · CH-6060 Sarnen
board@i-sle.ch · die-101-besten.com

Entwicklung, Organisation, Umsetzung:
Lars Dubach & Team
Kontakt und Business Development:
board@i-sle.ch

Director of Operations: David Rath
Autor: Carsten K. Rath
Co-Autor: Rolf Westermann
Projektmanagement, Text, Interviews und Recherche: Karolin Wappler
Lektorat: Anna Ueltgesforth, arsvocis.de
Layout, Satz und Umschlaggestaltung:
die basis, Ideenwerk. Kommunikation. Design.
Wiesbaden; die-basis.de
Druck und Bindung: optimal media GmbH

Bildrechte:
Siehe auf den Seiten, andere: S. 2–13: © Franziska Krug | S. 36–37: © Shutterstock, Sofiaworld | S. 92–93: © Shutterstock, Jag_cz | S. 150–151: © Shutterstock, Andriy Nekrasov | S. 200–201: © pexels, Asad Photo Maldives | S. 258–259: © pexels, Charlotte May | S. 306–307: © Shutterstock, canadastock | S. 384: © rawpixel | S. 384: © rawpixel | S. 442: © pexels, Hasan Albari | S. 406–407: © pexels, Jan Kopřiva | S. 438–439: © pexels, Eberhard Grossgasteiger

Partner:
Handelsblatt, Madame, IU Internationale Hochschule, ahgz, Passion for Excellence AG

Strategische Partner:
Fair Job Hotels, GreenSign, Online Birds, Die 100 besten Hotels der Schweiz (Karl Wild)

PR Team: Reichert+ Communications